개정판

스쿠스쿠
일본어
독학
첫걸음

1일 1시간, 1개월 완성!

저자 하영애 | 동영상·오디오 강의 김수진

포켓북

필수 단어 • 표현

PAGODA Books

## 기본 인사말

□ **おはようございます。**    안녕하세요. (아침)

□ **こんにちは。**    안녕하세요. (점심)

□ **こんばんは。**    안녕하세요. (저녁)

□ **さようなら。**    안녕히 가세요./안녕히 계세요.

□ **じゃあ、また。**    또 보자./안녕.

□ **はじめまして。**    처음 뵙겠습니다.

□ **どうぞ よろしく おねがいします。**    아무쪼록 잘 부탁합니다.

□ **こちらこそ、どうぞ よろしく おねがいします。**

저야말로 잘 부탁합니다.

□ **とうも ありがとうございます。**    대단히 감사합니다.

□ **いいえ、どういたしまして。**    아니요, 천만에요.

☐ **すみません。** 미안합니다.

☐ **いいえ、だいじょうぶです。** 아니요, 괜찮습니다.

☐ **いってきます。** 다녀오겠습니다.

☐ **いってらっしゃい。** 잘 다녀오세요.

☐ **ただいま。** 다녀왔습니다.

☐ **おかえりなさい。** 어서 돌아오세요.

☐ **いただきます。** 잘 먹겠습니다.

☐ **ごちそうさまでした。** 잘 먹었습니다.

☐ **おやすみなさい。** 안녕히 주무세요.

☐ **おやすみ。** 잘 자.

☐ **どうぞ。** (권유) 어서 들어가세요.

☐ **ありがとうございます。** 감사합니다.

# お仕事は 何ですか。

직업은 무엇입니까?

**1** 私は 学生です。

저는 학생입니다.

**2** 山田さんは 会社員ですか。

야마다 씨는 회사원입니까?

**3** いいえ、会社員じゃ(では)ありません。

아니요, 회사원이 아닙니다.

## 직업

- ☐ <ruby>会社員<rt>かいしゃいん</rt></ruby> 　　　　　　　　　　　　회사원

- ☐ <ruby>学生<rt>がくせい</rt></ruby> 　　　　　　　　　　　　학생

- ☐ <ruby>銀行員<rt>ぎんこういん</rt></ruby> 　　　　　　　　　　　　은행원

- ☐ <ruby>公務員<rt>こうむいん</rt></ruby> 　　　　　　　　　　　　공무원

- ☐ <ruby>医者<rt>いしゃ</rt></ruby> 　　　　　　　　　　　　의사

- ☐ <ruby>看護師<rt>かんごし</rt></ruby> 　　　　　　　　　　　　간호사

- ☐ <ruby>教授<rt>きょうじゅ</rt></ruby> 　　　　　　　　　　　　교수

- ☐ <ruby>主婦<rt>しゅふ</rt></ruby> 　　　　　　　　　　　　주부

- ☐ モデル 　　　　　　　　　　　　모델

- ☐ デザイナー 　　　　　　　　　　　　디자이너

- ☐ エンジニア 　　　　　　　　　　　　엔지니어

□ フリーター            아르바이트로 생활하는 사람

## 나라

□ 韓国(人/語)            한국(인/어)

□ 日本(人/語)            일본(인/어)

□ 中国(人/語)            중국(인/어)

□ イギリス(人)            영국(인)

□ アメリカ(人)            미국(인)

□ 英語            영어

□ ドイツ(人/語)            독일(인/어)

□ フランス(人/語)            프랑스(인/어)

□ ロシア(人/語)            러시아(인/어)

| | |
|---|---|
| □ **わたし** | 저, 나 |
| □ **あなた** | 당신, 너 |
| □ **かれ** | 그, 그 남자 |
| □ **かのじょ** | 그녀 |
| □ **だれ** | 누구 |
| □ **どなた** | 어느 분 |
| □ **はい** | 예 |
| □ **いいえ** | 아니요 |
| □ **うん** | 응 |
| □ **ううん** | 아니 |
| □ **はじめまして** | 처음 뵙겠습니다 |

| | |
|---|---|
| ☐ **どうぞ よろしく おねがいします** | 아무쪼록 잘 부탁합니다 |
| ☐ **こちらこそ** | 저야말로 |
| ☐ **お仕事** | 직업 |
| ☐ **～は** | ～은, ～는 |
| ☐ **何ですか** | 무엇입니까? |
| ☐ **～も** | ～도 |
| ☐ **大学生** | 대학생 |
| ☐ **先生** | 선생님 |

# それは 何ですか。

그것은 무엇입니까?

**1** これは 何ですか。

이것은 무엇입니까?

**2** 英語の 新聞です。

영어 신문입니다.

**3** 先生のです。

선생님의 것입니다.

## 명사

| | |
|---|---|
| ☐ 本 (ほん) | 책 |
| ☐ 新聞 (しんぶん) | 신문 |
| ☐ 時計 (とけい) | 시계 |
| ☐ 電話 (でんわ) | 전화 |
| ☐ 傘 (かさ) | 우산 |
| ☐ 雑誌 (ざっし) | 잡지 |
| ☐ 辞書 (じしょ) | 사전 |
| ☐ 財布 (さいふ) | 지갑 |
| ☐ かばん | 가방 |
| ☐ くつ | 구두, 신발 |
| ☐ ぼうし | 모자 |

□ めがね　　　　　　　　　　　　　　안경

□ つくえ　　　　　　　　　　　　　　책상

□ いす　　　　　　　　　　　　　　　의자

□ えんぴつ　　　　　　　　　　　　　연필

□ ケータイ　　　　　　　　　　　휴대전화

□ カメラ　　　　　　　　　　　　　카메라

□ パソコン　　　　　　　　　　　　컴퓨터

□ ノート　　　　　　　　　　　　　　노트

□ テレビ　　　　　　　　　　　텔레비전

## たんご

☐ **これ** 이것

☐ **それ** 그것

☐ **あれ** 저것

☐ **どれ** 어느 것

☐ **何<sup>なん</sup>ですか** 무엇입니까?

☐ **わたし** 저, 나

☐ **あなた** 당신, 너

☐ **英語<sup>えいご</sup>** 영어

☐ **～の** ～의, ～의 것

☐ **日本語<sup>にほんご</sup>** 일본어

☐ **先生<sup>せんせい</sup>** 선생님

□ ソウル　　　　　　　　　　　　　　　　　서울

□ 大学<br>（だいがく）　　　　　　　　　　　　　　　대학(교)

□ デジカメ　　　　　　　　　　　　　디지털카메라

□ 日本<br>（にほん）　　　　　　　　　　　　　　　일본

□ 韓国<br>（かんこく）　　　　　　　　　　　　　　　한국

# 今、何時ですか。

지금, 몇 시입니까?

---

1 **会社は 何時から 何時までですか。**

회사는 몇 시부터 몇 시까지입니까?


2 **ソウルから プサンまでです。**

서울부터 부산까지입니다.

## たんご

| | |
|---|---|
| ☐ 会社〔かいしゃ〕 | 회사 |
| ☐ 午前〔ごぜん〕 | 오전 |
| ☐ 午後〔ごご〕 | 오후 |
| ☐ ソウル | 서울 |
| ☐ プサン | 부산 |
| ☐ アルバイト | 아르바이트 |
| ☐ 夜〔よる〕 | 밤 |
| ☐ 一日〔いちにち〕 | 하루 |
| ☐ 何時間〔なんじかん〕 | 몇 시간 |
| ☐ それじゃ | 그러면 |
| ☐ 今〔いま〕 | 지금 |

| | |
|---|---|
| ☐ **何時**<br><small>なんじ</small> | 몇 시 |
| ☐ **昼休み**<br><small>ひるやす</small> | 점심시간 |
| ☐ **図書館**<br><small>としょかん</small> | 도서관 |
| ☐ **デパート** | 백화점 |
| ☐ **テスト** | 시험, 테스트 |
| ☐ **半**<br><small>はん</small> | 반 |
| ☐ **~から** | ~부터, ~에서 |
| ☐ **~まで** | ~까지 |
| ☐ **がんばってください** | 힘내세요, 열심히 하세요 |
| ☐ **はじめまして** | 처음 뵙겠습니다 |
| ☐ **私**<br><small>わたし</small> | 저, 나 |
| ☐ **日本人**<br><small>にほんじん</small> | 일본인 |

□ **大学生** (だいがくせい)　　　　　　　　　　대학생

□ **日本** (にほん)　　　　　　　　　　　　일본

□ **大学** (だいがく)　　　　　　　　　　　대학

□ **学生** (がくせい)　　　　　　　　　　　학생

□ **韓国** (かんこく)　　　　　　　　　　　한국

□ **～が**　　　　　　　　　　　　　　～이, ～가

□ **うち**　　　　　　　　　　　　　　　집

# 韓国人の 友だちが 多いですか。
### 한국인 친구가 많습니까?

**1** 学校は 近いです。
학교는 가깝습니다.

**2** 会社は 忙しくありません。
회사는 바쁘지 않습니다.

**3** きょうは 天気が いいです。
오늘은 날씨가 좋습니다.

**4** 日本語は 難しいですが おもしろいです。
일본어는 어렵지만, 재미있습니다.

## い형용사 ①

□ <ruby>高<rt>たか</rt></ruby>い — 비싸다

□ <ruby>安<rt>やす</rt></ruby>い — 싸다

□ <ruby>大<rt>おお</rt></ruby>きい — 크다

□ <ruby>小<rt>ちい</rt></ruby>さい — 작다

□ <ruby>暑<rt>あつ</rt></ruby>い — 덥다

□ <ruby>寒<rt>さむ</rt></ruby>い — 춥다

□ <ruby>新<rt>あたら</rt></ruby>しい — 새롭다

□ <ruby>古<rt>ふる</rt></ruby>い — 낡다

□ <ruby>多<rt>おお</rt></ruby>い — 많다

□ <ruby>少<rt>すく</rt></ruby>ない — 적다

□ <ruby>近<rt>ちか</rt></ruby>い — 가깝다

☐ 遠い (とお)　　　　　　　　　　멀다

☐ 難しい (むずか)　　　　　　　어렵다

☐ 易しい (やさ)　　　　　　　　쉽다

☐ 悪い (わる)　　　　　　　　　나쁘다

☐ いい/よい　　　　　　　　　　좋다

☐ 忙しい (いそが)　　　　　　　바쁘다

☐ おいしい　　　　　　　　　　　맛있다

☐ おもしろい　　　　　　　　　　재미있다

☐ かわいい　　　　　　　　　　　귀엽다

| | |
|---|---|
| ☐ 〜の | 〜의 |
| ☐ ケータイ | 휴대전화 |
| ☐ 会社 | 회사 |
| ☐ 学校 | 학교 |
| ☐ 友だち | 친구 |
| ☐ 〜が | 〜이, 〜가 / 〜지만, 〜다만 |
| ☐ きょう | 오늘 |
| ☐ 天気 | 날씨 |
| ☐ すし | 초밥 |
| ☐ 日本語 | 일본어 |
| ☐ テレビ | 텔레비전 |

□ 財布（さいふ）　　　　　　　　　지갑

□ 韓国（かんこく）　　　　　　　　한국

□ 生活（せいかつ）　　　　　　　　생활

□ どうですか　　　　　　　어떻습니까?

□ 毎日（まいにち）　　　　　　　　매일

□ 韓国人（かんこくじん）　　　　　한국인

□ 韓国語（かんこくご）　　　　　　한국어

□ 勉強（べんきょう）　　　　　　　공부

□ そうですね　　　　　그렇네요, 글쎄요

□ 少し（すこ）　　　　　　　　　　조금

# この パソコンは 軽くて いいですね。

이 컴퓨터는 가볍고 좋네요.

---

**1** 広い 部屋です。

넓은 방입니다.

**2** この 本は 漢字が 多くて 難しいです。

이 책은 한자가 많고 어렵습니다.

**3** 韓国の 生活は どうですか。

한국 생활은 어떻습니까?

# い형용사 ②

| | |
|---|---|
| □ 明<sup>あか</sup>るい | 밝다 |
| □ 暗<sup>くら</sup>い | 어둡다 |
| □ 長<sup>なが</sup>い | 길다 |
| □ 短<sup>みじか</sup>い | 짧다 |
| □ 重<sup>おも</sup>い | 무겁다 |
| □ 軽<sup>かる</sup>い | 가볍다 |
| □ 高<sup>たか</sup>い | 높다 |
| □ 低<sup>ひく</sup>い | 낮다 |
| □ 広<sup>ひろ</sup>い | 넓다 |
| □ 狭<sup>せま</sup>い | 좁다 |
| □ 甘<sup>あま</sup>い | 달다 |

□ 辛<ruby>辛<rt>から</rt></ruby>い 　　　　　　　　　　　　　　　 맵다

□ <ruby>怖<rt>こわ</rt></ruby>い 　　　　　　　　　　　　　　　 무섭다

□ <ruby>強<rt>つよ</rt></ruby>い 　　　　　　　　　　　　　　　 강하다

□ <ruby>楽<rt>たの</rt></ruby>しい 　　　　　　　　　　　　　　 즐겁다

□ うるさい 　　　　　　　　　　　　　　 시끄럽다

□ <ruby>黒<rt>くろ</rt></ruby>い 　　　　　　　　　　　　　　　 까맣다

□ <ruby>白<rt>しろ</rt></ruby>い 　　　　　　　　　　　　　　　 하얗다

□ <ruby>赤<rt>あか</rt></ruby>い 　　　　　　　　　　　　　　　 빨갛다

□ <ruby>青<rt>あお</rt></ruby>い 　　　　　　　　　　　　　　　 파랗다

| | |
|---|---|
| □ 人<sup>ひと</sup> | 사람 |
| □ かばん | 가방 |
| □ 部屋<sup>へや</sup> | 방 |
| □ いい/よい | 좋다 |
| □ 背<sup>せ</sup>が 高<sup>たか</sup>い | 키가 크다 |
| □ 背<sup>せ</sup>が 低<sup>ひく</sup>い | 키가 작다 |
| □ おもしろい | 재미있다 |
| □ この | 이 |
| □ その | 그 |
| □ あの | 저 |
| □ どの | 어느 |

☐ 時計 <ruby>時<rt>と</rt></ruby><ruby>計<rt>けい</rt></ruby>　　　　　시계

☐ どうですか　　　　　어떻습니까?

☐ 生活 <ruby>生<rt>せい</rt></ruby><ruby>活<rt>かつ</rt></ruby>　　　　　생활

☐ 車 <ruby>車<rt>くるま</rt></ruby>　　　　　자동차

☐ 大きい <ruby>大<rt>おお</rt></ruby>きい　　　　　크다

☐ どんな　　　　　어떤

☐ 料理 <ruby>料<rt>りょう</rt></ruby><ruby>理<rt>り</rt></ruby>　　　　　요리

☐ 映画 <ruby>映<rt>えい</rt></ruby><ruby>画<rt>が</rt></ruby>　　　　　영화

☐ 店 <ruby>店<rt>みせ</rt></ruby>　　　　　가게

☐ 安い <ruby>安<rt>やす</rt></ruby>い　　　　　싸다

☐ 易しい <ruby>易<rt>やさ</rt></ruby>しい　　　　　쉽다

☐ ジュース　　　　　주스

| | |
|---|---|
| ☐ おいしい | 맛있다 |
| ☐ 本 | 책 |
| ☐ 漢字 | 한자 |
| ☐ 多い | 많다 |
| ☐ 難しい | 어렵다 |
| ☐ 新しい | 새롭다 |
| ☐ パソコン | 컴퓨터 |
| ☐ ええ | 예 |
| ☐ 私 | 저, 나 |
| ☐ でも | 하지만 |
| ☐ 少し | 조금 |
| ☐ 古い | 낡다 |

# スポーツが 好きですか。

**스포츠를 좋아합니까?**

---

**1** 日本語は 簡単だ。

일본어는 간단하다.

---

**2** コンビニは 便利です。

편의점은 편리합니다.

---

**3** きょうは 暇じゃありません。

오늘은 한가하지 않습니다.

---

**4** 彼は 歌が 上手です。

그는 노래를 잘합니다.

## な형용사

□ 好きだ — 좋아하다

□ 嫌いだ — 싫어하다

□ 便利だ — 편리하다

□ 不便だ — 불편하다

□ 上手だ — 잘하다, 능숙하다

□ 下手だ — 잘 못하다, 서투르다

□ 静かだ — 조용하다

□ にぎやかだ — 번화하다

□ きれいだ — 깨끗하다, 예쁘다

□ ハンサムだ — 핸섬하다

□ 有名だ — 유명하다

| | |
|---|---|
| ☐ 簡単だ (かんたん) | 간단하다 |
| ☐ 親切だ (しんせつ) | 친절하다 |
| ☐ まじめだ | 성실하다 |
| ☐ 暇だ (ひま) | 한가하다 |
| ☐ 元気だ (げんき) | 건강하다 |
| ☐ 丈夫だ (じょうぶ) | 튼튼하다 |
| ☐ 立派だ (りっぱ) | 훌륭하다 |
| ☐ 新鮮だ (しんせん) | 신선하다 |
| ☐ 大変だ (たいへん) | 힘들다 |

| | |
|---|---|
| ☐ 彼 (かれ) | 그, 그 남자 |
| ☐ この | 이 |
| ☐ ケータイ | 휴대전화 |
| ☐ 韓国料理 (かんこくりょうり) | 한국요리 |
| ☐ 私 (わたし) | 저, 나 |
| ☐ スポーツ | 스포츠 |
| ☐ 彼女 (かのじょ) | 그녀 |
| ☐ 英語 (えいご) | 영어 |
| ☐ ピアノ | 피아노 |
| ☐ 車 (くるま) | 자동차 |
| ☐ とても | 매우, 아주 |

□ あまり      그다지, 별로

□ コンビニ      편의점

□ あの      저

□ 図書館      도서관

□ どうですか      어떻습니까?

□ ゴルフ      골프

□ まだ      아직

□ おもしろい      재미있다

# ここは 広<sub>ひろ</sub>くて、きれいな 店<sub>みせ</sub>ですね。

여기는 넓고, 깨끗한 가게네요.

**1** 好<sub>す</sub>きな 飲<sub>の</sub>み物<sub>もの</sub>は 何<sub>なん</sub>ですか。

좋아하는 음료수는 무엇입니까?

**2** 彼<sub>かれ</sub>は まじめで 親切<sub>しんせつ</sub>です。

그는 성실하고 친절합니다.

**3** きょうは 休<sub>やす</sub>みだから、暇<sub>ひま</sub>です。

오늘은 휴일이기 때문에, 한가합니다.

## たんご

| | |
|---|---|
| □ 彼(かれ) | 그, 그 남자 |
| □ まじめだ | 성실하다 |
| □ 人(ひと) | 사람 |
| □ 好(す)きだ | 좋아하다 |
| □ 飲(の)み物(もの) | 음료수 |
| □ 何(なん)ですか | 무엇입니까? |
| □ この | 이 |
| □ いす | 의자 |
| □ 丈夫(じょうぶ)だ | 튼튼하다 |
| □ いい/よい | 좋다 |
| □ 公園(こうえん) | 공원 |

| | |
|---|---|
| ☐ **きれいだ** | 예쁘다, 깨끗하다 |
| ☐ **静かだ** (しず) | 조용하다 |
| ☐ **店** (みせ) | 가게 |
| ☐ **安い** (やす) | 싸다 |
| ☐ **多い** (おお) | 많다 |
| ☐ **簡単だ** (かんたん) | 간단하다 |
| ☐ **きょう** | 오늘 |
| ☐ **休み** (やす) | 휴일 |
| ☐ **暇だ** (ひま) | 한가하다 |
| ☐ **ここ** | 여기 |
| ☐ **広い** (ひろ) | 넓다 |
| ☐ **レストラン** | 레스토랑 |

□ **とても** 　매우, 아주

□ **有名だ** 　유명하다

□ **医者** 　의사

□ **親切だ** 　친절하다

□ **どんな** 　어떤

□ **部屋** 　방

□ **地下鉄** 　지하철

□ **便利だ** 　편리하다

□ **アルバイト** 　아르바이트

□ **大変だ** 　힘들다

□ **料理** 　요리

□ **新鮮だ** 　신선하다

| | |
|---|---|
| ☐ 子<sup>こ</sup>ども | 아이 |
| ☐ 元気<sup>げんき</sup>だ | 건강하다 |
| ☐ 明<sup>あか</sup>るい | 밝다 |
| ☐ その | 그 |
| ☐ デパート | 백화점 |
| ☐ 立派<sup>りっぱ</sup>だ | 훌륭하다 |
| ☐ スポーツ | 스포츠 |
| ☐ ～が 上手<sup>じょうず</sup>だ | ～을/를 잘하다, 능숙하다 |
| ☐ どうして | 어째서, 왜 |
| ☐ ～からです | ～이기 때문입니다 |
| ☐ あの | 저 |
| ☐ パソコン | 컴퓨터 |

□ 図書館　　　　　　　　　　　　　　　　　　도서관

□ 少ない　　　　　　　　　　　　　　　　　　적다

□ かわいい　　　　　　　　　　　　　　　　　귀엽다

□ 大好きだ　　　　　　　　　　　　　아주 좋아하다

□ 大学　　　　　　　　　　　　　　　　　대학(교)

□ 学生　　　　　　　　　　　　　　　　　　　학생

□ いつも　　　　　　　　　　　　　　항상, 언제나

□ にぎやかだ　　　　　　　　　　　　　　번화하다

□ 仕事　　　　　　　　　　　　　　　　일, 업무

□ 朝　　　　　　　　　　　　　　　　　　　아침

□ ～から　　　　　　　　　　　　～부터, ～에서

□ 午後　　　　　　　　　　　　　　　　　　오후

| □ ~まで | ~까지 |
| □ 昼休み (ひるやす) | 점심시간 |
| □ 半 (はん) | 반 |
| □ 楽しい (たの) | 즐겁다 |
| □ 毎日 (まいにち) | 매일 |
| □ 忙しい (いそが) | 바쁘다 |
| □ でも | 그러나, 하지만 |

# 8

## 季節の 中で いつが 一番 好きですか。
### 계절 중에서 언제를 가장 좋아합니까?

1 地下鉄と バスと どちらが 便利ですか。
지하철과 버스(와) 어느 쪽이 편리합니까?

2 (スキーより) 水泳の 方が 上手です。
(스키보다) 수영 쪽을 잘합니다.

3 果物の 中で 何が 一番 甘いですか。
과일 중에서 무엇이 가장 답니까?

4 飛行機が 一番 速いです。
비행기가 가장 빠릅니다.

## 季節 계절
### き せつ

- □ 春 봄
  はる
- □ 夏 여름
  なつ
- □ 秋 가을
  あき
- □ 冬 겨울
  ふゆ

## お酒 술
### さけ

- □ 焼酎 소주
  しょうちゅう
- □ ビール 맥주
- □ ワイン 와인
- □ カクテル 칵테일
- □ ウィスキー 위스키

| □ りんご | 사과 |
| --- | --- |
| □ なし | 배 |
| □ みかん | 귤 |
| □ いちご | 딸기 |
| □ もも | 복숭아 |
| □ ぶどう | 포도 |
| □ すいか | 수박 |
| □ メロン | 멜론 |
| □ バナナ | 바나나 |
| □ オレンジ | 오렌지 |

☐ 地下鉄 (ち か てつ)          지하철

☐ バス          버스

☐ タクシー          택시

☐ 飛行機 (ひ こう き)          비행기

☐ 船 (ふね)          배

☐ 自転車 (じ てんしゃ)          자전거

## スポーツ 스포츠

| | |
|---|---|
| ☐ **水泳** <small>すいえい</small> | 수영 |
| ☐ **山登り** <small>やまのぼ</small> | 등산 |
| ☐ **野球** <small>や きゅう</small> | 야구 |
| ☐ サッカー | 축구 |
| ☐ テニス | 테니스 |
| ☐ ゴルフ | 골프 |
| ☐ スキー | 스키 |
| ☐ スノーボード | 스노보드 |
| ☐ ボウリング | 볼링 |
| ☐ バスケットボール | 농구 |
| ☐ バレーボール | 배구 |
| ☐ サーフィン | 서핑 |

## たんご

| | |
|---|---|
| ☐ ~と | ~와, ~과 |
| ☐ どちら | 어느 쪽 |
| ☐ 速<sup>はや</sup>い | 빠르다 |
| ☐ ~が 上手<sup>じょうず</sup>だ | ~을/를 잘하다, 능숙하다 |
| ☐ 山<sup>やま</sup> | 산 |
| ☐ 海<sup>うみ</sup> | 바다 |
| ☐ ~が 好<sup>す</sup>きだ | ~을/를 좋아하다 |
| ☐ ~より | ~보다 |
| ☐ ~の 方<sup>ほう</sup>が | ~의 쪽이 |
| ☐ ~の 中<sup>なか</sup>で | ~의 중에서 |
| ☐ 一番<sup>いちばん</sup> | 가장, 제일 |

| | |
|---|---|
| ☐ 友<small>とも</small>だち | 친구 |
| ☐ だれ | 누구 |
| ☐ どこ | 어디 |
| ☐ 有名<small>ゆうめい</small>だ | 유명하다 |
| ☐ 季節<small>きせつ</small> | 계절 |
| ☐ いつ | 언제 |
| ☐ 東京<small>とうきょう</small> | 동경, 도쿄 |
| ☐ 犬<small>いぬ</small> | 개 |
| ☐ 猫<small>ねこ</small> | 고양이 |
| ☐ 漢字<small>かんじ</small> | 한자 |
| ☐ ひらがな | 히라가나 |
| ☐ 簡単<small>かんたん</small>だ | 간단하다 |

□ 外国語（がいこくご）　　　　외국어

□ ～が 嫌いだ（きらいだ）　　　～을/를 싫어하다

□ 甘い（あまい）　　　　달다

□ 背が 高い（せ・たかい）　　　키가 크다

□ 今日（きょう）　　　　오늘

□ 風（かぜ）　　　　바람

□ ～も　　　　～도

□ 強い（つよい）　　　강하다, 세다

□ とても　　　　매우, 아주

□ 寒い（さむい）　　　춥다

□ もみじ　　　　단풍

□ きれいだ　　　　예쁘다

# 紅茶ケーキは いくらですか。

홍차케이크는 얼마입니까?

1 **あの 長い 傘は いくらですか。**

저 긴 우산은 얼마입니까?

2 **ホットコーヒー 1つ ください。**

뜨거운 커피 하나 주세요.

## 조 수 사 (개수)

☐ **ひとつ**　　　　　　　　　　　　　하나, 한 개

☐ **ふたつ**　　　　　　　　　　　　　둘, 두 개

☐ **みっつ**　　　　　　　　　　　　　셋, 세 개

☐ **よっつ**　　　　　　　　　　　　　넷, 네 개

☐ **いつつ**　　　　　　　　　　　　다섯, 다섯 개

☐ **むっつ**　　　　　　　　　　　　여섯, 여섯 개

☐ **ななつ**　　　　　　　　　　　　일곱, 일곱 개

☐ **やっつ**　　　　　　　　　　　　여덟, 여덟 개

☐ **ここのつ**　　　　　　　　　　　아홉, 아홉 개

☐ **とお**　　　　　　　　　　　　　　열, 열 개

☐ **いくつ**　　　　　　　　　　　　　　　몇 개

| | |
|---|---|
| □ 長い<br><small>なが</small> | 길다 |
| □ 傘<br><small>かさ</small> | 우산 |
| □ おにぎり | 주먹밥 |
| □ ～と | ～와, ～과 |
| □ サンドイッチ | 샌드위치 |
| □ ください | 주세요 |
| □ 紅茶<br><small>こうちゃ</small> | 홍차 |
| □ コーヒー | 커피 |
| □ ～ずつ | ～씩 |
| □ ボールペン | 볼펜 |
| □ チーズバーガー | 치즈버거 |

| | |
|---|---|
| □ いくつ | 몇 개 |
| □ ケーキ | 케이크 |
| □ ドーナツ | 도넛 |
| □ コーラ | 콜라 |
| □ ホットコーヒー | 뜨거운 커피 |
| □ いくら | 얼마 |
| □ サラダ | 샐러드 |
| □ めがね | 안경 |
| □ 財布 | 지갑 |
| □ 時計 | 시계 |
| □ 店員 | 점원 |
| □ いらっしゃいませ | 어서 오세요 |

| | |
|---|---|
| ☐ お客 | 손님 |
| ☐ ノート | 노트 |
| ☐ 全部で | 전부 해서 |
| ☐ じゃ | 그러면 |
| ☐ これで | 이것으로 |
| ☐ お願いします | 부탁합니다 |
| ☐ ありがとうございます | 감사합니다 |
| ☐ うどん | 우동 |
| ☐ てんぷらそば | 튀김 메밀국수 |
| ☐ ベルト | 벨트 |
| ☐ 紅茶ケーキ | 홍차케이크 |
| ☐ チーズケーキ | 치즈케이크 |

## □ それから

그리고, 그리고 나서

# この 近<sub>ちか</sub>くに 本屋<sub>ほんや</sub>が ありますか。

**이 근처에 서점이 있습니까?**

---

**1** つくえの 上<sub>うえ</sub>に 花<sub>はな</sub>が あります。

책상 위에 꽃이 있습니다.

**2** 教室<sub>きょうしつ</sub>の 中<sub>なか</sub>に 学生<sub>がくせい</sub>が います。

교실 안에 학생이 있습니다.

## 위치 명사

| | | |
|---|---|---|
| ☐ 上 (うえ) | | 위 |
| ☐ 下 (した) | | 아래 |
| ☐ 前 (まえ) | | 앞 |
| ☐ 後ろ (うし) | | 뒤 |
| ☐ 右 (みぎ) | | 오른쪽 |
| ☐ 左 (ひだり) | | 왼쪽 |
| ☐ 中 (なか) | | 안 |
| ☐ 外 (そと) | | 밖 |
| ☐ そば | | 옆 |
| ☐ となり | | 옆 |
| ☐ 近く (ちか) | | 근처 |
| ☐ 間 (あいだ) | | 사이 |

☐ 花<br>
<small>はな</small>
꽃

☐ 駅<br>
<small>えき</small>
역

☐ デパート
백화점

☐ 教室<br>
<small>きょうしつ</small>
교실

☐ 学生<br>
<small>がくせい</small>
학생

☐ 本だな<br>
<small>ほん</small>
책장, 책꽂이

☐ 猫<br>
<small>ねこ</small>
고양이

☐ つくえ
책상

☐ 何も<br>
<small>なに</small>
아무것도

☐ 部屋<br>
<small>へ や</small>
방

☐ だれも
아무도, 누구도

| | |
|---|---|
| ☐ ここ | 여기, 이곳 |
| ☐ そこ | 거기, 그곳 |
| ☐ あそこ | 저기, 저곳 |
| ☐ どこ | 어디, 어느 곳 |
| ☐ こちら | 이쪽 |
| ☐ そちら | 그쪽 |
| ☐ あちら | 저쪽 |
| ☐ どちら | 어느 쪽 |
| ☐ お国<sup>くに</sup> | 나라, 고향 |
| ☐ ～に | ～에(장소) |
| ☐ ベッド | 침대 |
| ☐ 財布<sup>さいふ</sup> | 지갑 |

| | |
|---|---|
| ☐ 犬 （いぬ） | 개 |
| ☐ いす | 의자 |
| ☐ 子ども （こ） | 아이 |
| ☐ ドア | 문 |
| ☐ 公園 （こうえん） | 공원 |
| ☐ 銀行 （ぎんこう） | 은행 |
| ☐ レストラン | 레스토랑 |
| ☐ 本屋 （ほん や） | 서점, 책방 |

# よく 図書館に 行きますか。

자주 도서관에 갑니까?

**1** 先生と 日本語で 話します。

선생님과 일본어로 이야기합니다.

**2** 朝ごはんを 食べません。

아침밥을 먹지 않습니다.

## 동사

□ ~に 会う　　　　　　　　　~을/를 만나다

□ 歌う　　　　　　　　　　　노래 부르다

□ 書く　　　　　　　　　　　　쓰다

□ 行く　　　　　　　　　　　　가다

□ 聞く　　　　　　　　　　　　듣다

□ 泳ぐ　　　　　　　　수영하다, 헤엄치다

□ 話す　　　　　　　말하다, 이야기하다

□ 待つ　　　　　　　　　　　기다리다

□ 死ぬ　　　　　　　　　　　　죽다

□ 遊ぶ　　　　　　　　　　　　놀다

□ 飲む　　　　　　　　　　　마시다

| | |
|---|---|
| ☐ 読む | 읽다 |
| ☐ 休む | 쉬다 |
| ☐ ある | 있다 |
| ☐ 降る | (비, 눈 등이) 내리다 |
| ☐ 撮る | (사진을) 찍다 |
| ☐ ～に 乗る | ～을/를 타다 |
| ☐ 帰る | (집에) 돌아가다, 돌아오다 |
| ☐ 入る | 들어가다, 들어오다 |
| ☐ 切る | 자르다 |
| ☐ 走る | 달리다 |
| ☐ 知る | 알다 |
| ☐ 要る | 필요하다 |

☐ 見る　　　　　　　　　　　　　　　　보다

☐ 起きる　　　　　　　　　　(잠자리에서) 일어나다

☐ 寝る　　　　　　　　　　　　　　　　자다

☐ 食べる　　　　　　　　　　　　　　　먹다

☐ かける　　　　　　　　　　　　　　　걸다

☐ 来る　　　　　　　　　　　　　　　　오다

☐ する　　　　　　　　　　　　　　　　하다

☐ お風呂に 入る　　　　　　　　　목욕을 하다

## たんご

- [ ] お酒（さけ） — 술
- [ ] ～を — ～을, ～를
- [ ] よく — 자주, 잘
- [ ] 音楽（おんがく） — 음악
- [ ] 映画（えいが） — 영화
- [ ] 散歩（さんぽ） — 산책
- [ ] 友（とも）だち — 친구
- [ ] 地下鉄（ちかてつ） — 지하철
- [ ] 休（やす）みの日（ひ） — 쉬는 날, 휴일
- [ ] たいてい — 대개
- [ ] うち — 집

| | |
|---|---|
| ☐ ~で | ~에서(장소) |
| ☐ ときどき | 때때로, 가끔 |
| ☐ 図書館 | 도서관 |
| ☐ ~に | ~에(장소) |
| ☐ 新聞 | 신문 |
| ☐ ~と | ~와, ~과 |
| ☐ 雑誌 | 잡지 |
| ☐ 韓国語 | 한국어 |
| ☐ 勉強 | 공부 |
| ☐ ~も | ~도 |
| ☐ 朝 | 아침 |
| ☐ ~に | ~에(시간) |

| | |
|---|---|
| ☐ 水<ruby>水<rt>みず</rt></ruby> | 물 |
| ☐ ごはん | 밥 |
| ☐ 学校<ruby>学校<rt>がっこう</rt></ruby> | 학교 |
| ☐ ～へ | ～에, ～로(방향) |
| ☐ レポート | 리포트 |
| ☐ 歌<ruby>歌<rt>うた</rt></ruby> | 노래 |
| ☐ バス | 버스 |
| ☐ 恋人<ruby>恋人<rt>こいびと</rt></ruby> | 애인 |
| ☐ 電話<ruby>電話<rt>でんわ</rt></ruby> | 전화 |
| ☐ 夜<ruby>夜<rt>よる</rt></ruby> | 밤 |
| ☐ 遅く<ruby>遅く<rt>おそ</rt></ruby> | 늦게 |

# 12

### 昨日（きのう）は 何（なに）を しましたか。

**어제는 무엇을 했습니까?**

---

**1** うちで 本（ほん）を 読（よ）みました。

집에서 책을 읽었습니다.

**2** 映画（えいが）を 見（み）ませんでした。

영화를 보지 않았습니다.

**3** 一緒（いっしょ）に 運動（うんどう）を しませんか。

함께 운동을 하지 않겠습니까?

**4** 少（すこ）し 休（やす）みましょう。

조금 쉽시다.

## たんご

| | |
|---|---|
| □ 聞く | 듣다 |
| □ 急ぐ | 서두르다 |
| □ 呼ぶ | 부르다 |
| □ 一緒に | 함께, 같이 |
| □ 運動する | 운동하다 |
| □ 映画 | 영화 |
| □ ～を | ～을, ～를 |
| □ 見る | 보다 |
| □ 少し | 조금 |
| □ 休む | 쉬다 |
| □ ～で | ～로(수단) |

☐ 話す
はな

말하다, 이야기하다

☐ タクシー

택시

☐ ~に 乗る
の

~을/를 타다

☐ 今日
きょう

오늘

☐ 早く
はや

일찍, 빨리

☐ 帰る
かえ

(집에) 돌아가다, 돌아오다

☐ 昨日
きのう

어제

☐ 学校
がっこう

학교

☐ ~へ

~에(방향)

☐ 行く
い

가다

☐ 起きる
お

(잠자리에서) 일어나다

☐ 友だち
とも

친구

| | |
|---|---|
| ☐ 〜と | 〜와, 〜과 |
| ☐ 遊ぶ | 놀다 |
| ☐ 宿題 | 숙제 |
| ☐ する | 하다 |
| ☐ 新しい | 새롭다 |
| ☐ 服 | 옷 |
| ☐ 買う | 사다 |
| ☐ 料理 | 요리 |
| ☐ 作る | 만들다 |
| ☐ 忙しい | 바쁘다 |
| ☐ すみません | 미안합니다 |
| ☐ ちょっと | 조금, 좀 |

| | |
|---|---|
| ☐ ごはん | 밥 |
| ☐ 食<sup>た</sup>べる | 먹다 |
| ☐ 多<sup>おお</sup>い | 많다 |
| ☐ 海<sup>うみ</sup> | 바다 |
| ☐ ～で | ～에서(장소) |
| ☐ 泳<sup>およ</sup>ぐ | 수영하다, 헤엄치다 |
| ☐ 天気<sup>てんき</sup> | 날씨 |
| ☐ ～が | ～이, ～가 |
| ☐ 悪<sup>わる</sup>い | 나쁘다 |
| ☐ 歌<sup>うた</sup> | 노래 |
| ☐ 歌<sup>うた</sup>う | 노래 부르다 |
| ☐ ～が 下手<sup>へた</sup>だ | ～을/를 잘 못하다, 서투르다 |

| | |
|---|---|
| ☐ 仕事<br>しごと | 일, 업무 |
| ☐ 大変だ<br>たいへん | 힘들다 |
| ☐ お酒<br>さけ | 술 |
| ☐ 飲む<br>の | 마시다 |
| ☐ あした | 내일 |
| ☐ テスト | 시험, 테스트 |
| ☐ 公園<br>こうえん | 공원 |
| ☐ 読む<br>よ | 읽다 |
| ☐ 有名だ<br>ゆうめい | 유명하다 |
| ☐ 毎日<br>まいにち | 매일 |
| ☐ 早い<br>はや | 이르다, 빠르다 |
| ☐ おととい | 그저께 |

□ **あさって** 　　　　　　　　　　　　　모레

□ <ruby>毎朝<rt>まいあさ</rt></ruby> 　　　　　　　　　　　　　매일 아침

□ <ruby>遠<rt>とお</rt></ruby>い 　　　　　　　　　　　　　멀다

□ <ruby>朝<rt>あさ</rt></ruby>ごはん 　　　　　　　　　　　　　아침밥

□ <ruby>地下鉄<rt>ち か てつ</rt></ruby> 　　　　　　　　　　　　　지하철

□ **にぎやかだ** 　　　　　　　　　　　　　번화하다

□ **ところ** 　　　　　　　　　　　　　곳, 장소

□ **～に** 　　　　　　　　　　　　　～에(장소)

□ **ある** 　　　　　　　　　　　　　있다

□ <ruby>近<rt>ちか</rt></ruby>く 　　　　　　　　　　　　　근처

□ **となり** 　　　　　　　　　　　　　옆

□ <ruby>銀行<rt>ぎんこう</rt></ruby> 　　　　　　　　　　　　　은행

| | |
|---|---|
| ☐ 静かだ | 조용하다 |
| ☐ ~より | ~보다 |
| ☐ ~の方が | ~의 쪽이 |
| ☐ 便利だ | 편리하다 |
| ☐ 休みの日 | 휴일, 쉬는 날 |
| ☐ 遅く | 늦게 |
| ☐ 寝る | 자다 |
| ☐ ~に | ~에(시간) |
| ☐ 午後 | 오후 |
| ☐ ~に会う | ~을/를 만나다 |
| ☐ 何も | 아무것도 |
| ☐ それから | 그리고, 그러고 나서 |

□ 晩ごはん　　　　　　　　　　　　　　　　저녁밥

## 조사

| は | ~은, ~는 | 私は学生です。 저는 학생입니다. |
|---|---|---|
| も | ~도 | 中村さんも学生です。<br>나카무라 씨도 학생입니다. |
| の | (명사 수식) | これは韓国の本です。<br>이것은 한국 책입니다. |
| | ~의 | それは先生のケータイです。<br>그것은 선생님의 휴대전화입니다. |
| | ~의 것 | あのパソコンは山田さんのです。<br>저 컴퓨터는 야마다 씨의 것입니다. |
| が | ~이, ~가 | きょうは天気がいいです。<br>오늘은 날씨가 좋습니다. |
| | ~지만, ~다만 | 日本語は難しいですが、おもしろいです。<br>일본어는 어렵지만, 재미있습니다. |
| から | ~부터, ~에서 | テストは9時からです。<br>시험은 9시부터입니다. |
| | ~이기 때문에 | この店はおいしいから、人が多いです。<br>이 가게는 맛있기 때문에, 사람이 많습니다. |
| まで | ~까지 | 会社は6時までです。<br>회사는 6시까지입니다. |

| と | ~와, ~과 | **友<sup>とも</sup>だちと遊<sup>あそ</sup>びます。** 친구와 놉니다. |
|---|---|---|
| を | ~을, ~를 | **映画<sup>えいが</sup>を見<sup>み</sup>ます。** 영화를 봅니다. |
| へ | ~에(방향) | **学校<sup>がっこう</sup>へ行<sup>い</sup>きます。** 학교에 갑니다. |
| に | ~에(시간) | **朝<sup>あさ</sup>、7時<sup>じ</sup>に起<sup>お</sup>きます。**<br>아침 7시에 일어납니다. |
| | ~에(장소) | **図書館<sup>としょかん</sup>に来<sup>き</sup>ます。** 도서관에 옵니다. |
| | ~에게(상대) | **先生<sup>せんせい</sup>に話<sup>はな</sup>します。** 선생님에게 말합니다. |
| で | ~에서(장소) | **部屋<sup>へや</sup>で勉強<sup>べんきょう</sup>します。** 방에서 공부합니다. |
| | ~로(수단) | **バスで行<sup>い</sup>きます。**<br>[교통] 버스로 갑니다. |
| | | **ドイツ語<sup>ご</sup>で話<sup>はな</sup>します。**<br>[언어] 독일어로 이야기합니다. |
| | | **はしで食<sup>た</sup>べます。**<br>[도구] 젓가락으로 먹습니다. |
| | ~해서(수량+で) | **全部<sup>ぜんぶ</sup>でいくらですか。**<br>전부 해서 얼마입니까? |

## 시간 (~시)

何時<sub>なんじ</sub>ですか。    몇 시입니까?

| 1시<br>いちじ | 2시<br>にじ | 3시<br>さんじ | 4시<br>よじ |
| --- | --- | --- | --- |
| 5시<br>ごじ | 6시<br>ろくじ | 7시<br>しちじ | 8시<br>はちじ |
| 9시<br>くじ | 10시<br>じゅうじ | 11시<br>じゅういちじ | 12시<br>じゅうにじ |

## 시간 (~분)

何分<sub>なんぷん</sub>ですか。    몇 분입니까?

| 1분<br>いっぷん | 2분<br>にふん | 3분<br>さんぷん | 4분<br>よんぷん |
| --- | --- | --- | --- |
| 5분<br>ごふん | 6분<br>ろっぷん | 7분<br>ななふん | 8분<br>はっぷん |
| 9분<br>きゅうふん | 10분<br>じ(ゅ)っぷん | 11분<br>じゅういっぷん | 12분<br>じゅうにふん |

| 1<br>いち | 2<br>に | 3<br>さん | 4<br>し／よん | 5<br>ご |
|---|---|---|---|---|
| 6<br>ろく | 7<br>しち／なな | 8<br>はち | 9<br>きゅう／く | 10<br>じゅう |
| 100<br>ひゃく | 200<br>にひゃく | 300<br>さんびゃく | 400<br>よんひゃく | 500<br>ごひゃく |
| 600<br>ろっぴゃく | 700<br>ななひゃく | 800<br>はっぴゃく | 900<br>きゅうひゃく | |
| 1,000<br>せん | 2,000<br>にせん | 3,000<br>さんぜん | 4,000<br>よんせん | 5,000<br>ごせん |
| 6,000<br>ろくせん | 7,000<br>ななせん | 8,000<br>はっせん | 9,000<br>きゅうせん | 10,000<br>いちまん |

## 금액

いくらですか。 얼마입니까?

| 1엔<br>いちえん | 2엔<br>にえん | 3엔<br>さんえん | 4엔<br>よえん | 5엔<br>ごえん |
|---|---|---|---|---|
| 100엔<br>ひゃくえん | 200엔<br>にひゃくえん | 300엔<br>さんびゃくえん | 400엔<br>よんひゃくえん | 500엔<br>ごひゃくえん |
| 1,000엔<br>せんえん | 2,000엔<br>にせんえん | 3,000엔<br>さんぜんえん | 4,000엔<br>よんせんえん | 5,000엔<br>ごせんえん |

いくつですか。　몇 개입니까?

| 한 개 | 두 개 | 세 개 | 네 개 | 다섯 개 |
|---|---|---|---|---|
| ひとつ | ふたつ | みっつ | よっつ | いつつ |

| 여섯 개 | 일곱 개 | 여덟 개 | 아홉 개 | 열 개 |
|---|---|---|---|---|
| むっつ | ななつ | やっつ | ここのつ | とお |

## 지시어

| | 명사 수식 | 사물 | 장소 | 방향 |
|---|---|---|---|---|
| 이<br>こ | 이<br>**この** | 이것<br>**これ** | 여기<br>**ここ** | 이쪽<br>**こちら** |
| 그<br>そ | 그<br>**その** | 그것<br>**それ** | 거기<br>**そこ** | 그쪽<br>**そちら** |
| 저<br>あ | 저<br>**あの** | 저것<br>**あれ** | 저기<br>**あそこ** | 저쪽<br>**あちら** |
| 어느<br>ど | 어느<br>**どの** | 어느 것<br>**どれ** | 어디<br>**どこ** | 어느 쪽<br>**どちら** |

개정판

스쿠스쿠
일본어
독학
첫걸음

1일 1시간,
1개월 완성!

저자 **하영애** | 동영상·오디오 강의 **김수진**

PAGODA **Books**

# 스쿠스쿠
# 일본어
# 독학첫걸음

초 판  1쇄  발행  2016년  1월  2일
개정판  1쇄  인쇄  2021년  1월  2일
개정판  1쇄  발행  2021년  1월  2일
개정판  9쇄  발행  2024년  7월  9일

**지 은 이** | 하영애
**펴 낸 이** | 박경실
**펴 낸 곳** | **PAGODA Books** 파고다북스
**출판등록** | 2005년 5월 27일 제 300-2005-90호
**주    소** | 06614 서울특별시 서초구 강남대로 419, 19층(서초동, 파고다타워)
**전    화** | (02) 6940-4070
**팩    스** | (02) 536-0660
**홈페이지** | www.pagodabook.com

**저작권자** | ⓒ 2021 하영애

**ISBN**  978-89-6281-861-1(13730)

파고다북스        www.pagodabook.com
파고다 어학원      www.pagoda21.com
파고다 인강        www.pagodastar.com
테스트 클리닉      www.testclinic.com

❚ 낙장 및 파본은 구매처에서 교환해 드립니다.

# 머리말

국제화 시대에서 다른 문화를 이해하는데 있어 가장 큰 장애물이 되는 것은 역시 언어의 벽이라고 생각합니다. 이 언어의 벽을 없앰으로써 소통이 가능해지고 세계는 크고 넓어지게 됩니다.

이 책을 손에 든 모든 분들은, 목적이 무엇이든 다양한 언어 중에서 일본어를 새롭게 시작하려고 생각하고 있는 것이겠지요. 이 책은 그런 여러분에게 이제부터의 공부가 보다 효율적이고 즐거운 것이 되도록 연구하면서 만들어졌습니다.

[말하기, 듣기, 쓰기, 읽기]의 외국어 습득의 4가지 영역의 능력을 향상시키는 것을 목표로, 문법을 체계적으로 습득하고, 단어를 늘려서 일상 생활에 활용할 수 있는 일본어다운 실용적인 표현을 익히게 하는 것, 그리고 문화적인 요소를 포함시켜서 일본인의 언어적 배경이 되는 일본 문화나 일본인들의 생활에 흥미를 가지도록 하는 것에 중점을 두었습니다.

특히 혼자서 공부하는 여러분들이 중도에 포기하지 않도록,
(1) 히라가나, 가타카나는 물론, 명사와 형용사 그리고 동사의 필수단어는 그림과
    함께 수록해서 시각적인 연상을 통해 외우기 쉽도록 했습니다.
(2) 혼자 공부해도 새로운 문형(문법)을 쉽게 이해할 수 있도록 자세한 설명을 붙였고,
(3) 문형(문법) 습득에 집중할 수 있도록 예문의 어휘를 최소화시키고, 반복해서
    사용했습니다.
(4) 각 과마다 다양한 형태의 필기시험을 통해 습득 정도를 스스로 확인하고 조절할 수
    있도록 하면서
(5) 명사, 형용사까지 학습한 후의 중간고사와 12과까지 학습이 끝난 후의 기말고사와
    더불어 교재 마지막 부분에 JLPT N5 형태의 모의고사 2회분을 첨부하여 향후의
    시험대비도 겸할 수 있도록 하였습니다.
(6) 오랜 기간 현장에서 강의하면서 학습자들이 어려워하고 질문이 많았던, 유사한 느낌의
    단어 차이라든가, 혼동하기 쉬운 한자와 가타카나 등은 독학 플러스에 수록했습니다.

이 책을 통해서 새롭게 일본어를 시작하거나 재도전하는 모든 학습자들이 중도에 포기하지 않고, 책 이름처럼 일본어 실력이 [무럭무럭, 쑥쑥] 자라서 일본어를 할 수 있는 기쁨과 즐거움을 느끼게 되길 바랍니다.

끝으로 이 책을 출간하는데 지원을 아끼지 않으셨던 박경실 회장님과 pagoda books의 고제훈 팀장님, 최은혜 매니저님과 직원 여러분들, 감수로 수고하신 쿠로다 요시꼬 선생님, 재미있고 알기 쉽게 동영상 강의와 오디오 강의를 해주신 김수진 선생님과 히가시노 사토미 선생님께도 감사의 마음을 전합니다.

저자 **하영애**

# 스쿠스쿠 독학 7단계 학습법

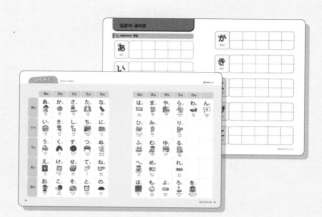

### step 1
**일본어 글자 마스터**

교재를 본격적으로 학습해 나가기에 앞서, 일본어 글자를 제대로 익혀 두도록 합니다.
본 교재의 〈일본어 문자와 발음〉 코너와 부록의 〈일본어 글자 쓰기 노트〉, 그리고 〈히라가나・가타카나〉 무료 특강을 이용하여 여러 번 듣고 쓰는 연습을 반복하면서 일본어 글자를 완벽하게 마스터하도록 합시다.

### step 2

**무료 강의로 포인트 예습 후**
**독학 맞춤 플랜에 따라 교재 학습**

각 Unit에서 중요 포인트가 되는 문법 및 활용 표현 등을 파고다 대표 강사의 강의를 통해 미리 예습합니다. 동영상과 오디오 강의 2가지 버전으로 제공됩니다.

**동영상 강의**

+ 스마트폰으로 책 속 QR 코드 스캔
+ 유튜브에서 도서명 검색

**오디오 강의**

+ 스마트폰으로 책 속 QR코드 스캔
+ 네이버 오디오클립에서 도서명 검색

### step 3
**듣고 말하기 훈련용 MP3로 듣고 말하기 집중 훈련**

본문 음성과는 별도로 〈듣고 말하기 훈련용 MP3〉가 함께 제공됩니다. 한국인 성우와 일본인 성우의 음성을 번갈아 듣고, 내용을 이해하며 소리 내어 따라 하는 집중 훈련을 반복하다 보면 어느새 일본어 귀와 입이 뻥~ 하고 뚫리게 될 거예요. 듣고 말하기 훈련용 MP3는 홈페이지에서 바로 재생할 수 있으며, 무료로 다운로드도 가능합니다.

## 워크북으로 일본어 문장 쓰기 연습

step 4

듣기·쓰기·읽기·말하기의 언어 4기능을 유기적으로 통합한 실속만점 부가자료 세트를 준비하였습니다.
워크북의 〈핵심문법 워크시트〉에서는 명사, 형용사, 동사까지 직접 활용하여 문장을 만들어보는 연습을 제시했습니다. 주요 문법을 내 것으로 만들면 원하는 문장을 마음껏 구사할 수 있게 될 거예요. 그리고 〈듣고 쓰기 훈련용 노트〉를 채워 써보며 실질적인 일본어 구사 능력을 강화해 봅시다.

## 필기시험으로 진단 평가
## ➜ 80점 미만은 반복 학습

step 5

해당 Unit을 단계별로 착실히 공부했다면, 필기시험으로 진단 평가를 실시합니다. 만약 80점을 넘지 못했다면 어떤 부분을 다시 학습해야 하는지 해답 페이지의 코멘트를 참고해서 다시 한번 복습해 보세요.
그리고 1과~7과 학습을 마친 후 중간고사, 8과~12과 학습을 마친 후에는 기말고사를 풀어 봅니다. 여러 Unit을 연계·종합하여 출제된 문항으로 더욱 체계적인 성취도 점검이 가능해집니다.

* 필기시험 재시험용 PDF는 홈페이지에서 다운로드 가능

## 자투리 시간을 활용하여
## 포켓북으로 완벽 복습

step 6

부록으로 제공되는 포켓북에는 필수 단어와 포인트 문형, 이동 시에도 간단히 스캔하여 원어민음성을 듣고 따라해 볼 수 있도록 MP3 QR 코드가 수록되어 있습니다. 등하교, 출퇴근 등의 자투리 시간을 활용하여 그동안 학습한 내용을 머릿속에 단단히 정착시켜 보세요.
홈페이지에서 자동 생성되는 단어시험지를 출력하여 어휘력을 체크해볼 수도 있습니다.

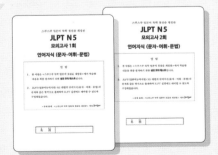

## JLPT N5 유형의
## 실전 테스트로 최종 평가

step 7

교재 마지막에 수록된 JLPT N5 언어지식(문자·어휘·문법) 유형의 실전 테스트로 최종 실력 평가를 합니다.
총 2회분을 풀어보면서 교재 내용을 완벽히 이해했는지 확인할 수 있습니다. 또 국가공인 일본어능력시험인 JLPT 유형을 맛보기 할 수 있는 기회랍니다.

## 동영상 및 오디오 강의 수강

스마트폰과 모바일 기기로 QR코드를 스캔하여 동영상 강의와 오디오 강의를 시청할 수 있으며, 파고다북스 홈페이지에 접속하여 재생할 수도 있습니다. 매 Unit에서 중심이 되는 문법 사항과 다양한 응용 표현으로 짜인 강의를 언제 어디서나 반복하여 학습함으로써 탄탄한 일본어 실력을 기를 수 있습니다.

## 요것만은 꼭꼭~ Point

해당 Unit에서 학습할 핵심 문형을 예문과 함께 친절하게 설명하였으며, 마치 베테랑 강사의 학원 강의를 마주하고 듣는 것처럼 동일한 흐름으로 구성하여 독학 학습자의 학습 효율을 향상시킬 수 있도록 하였습니다.

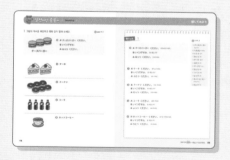

## 회화 실력 쑥쑥~ Conversation

앞에서 학습한 문형과 어휘를 중심으로 구성된 회화문이 제공되며, 일본 현지 실생활 커뮤니케이션에 기반한 스토리로 본격적인 자연스러운 회화 연습이 가능하도록 구성하였습니다.

## 독학! Plus+

독학 학습자에게 필요한 기본적인 학습 내용 이외에도 해당 학습 사항과 연계된 관련내용 및 부족한 설명을 독학 Plus+를 통해 보충하였습니다.

## 학습사항

각 Unit에서 꼭 알아두어야 하는 학습사항을 한눈에 쏙 들어오게 정리하였습니다. 학습 후에는 제시된 학습사항을 스스로 확인하면서 복습도 겸할 수 있습니다.

## 독학 Plan

혼자서도 체계적인 일본어 학습이 가능하도록 매 Unit 마다 항목별 시간 배분 및 스스로 학습을 체크할 수 있도록 짜여진 〈독학 Plan〉이 제공됩니다. 제시된 순서대로 학습을 진행하다 보면 어느덧 일본어에 자신감이 붙게 될 것입니다.

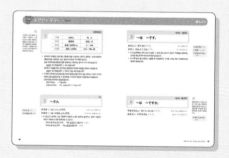

## 실전처럼 술술~ Speaking

앞 페이지에서 학습한 내용을 소리 내어 말해보는 단계입니다. 학습한 내용을 떠올려 가며 보기처럼 대화문을 만들어 봅니다. 오른쪽 페이지에는 최종 확인을 위한 대화문 스크립트와 해석이 제시되어 있으며, 〈듣고 말하기 훈련용 MP3〉와 병행해 가며 듣고 말하는 능력을 배양할 수 있습니다.

## 내 귀에 쏙쏙~ Listening

해당 Unit의 읽고, 말하는 연습이 충분히 되었다면, 다음 단계로 상대방의 말을 제대로 알아들을 수 있는 훈련이 필요합니다. 제대로 듣고 또다시 말하는 연습의 사이클이 모여서 최종적으로 자연스러운 일본어 회화가 가능하게 됩니다. 부록에 정답과 함께 수록된 스크립트를 보면서 다시 한번 복습하면 어느덧 일본어가 귀에 쏙쏙 들리는 경지에 이르게 될 것입니다.

## 필기시험

독학 학습인 만큼, 철저한 자가 학습 평가가 이루어져야 합니다. 필기시험 코너에서는 어휘, 문법뿐 아니라 청해 실력까지, 다양한 유형을 통해 체계적으로 테스트해 볼 수 있습니다. 80점 이상을 득점하여야만 다음 Unit으로의 학습 진행이 가능합니다.

*재시험용 PDF는 파고다북스 홈페이지에서 다운로드

## 문제 풀이

정답 확인을 위해 문제와 해답 페이지를 여러 번 이동하지 않아도 되도록 문제와 해답을 한 페이지에 실었습니다.
더불어 해당 문제를 틀렸을 경우, 어떤 학습 사항을 다시 반복 학습하여야 하는지를 제시하여 철저한 확인 학습이 가능하도록 구성하였습니다.

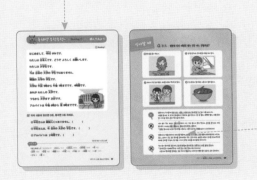

## 독해력 무럭무럭~ Reading

3~4개 이상의 Unit에서 배운 문형을 자연스럽게 녹여 낸 독해 지문을 수록하였습니다. 문장 해석 능력과 내용 이해력을 향상시켜 시험 등을 대비할 수 있습니다.

## 도전! 일본 문화 퀴즈왕

흥미로운 퀴즈를 통해 일본 문화에 대한 진실과 오해를 가려보고, 한국 문화와 다른 점을 상호비교해 볼 수 있습니다.

일본어 한자에 익숙하지 않은 입문 독학자를 배려하여 1~3과까지는 한자를 배제하고 실었으며, 본문 회화문의 경우 한글 독음을 달아 학습자의 부담감을 덜었습니다. 한자와 일본어 글자에 대한 부담감을 갖지 말고 우선은 가벼운 마음으로 시작하세요!

# 독학! 4주 완성 플랜

하루 1시간 4주 만에 끝내는 독학 학습 플랜입니다.
자신만의 학습 계획을 세워 하루하루 학습을 꼼꼼히 체크해 나가도록 하세요.

## Plan | 1주차

| | 월 일<br>Day 1 | 월 일<br>Day 2 | 월 일<br>Day 3 | 월 일<br>Day 4 | 월 일<br>Day 5 | 월 일<br>Day 6 | 월 일<br>Day 7 |
|---|---|---|---|---|---|---|---|
| 글자 연습 | ☐ 히라가나 | ☐ 히라가나 | ☐ 가타카나 | ☐ 가타카나 | | | |
| 동영상 강의 | ☐ unit 0 | ☐ unit 0 | ☐ unit 0 | ☐ unit 0 | ☐ unit 01 | | ☐ unit 02 |
| 오디오 강의 | ☐ unit 0 | ☐ unit 0 | ☐ unit 0 | ☐ unit 0 | ☐ unit 1-1 | ☐ unit 1-2 | ☐ unit 2-1 |
| 교재 | ☐ 14~23p | ☐ 24~30p | ☐ 16~23p | ☐ 24~26p | ☐ 40~47p | ☐ 48~51p | ☐ 58~65p |
| 듣고 말하기 | | | | | ☐ S 01_2~3 | | ☐ S 02_2~3 |
| 필기시험 | | ☐ 32p | | ☐ 33p | | ☐ Unit 01 | |
| 반복 학습 | | ☐ 14~30p | | ☐ 16~26p | | ☐ 40~51p | |
| 포켓북 | | | | | ☐ S 01_1 | | ☐ S 02_1 |

## Plan | 2주차

| | 월 일<br>Day 8 | 월 일<br>Day 9 | 월 일<br>Day 10 | 월 일<br>Day 11 | 월 일<br>Day 12 | 월 일<br>Day 13 | 월 일<br>Day 14 |
|---|---|---|---|---|---|---|---|
| 동영상 강의 | | ☐ unit 03 | | ☐ unit 04 | | ☐ unit 05 | |
| 오디오 강의 | ☐ unit 2-2 | ☐ unit 3-1 | ☐ unit 3-2 | ☐ unit 4-1 | ☐ unit 4-2 | ☐ unit 5-1 | ☐ unit 5-2 |
| 교재 | ☐ 66~69p | ☐ 76~83p | ☐ 84~87p | ☐ 94~99p | ☐ 100~103p | ☐ 110~113p | ☐ 114~117p |
| 듣고 말하기 | | ☐ S 03_2~3 | | ☐ S 04_2~3 | | ☐ S 05_2~3 | |
| 필기시험 | ☐ Unit 02 | | ☐ Unit 03 | | ☐ Unit 04 | | ☐ Unit 05 |
| 반복 학습 | ☐ 58~69p | | ☐ 76~87p | | ☐ 94~103p | | ☐ 110~117p |
| 포켓북 | | ☐ S 03_1 | | ☐ S 04_1 | | ☐ S 05_1 | |

| | 월 일 Day 15 | 월 일 Day 16 | 월 일 Day 17 | 월 일 Day 18 | 월 일 Day 19 | 월 일 Day 20 | 월 일 Day 21 |
|---|---|---|---|---|---|---|---|
| 동영상 강의 | ☐ unit 06 | | ☐ unit 07 | | ☐ unit 08 | | ☐ unit 09 |
| 오디오 강의 | ☐ unit 6-1 | ☐ unit 6-2 | ☐ unit 7-1 | ☐ unit 7-2 | ☐ unit 8-1 | ☐ unit 8-2 | ☐ unit 9-1 |
| 교재 | ☐ 124~129p | ☐ 130~133p | ☐ 140~145p | ☐ 146~149p | ☐ 160~165p | ☐ 166~169p | ☐ 176~183p |
| 듣고 말하기 | ☐ S 06_2~3 | | ☐ S 07_2~4 | | ☐ S 08_2~3 | | ☐ S 09_2~4 |
| 필기시험 | | ☐ Unit 06 | | ☐ Unit 07 | | ☐ Unit 08 | |
| 반복 학습 | | ☐ 124~133p | | ☐ 140~149p | | ☐ 160~169p | |
| 포켓북 | ☐ S 06_1 | | ☐ S 07_1 | | ☐ S 08_1 | | ☐ S 09_1 |

| | 월 일 Day 22 | 월 일 Day 23 | 월 일 Day 24 | 월 일 Day 25 | 월 일 Day 26 | 월 일 Day 27 | 월 일 Day 28 |
|---|---|---|---|---|---|---|---|
| 동영상 강의 | | ☐ unit 10 | | ☐ unit 11 | | ☐ unit 12 | |
| 오디오 강의 | ☐ unit 9-2 | ☐ unit 10-1 | ☐ unit 10-2 | ☐ unit 11-1 | ☐ unit 11-2 | ☐ unit 12-1 | ☐ unit 12-2 |
| 교재 | ☐ 184~187p | ☐ 194~199p | ☐ 200~203p | ☐ 210~213p | ☐ 214~219p | ☐ 226~231p | ☐ 232~235p |
| 듣고 말하기 | | ☐ S 10_2~3 | | ☐ S 11_2 | | ☐ S 12_2~3 | |
| 필기시험 | ☐ Unit 09 | | ☐ Unit 10 | | ☐ Unit 11 | | ☐ Unit 12 |
| 반복 학습 | ☐ 176~187p | | ☐ 194~203p | | ☐ 210~219p | | ☐ 226~235p |
| 포켓북 | | ☐ S 10_1 | | ☐ S 11_1 | | ☐ S 12_1 | |

# 독학! 2주 완성 플랜

하루 2시간 2주 만에 끝내는 독학 학습 플랜입니다.
자신만의 학습 계획을 세워 하루하루 학습을 꼼꼼히 체크해 나가도록 하세요.

## Plan | 1주차

| | 월 일<br>Day 1 | 월 일<br>Day 2 | 월 일<br>Day 3 | 월 일<br>Day 4 | 월 일<br>Day 5 | 월 일<br>Day 6 | 월 일<br>Day 7 |
|---|---|---|---|---|---|---|---|
| 글자 연습 | ☐ 히라가나 | ☐ 가타카나 | | | | | |
| 동영상 강의 | ☐ unit 0 | ☐ unit 0 | ☐ unit 01 | ☐ unit 02 | ☐ unit 03 | ☐ unit 04 | ☐ unit 05 |
| 오디오 강의 | ☐ unit 0 | ☐ unit 0 | ☐ unit 1-1~2 | ☐ unit 2-1~2 | ☐ unit 3-1~2 | ☐ unit 4-1~2 | ☐ unit 5-1~2 |
| 교재 | ☐ 14~30p | ☐ 16~26p | ☐ 40~51p | ☐ 58~69p | ☐ 76~87p | ☐ 94~103p | ☐ 110~117p |
| 듣고 말하기 | | | ☐ S 01_2~3 | ☐ S 02_2~3 | ☐ S 03_2~3 | ☐ S 04_2~3 | ☐ S 05_2~3 |
| 필기시험 | ☐ 32p | ☐ 33p | ☐ Unit 01 | ☐ Unit 02 | ☐ Unit 03 | ☐ Unit 04 | ☐ Unit 05 |
| 반복 학습 | ☐ 14~30p | ☐ 16~26p | ☐ 40~51p | ☐ 58~69p | ☐ 76~87p | ☐ 94~103p | ☐ 110~117p |
| 포켓북 | | | ☐ S 01_1 | ☐ S 02_1 | ☐ S 03_1 | ☐ S 04_1 | ☐ S 05_1 |

## Plan | 2주차

| | 월 일<br>Day 8 | 월 일<br>Day 9 | 월 일<br>Day 10 | 월 일<br>Day 11 | 월 일<br>Day 12 | 월 일<br>Day 13 | 월 일<br>Day 14 |
|---|---|---|---|---|---|---|---|
| 동영상 강의 | ☐ unit 06 | ☐ unit 07 | ☐ unit 08 | ☐ unit 09 | ☐ unit 10 | ☐ unit 11 | ☐ unit 12 |
| 오디오 강의 | ☐ unit 6-1~2 | ☐ unit 7-1~2 | ☐ unit 8-1~2 | ☐ unit 9-1~2 | ☐ unit 10-1~2 | ☐ unit 11-1~2 | ☐ unit 12-1~2 |
| 교재 | ☐ 124~133p | ☐ 140~149p | ☐ 160~169p | ☐ 176~187p | ☐ 194~203p | ☐ 210~219p | ☐ 226~235p |
| 듣고 말하기 | ☐ S 06_2~3 | ☐ S 07_2~4 | ☐ S 08_2~3 | ☐ S 09_2~4 | ☐ S 10_2~3 | ☐ S 11_2 | ☐ S 12_2~3 |
| 필기시험 | ☐ Unit 06 | ☐ Unit 07 | ☐ Unit 08 | ☐ Unit 09 | ☐ Unit 10 | ☐ Unit 11 | ☐ Unit 12 |
| 반복 학습 | ☐ 124~133p | ☐ 140~149p | ☐ 160~169p | ☐ 176~187p | ☐ 194~203p | ☐ 210~219p | ☐ 226~235p |
| 포켓북 | ☐ S 06_1 | ☐ S 07_1 | ☐ S 08_1 | ☐ S 09_1 | ☐ S 10_1 | ☐ S 11_1 | ☐ S 12_1 |

# 일본어 문자와 발음

히라가나 · 가타카나

청음 | 탁음 | 반탁음 | 요음

발음 | 촉음 | 장음

# ひらがな

| | あ행 | か행 | さ행 | た행 | な행 |
|---|---|---|---|---|---|
| **あ단** | **あ** 아<br>あい<br>사랑 | **か** 카<br>かき<br>감 | **さ** 사<br>さけ<br>술 | **た** 타<br>たき<br>폭포 | **な** 나<br>なす<br>가지 |
| **い단** | **い** 이<br>いえ<br>집 | **き** 키<br>きく<br>국화 | **し** 시<br>しか<br>사슴 | **ち** 치<br>ちかてつ<br>지하철 | **に** 니<br>にく<br>고기 |
| **う단** | **う** 우<br>うえ<br>위 | **く** 쿠<br>くつ<br>구두 | **す** 스<br>すいか<br>수박 | **つ** 츠<br>つくえ<br>책상 | **ぬ** 누<br>ぬりえ<br>색칠그림 |
| **え단** | **え** 에<br>え<br>그림 | **け** 케<br>けいかく<br>계획 | **せ** 세<br>せき<br>좌석 | **て** 테<br>て<br>손 | **ね** 네<br>ねこ<br>고양이 |
| **お단** | **お** 오<br>おう<br>왕 | **こ** 코<br>こえ<br>(목)소리 | **そ** 소<br>そうこ<br>창고 | **と** 토<br>とけい<br>시계 | **の** 노<br>のり<br>김 |

| は행 | ま행 | や행 | ら행 | わ행 | |
|---|---|---|---|---|---|
| **は**하 | **ま**마 | **や**야 | **ら**라 | **わ**와 | **ん**응 |
| はし 젓가락 | まめ 콩 | やま 산 | らいねん 내년 | わに 악어 | にほん 일본 |
| **ひ**히 | **み**미 | | **り**리 | | |
| ひこうき 비행기 | みみ 귀 | | りす 다람쥐 | | |
| **ふ**후 | **む**무 | **ゆ**유 | **る**루 | | |
| ふね 배 | むすめ 딸 | ゆき 눈 | るす 부재중 | | |
| **へ**헤 | **め**메 | | **れ**레 | | |
| へそ 배꼽 | めいし 명함 | | れつ 줄(열) | | |
| **ほ**호 | **も**모 | **よ**요 | **ろ**로 | **を**오 | |
| ほし 별 | もも 복숭아 | よやく 예약 | ろうそく 촛불 | ほんを よむ 책을 읽다 | |

# カタカナ

가타카나 50음도

|  | ア행 | カ행 | サ행 | タ행 | ナ행 |
|---|---|---|---|---|---|
| ア단 | ア 아<br>アイスクリーム<br>아이스크림 | カ 카<br>カメラ<br>카메라 | サ 사<br>サラダ<br>샐러드 | タ 타<br>タクシー<br>택시 | ナ 나<br>ナイフ<br>나이프 |
| イ단 | イ 이<br>インク<br>잉크 | キ 키<br>キリン<br>기린 | シ 시<br>シーソー<br>시소 | チ 치<br>チーズ<br>치즈 | ニ 니<br>ニュース<br>뉴스 |
| ウ단 | ウ 우<br>ウイスキー<br>위스키 | ク 쿠<br>クレヨン<br>크레용 | ス 스<br>スキー<br>스키 | ツ 츠<br>ツリー<br>트리 | ヌ 누<br>ヌードル<br>누들 |
| エ단 | エ 에<br>エレベーター<br>엘리베이터 | ケ 케<br>ケーキ<br>케이크 | セ 세<br>セーター<br>스웨터 | テ 테<br>テレビ<br>텔레비전 | ネ 네<br>ネクタイ<br>넥타이 |
| オ단 | オ 오<br>オレンジ<br>오렌지 | コ 코<br>コート<br>코트 | ソ 소<br>ソーセージ<br>소시지 | ト 토<br>トマト<br>토마토 | ノ 노<br>ノート<br>노트 |

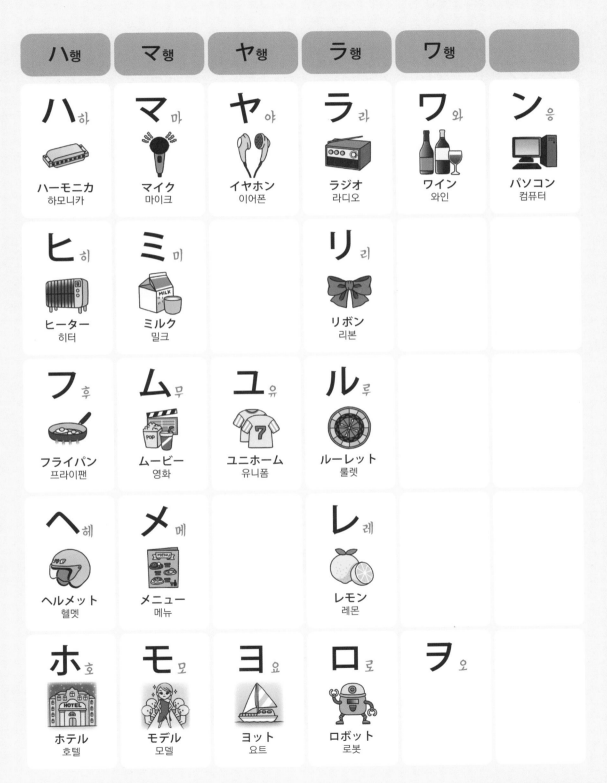

| ハ행 | マ행 | ヤ행 | ラ행 | ワ행 | |
|---|---|---|---|---|---|
| **ハ** 하 | **マ** 마 | **ヤ** 야 | **ラ** 라 | **ワ** 와 | **ン** 응 |
| ハーモニカ 하모니카 | マイク 마이크 | イヤホン 이어폰 | ラジオ 라디오 | ワイン 와인 | パソコン 컴퓨터 |
| **ヒ** 히 | **ミ** 미 | | **リ** 리 | | |
| ヒーター 히터 | ミルク 밀크 | | リボン 리본 | | |
| **フ** 후 | **ム** 무 | **ユ** 유 | **ル** 루 | | |
| フライパン 프라이팬 | ムービー 영화 | ユニホーム 유니폼 | ルーレット 룰렛 | | |
| **ヘ** 헤 | **メ** 메 | | **レ** 레 | | |
| ヘルメット 헬멧 | メニュー 메뉴 | | レモン 레몬 | | |
| **ホ** 호 | **モ** 모 | **ヨ** 요 | **ロ** 로 | **ヲ** 오 | |
| ホテル 호텔 | モデル 모델 | ヨット 요트 | ロボット 로봇 | | |

동영상 강의 히라가나
 동영상 강의 가타카나
 오디오 강의 히라가나 가타카나

[청음]은 맑은 소리라는 뜻입니다. 탁점(˚)이나 반탁점(˚)이 없는 글자입니다.

 **あ**행 **ア**행 「あ・い・う・え・お」는 일본어의 기본 모음이며, 우리말의 [아・이・우・에・오]와 비슷합니다. 단, 「う」는 우리말의 [우]와 [으]의 중간 발음이기 때문에, 입술을 앞으로 내밀고 발음하지 않도록 주의해야 합니다.

| あ (a) | い (i) | う (u) | え (e) | お (o) |
|---|---|---|---|---|
| あい 사랑 | いえ 집 | うえ 위 | え 그림 | おう 왕 |

| ア (a) | イ (i) | ウ (u) | エ (e) | オ (o) |
|---|---|---|---|---|
| アイスクリーム 아이스크림 | インク 잉크 | ウイスキー 위스키 | エレベーター 엘리베이터 | オレンジ 오렌지 |

**か**행 **カ**행 「あ・い・う・え・お」에 [k]를 붙인 발음으로 우리말의 [ㄱ]과 [ㅋ]의 중간 발음이지만, 단어의 처음에 오면 [ㅋ]에 가깝게, 중간이나 끝에 오면 [ㄲ]에 가깝게 발음합니다.

| か (ka) | き (ki) | く (ku) | け (ke) | こ (ko) |
|---|---|---|---|---|
| かき 감 | きく 국화 | くつ 구두 | けいかく 계획 | こえ (목)소리 |

| カ (ka) | キ (ki) | ク (ku) | ケ (ke) | コ (ko) |
|---|---|---|---|---|
| カメラ 카메라 | キリン 기린 | クレヨン 크레용 | ケーキ 케이크 | コート 코트 |

**さ행 サ행**

「あ・い・う・え・お」에 [s]를 붙인 발음으로, 우리말의 [사·시·스·세·소]와 비슷합니다. 단, 「す」는 우리말의 [수]와 [스]의 중간 발음이지만 [스]에 좀 더 가까운 발음입니다.

**た행 タ행**

- 「た행」 발음은 「あ・え・お」 에 [t]를 붙여서 우리말의 [타·테·토]와 비슷한 「た・て・と」와 우리말의 [치]에 가까운 발음인 「ち」, 우리말의 [츠]에 가까운 발음인 「つ」 로 나뉩니다. 단어의 처음에 나올 때는 우리말의 [ㅌ, ㅊ]에 가까운 발음이지만, 중간이나 끝에 오면 된소리로 변하여 우리말의 [ㄸ, ㅉ]과 비슷하게 발음합니다.
- 가타카나 [ツ(츠)]와 [シ(시)]는 글자의 모양이 비슷해서 혼동하기 쉽고, 글자를 쓰는 순서와 방향도 틀리기 쉽기 때문에 특히 주의해야 합니다.

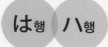

# 청음

## な행 ナ행

- 「あ·い·う·え·お」에 [n]을 붙인 발음으로, 우리말의 [나·니·누·네·노]와 비슷합니다. 단, 「ぬ」는 우리말의 [누]와 [느]의 중간 발음입니다.
- 가타카나 [ヌ(누)]와 [ス(스)]는 혼동하기 쉽기 때문에 주의해야 합니다.

| な na | に ni | ぬ nu | ね ne | の no |
|---|---|---|---|---|
| なす 가지 | にく 고기 | ぬりえ 색칠그림 | ねこ 고양이 | のり 김 |

| ナ na | ニ ni | ヌ nu | ネ ne | ノ no |
|---|---|---|---|---|
| ナイフ 나이프 | ニュース 뉴스 | ヌードル 누들 | ネクタイ 넥타이 | ノート 노트 |

## は행 ハ행

- 「あ·い·う·え·お」에 [h]를 붙인 발음으로, 우리말의 [하·히·후·헤·호]와 비슷합니다.
- 가타카나 [ホ(호)]와 [ネ(네)]는 혼동하기 쉽기 때문에 주의해야 합니다.

| は ha | ひ hi | ふ hu | へ he | ほ ho |
|---|---|---|---|---|
| はし 젓가락 | ひこうき 비행기 | ふね 배 | へそ 배꼽 | ほし 별 |

| ハ ha | ヒ hi | フ hu | ヘ he | ホ ho |
|---|---|---|---|---|
| ハーモニカ 하모니카 | ヒーター 히터 | フライパン 프라이팬 | ヘルメット 헬멧 | ホテル 호텔 |

- 「あ・い・う・え・お」에 [m]을 붙인 발음으로, 우리말의 [마・미・무・메・모]와 비슷합니다. 단, 「む」는 우리말의 [무]와 [므]의 중간 발음입니다.
- 가타카나 [ミ(미)]는 글자의 방향이 반대로 되지 않도록 주의해서 외우세요.

| ま ma | み mi | む mu | め me | も mo |
|---|---|---|---|---|
| まめ 콩 | みみ 귀 | むすめ 딸 | めいし 명함 | もも 복숭아 |

| マ ma | ミ mi | ム mu | メ me | モ mo |
|---|---|---|---|---|
| マイク 마이크 | ミルク 밀크 | ムービー 영화 | メニュー 메뉴 | モデル 모델 |

- 「や・ゆ・よ」는 일본어의 반모음이며, 우리말의 [야・유・요]와 비슷합니다.
- 가타카나 [ユ(유)]와 [コ(코)]는 글자의 모양이 비슷해서 혼동하기 쉽기 때문에 주의해야 합니다.

| や ya | ゆ yu | よ yo |
|---|---|---|
| やま 산 | ゆき 눈 | よやく 예약 |

| ヤ ya | ユ yu | ヨ yo |
|---|---|---|
| イヤホン 이어폰 | ユニホーム 유니폼 | ヨット 요트 |

## ら행　ラ행

「あ・い・う・え・お」에 [r]을 붙인 발음으로, 우리말의 [라・리・루・레・로]와 비슷합니다.

| ら ra | り ri | る ru | れ re | ろ ro |
|---|---|---|---|---|
|  |  |  |  |  |
| **らいねん**<br>내년 | **りす**<br>다람쥐 | **るす**<br>부재중 | **れつ**<br>줄(열) | **ろうそく**<br>촛불 |

| ラ ra | リ ri | ル ru | レ re | ロ ro |
|---|---|---|---|---|
| | | | | |
| **ラジオ**<br>라디오 | **リボン**<br>리본 | **ルーレット**<br>룰렛 | **レモン**<br>레몬 | **ロボット**<br>로봇 |

## わ행　ワ행

- 「わ」는 「や・ゆ・よ」와 같이 일본어의 반모음이며, 발음은 우리말의 [와]와 같습니다.
- 「を」는 [~을/를]이라는 의미의 조사로만 사용되며, [お]와 같은 발음입니다.
- 가타카나 [ワ(와)]는 [ウ(우)]와 혼동하기 쉬우므로 주의해서 외우세요.
- 가타카나 [ヲ(오)]는 거의 사용하지 않습니다.

| わ wa | | を wo |
|---|---|---|
| <br> | | <br> |
| **わに**<br>악어 | | **ほんを よむ**<br>책을 읽다 |

| ワ wa | | ヲ wo |
|---|---|---|
| <br> | | — |
| **ワイン**<br>와인 | | |

- 「ん」은 우리말의 받침과 같은 역할을 하며, 함께 쓰는 글자에 따라서 [ㄴ, ㅇ, ㅁ, ㄴ과 ㅇ의 중간 발음] 으로 발음됩니다. 주의할 것은 우리말의 받침과 다르게 반드시 한 박자를 사용해서 발음해야 합니다.
- 가타카나 [ン(응)]과 [ソ(소)]는 모양이 비슷해서 가장 많이 혼동하는 글자입니다. 주의해서 외우세요.

**にほん**
일본

**パソコン**
컴퓨터

[탁음]은 글자의 오른쪽 위에 탁점( ˚ )이 붙은 글자입니다. 탁점은 「か행」「さ행」「た행」「は행」에만 붙입니다.

 が행 ガ행

「が행」의 발음은 표기할 때는 우리말의 [ㄱ]이지만, 영어의 [g]와 비슷한 발음으로, 우리말의 발음과는 다른 발음이기 때문에 주의해야 합니다.

| が ga | ぎ gi | ぐ gu | げ ge | ご go |
|---|---|---|---|---|
| がくせい 학생 | ぎんこう 은행 | ぐんじん 군인 | げた (일본) 나막신 | ごみ 쓰레기 |
| ガ ga | ギ gi | グ gu | ゲ ge | ゴ go |
| ガイド 가이드 | ギター 기타 | グラス 유리컵 | ゲーム 게임 | ゴルフ 골프 |

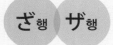 ざ행 ザ행

「ざ행」의 발음은 우리말의 [ㅈ]으로 표기하지만, 영어의 [z]와 같은 발음으로 우리말에 없는 발음이기 때문에 주의해야 합니다. [じ]는 [ji]로 발음합니다.

| ざ za | じ ji | ず zu | ぜ ze | ぞ zo |
|---|---|---|---|---|
| ざるそば 메밀국수 | じてんしゃ 자전거 | ずつう 두통 | かぜ 바람 | ぞう 코끼리 |
| ザ za | ジ ji | ズ zu | ゼ ze | ゾ zo |
| ピザ 피자 | ジャム 잼 | ズボン 바지 | ゼロ 제로(0) | ゾーン 존, 구역 |

## だ行 ダ行

「だ행」의 [だ、で、ど] 발음은 영어의 [d]와 같은 발음이고, [ぢ、づ]는 [じ、ず]와 발음이 같습니다.
가타카나 [ヂ]와 [ヅ]는 거의 사용하지 않습니다.

| だ (da) | ぢ (ji) | づ (zu) | で (de) | ど (do) |
|---|---|---|---|---|
| だいこん 무 | はなぢ 코피 | こづかい 용돈 | でんわ 전화 | どろぼう 도둑 |

| ダ (da) | ヂ (ji) | ツ (zu) | デ (de) | ド (do) |
|---|---|---|---|---|
| ダイエット 다이어트 | | | デパート 백화점 | ドア 문 |

## ば行 バ行

「ば행」의 발음은 영어의 [b] 발음으로, 우리말의 [바·비·부·베·보]와 비슷합니다.

| ば (ba) | び (bi) | ぶ (bu) | べ (be) | ぼ (bo) |
|---|---|---|---|---|
| ばら 장미 | びじん 미인 | ぶどう 포도 | べんとう 도시락 | ぼうし 모자 |

| バ (ba) | ビ (bi) | ブ (bu) | ベ (be) | ボ (bo) |
|---|---|---|---|---|
| バス 버스 | ビール 맥주 | ブラウス 블라우스 | ベッド 침대 | ボタン 단추 |

 **반탁음**

[반탁음]은 글자의 오른쪽 위에 반탁점(°)이 붙은 글자입니다. 반탁점은 「は행」에서만 나타납니다.

ぱ행 パ행 「ぱ행」의 발음은 영어의 [p] 발음과 비슷합니다. 단어의 맨 앞에 올 때는 우리말 [파·피·푸·페·포]에 가깝게 발음하고, 단어의 중간이나 뒤에 올 때는 우리말의 [빠·삐·뿌·뻬·뽀]에 가깝게 발음합니다.

| ぱ pa | ぴ pi | ぷ pu | ぺ pe | ぽ po |
|---|---|---|---|---|
| はっぱ 잎사귀 | ぴかぴか 번쩍번쩍 | せんぷうき 선풍기 | ぺこぺこ 꼬르륵꼬르륵 | たんぽぽ 민들레 |

| パ pa | ピ pi | プ pu | ペ pe | ポ po |
|---|---|---|---|---|
| パスポート 여권 | ピアノ 피아노 | プレゼント 선물 | ペイント 페인트 | ポケット 호주머니 |

「い단」글자에 「や행」세 글자 [や、ゆ、よ]의 작은 글자를 결합시켜서 만든 글자를 요음이라고 합니다.
글자는 두 개이지만, 한 박자의 음으로 발음합니다.

| きゃ (kya) | きゅ (kyu) | きょ (kyo) | りゃ (rya) | りゅ (ryu) | りょ (ryo) |
|---|---|---|---|---|---|
| きゃく<br>손님 | きゅうり<br>오이 | きょうしつ<br>교실 | りゃくじ<br>약자 | りゅうがく<br>유학 | りょこう<br>여행 |

| しゃ (sya) | しゅ (syu) | しょ (syo) | ぎゃ (gya) | ぎゅ (gyu) | ぎょ (gyo) |
|---|---|---|---|---|---|
| しゃしん<br>사진 | しゅみ<br>취미 | しょくじ<br>식사 | ぎゃくてん<br>역전 | ぎゅうにく<br>소고기 | ぎょうざ<br>(중국요리) 만두 |

| ちゃ (cha) | ちゅ (chu) | ちょ (cho) | じゃ (ja) | じゅ (ju) | じょ (jo) |
|---|---|---|---|---|---|
| ちゃいろ<br>갈색 | ちゅうもん<br>주문 | ちょきん<br>저금 | じゃがいも<br>감자 | じゅんび<br>준비 | じょせい<br>여성 |

| にゃ (nya) | にゅ (nyu) | にょ (nyo) | びゃ (bya) | びゅ (byu) | びょ (byo) |
|---|---|---|---|---|---|
| にゃあにゃあ<br>야옹야옹 | にゅうがく<br>입학 | にょうぼう<br>처 | びゃくや<br>백야 | びゅんびゅん<br>자동차 등이<br>빠르게 지나는 모양 | びょういん<br>병원 |

| ひゃ (hya) | ひゅ (hyu) | ひょ (hyo) | ぴゃ (pya) | ぴゅ (pyu) | ぴょ (pyo) |
|---|---|---|---|---|---|
| ひゃく<br>백(100) | ひゅうひゅう<br>바람이 심하게 부는 모습 | ひょうげん<br>표현 | はっぴゃく<br>팔백(800) | | ぴょんぴょん<br>깡총깡총 |

| みゃ (mya) | みゅ (myu) | みょ (myo) |
|---|---|---|
| みゃく<br>맥 | | みょうじ<br>성씨 |

# ん

[ん]은 우리말의 받침과 같은 역할을 합니다.
뒤에 오는 글자에 따라서 네 가지(ㄴ, ㅇ, ㅁ, ㄴ과 ㅇ의 중간 발음)로 발음되며,
다른 글자와 마찬가지로 한 박자로 발음합니다.

**1** **[ま] [ば] [ぱ]행의 앞에서는 [m]으로 발음합니다.**

さんま 꽁치  うんめい 운명  しんぶん 신문

かんぱい 건배  さんぽ 산책

**2** **[さ] [ざ] [た] [だ] [な] [ら]행의 앞에서는 [n]으로 발음합니다.**

けんさ 검사  せんざい 세제  ほんとう 정말

ほんだな 책장  あんない 안내  しんらい 신뢰

**3** **[か] [が]행의 앞에서는 [ŋ]으로 발음합니다.**

けんか 싸움  にんき 인기  まんが 만화

えんげき 연극  りんご 사과

**4** **단어의 끝에 오거나, [あ] [は] [や] [わ]행의 앞에서는 [ŋ]과 [n]의 중간 발음으로 [N]이 됩니다.**

にほん 일본  れんあい 연애  ほんや 서점, 책방

でんわ 전화

촉음

**つ**

작은 [つ]는 다른 글자의 오른쪽 아래에 붙어서 우리말의 받침과 같은 역할을 하는데 뒤에 오는 글자에 따라서 발음이 달라집니다.
다른 글자와 마찬가지로 한 박자로 발음합니다.

**1** **[か]행의 앞에서는 [k(ㄱ)]으로 발음합니다.**

けっか 결과             がっき 악기             びっくり 깜짝 놀람

はっけん 발견          がっこう 학교

**2** **[さ]행의 앞에서는 [s(ㅅ)]으로 발음합니다.**

あっさり 산뜻하게       ざっし 잡지            せっすい 물 절약

けっせき 결석          こっそり 몰래

**3** **[た]행의 앞에서는 [t(ㄷ)]으로 발음합니다.**

はったつ 발달          がっちり 다부진 모습     むっつ 여섯, 6개

きって 우표           おっと 남편

**4** **[ぱ] 행의 앞에서는 [p(ㅂ)]으로 발음합니다.**

さっぱり 개운한 모습     いっぴき 한 마리        きっぷ 표

ほっぺ 볼             からっぽ 속이 텅 빈 모습

# 장음

같은 모음이 연속해서 뒤에 올 때는 뒤에 오는 모음은 본래의 모음 발음으로 끊어서 발음하지 않고 앞글자의 발음에 따라 길게 발음합니다. 다른 글자와 마찬가지로 한 박자로 발음합니다.

**1** [あ]단 글자 뒤에 [あ]가 오면 장음으로 발음합니다.

おかあさん 어머니　　　　おばあさん 할머니　　　　まあまあ 그럭저럭

**2** [い]단 글자 뒤에 [い]가 오면 장음으로 발음합니다.

おにいさん 형/오빠　　　　おじいさん 할아버지　　　　きいろ 노랑

しいたけ 표고버섯

**3** [う]단 글자 뒤에 [う]가 오면 장음으로 발음합니다.

くうき 공기　　　　すうがく 수학　　　　ふうせん 풍선

よゆう 여유

**4** [え]단 글자 뒤에 [え] 또는 [い]가 오면 장음으로 발음합니다.

おねえさん 언니/누나　　　　えいご 영어　　　　けいさつ 경찰

へいわ 평화

**5** [お]단 글자 뒤에 [お] 또는 [う]가 오면 장음으로 발음합니다.

こおり 얼음　　　　おとうさん 아버지　　　　ほうせき 보석

たいよう 태양

# ひらがな・カタカナ

**1** 처럼 한글 독음을 히라가나로 바꾸어 써 보세요.

예
| 코 | 에 |
|---|---|
| こ | え |
[목소리]

❶
| 나 | 스 |
|---|---|
| | |
[가지]

❷
| 타 | 키 |
|---|---|
| | |
[폭포]

❸
| 노 | 리 |
|---|---|
| | |
[김]

❹
| 츠 | 쿠 | 에 |
|---|---|---|
| | | |
[책상]

❺
| 후 | 네 |
|---|---|
| | |
[배]

❻
| 무 | 스 | 메 |
|---|---|---|
| | | |
[딸]

❼
| 토 | 케 | 이 |
|---|---|---|
| | | |
[시계]

❽
| 요 | 야 | 쿠 |
|---|---|---|
| | | |
[예약]

❾
| 라 | 이 | 넨 |
|---|---|---|
| | | |
[내년]

❿
| 이 | 누 |
|---|---|
| | |
[개]

⓫
| 치 | 카 | 테 | 츠 |
|---|---|---|---|
| | | | |
[지하철]

⓬
| 가 | 쿠 | 세 | 이 |
|---|---|---|---|
| | | | |
[학생]

⓭
| 도 | 로 | 보 | 우 |
|---|---|---|---|
| | | | |
[도둑]

⓮
| 자 | 루 | 소 | 바 |
|---|---|---|---|
| | | | |
[메밀국수]

⓯
| 와 | 니 |
|---|---|
| | |
[악어]

⓰
| 쥰 | 비 |
|---|---|
| | |
[준비]

## 2 예처럼 한글 독음을 가타카나로 바꾸어 써 보세요.

예 **케 ― 키**
**ケ ― キ** [케이크]

① **사 라 다** [샐러드]

② **오 렌 지** [오렌지]

③ **테 레 비** [텔레비전]

④ **호 테 루** [호텔]

⑤ **세 ― 타 ―** [스웨터]

⑥ **카 메 라** [카메라]

⑦ **뉴 ― 스** [뉴스]

⑧ **이 야 혼** [이어폰]

⑨ **라 지 오** [라디오]

⑩ **네 쿠 타 이** [넥타이]

⑪ **와 인** [와인]

⑫ **파 소 콘** [PC(퍼스널컴퓨터)]

⑬ **미 루 크** [밀크/우유]

⑭ **노 ― 토** [노트]

⑮ **에 레 베 ― 타 ―** [엘리베이터]

⑯ **아 이 스 크 리 ― 므** [아이스크림]

**❶** 나 스
な　す　　[가지]

**❷** 타 키
た　き　　[폭포]

**❸** 노 리
の　り　　[김]

**❹** 츠 쿠 에
つ　く　え　　[책상]

**❺** 후 네
ふ　ね　　[배]

**❻** 무 스 메
む　す　め　　[딸]

**❼** 토 케 이
と　け　い　　[시계]

**❽** 요 야 쿠
よ　や　く　　[예약]

**❾** 라 이 넨
ら　い　ね　ん　　[내년]

**❿** 이 누
い　ぬ　　[개]

**⓫** 치 카 테 츠
ち　か　て　つ　　[지하철]

**⓬** 가 쿠 세 이
が　く　せ　い　　[학생]

**⓭** 도 로 보 우
ど　ろ　ぼ　う　　[도둑]

**⓮** 자 루 소 바
ざ　る　そ　ば　　[메밀국수]

**⓯** 와 니
わ　に　　[악어]

**⓰** 쥰 비
じゅ　ん　び　　[준비]

**①** 사 라 다　サ ラ ダ　[샐러드]

**②** 오 렌 지　オ レ ン ジ　[오렌지]

**③** 테 레 비　テ レ ビ　[텔레비전]

**④** 호 테 루　ホ テ ル　[호텔]

**⑤** 세 ― 타 ―　セ ー タ ー　[스웨터]

**⑥** 카 메 라　カ メ ラ　[카메라]

**⑦** 뉴 ― 스　ニ ュ ー ス　[뉴스]

**⑧** 이 야 혼　イ ヤ ホ ン　[이어폰]

**⑨** 라 지 오　ラ ジ オ　[라디오]

**⑩** 네 쿠 타 이　ネ ク タ イ　[넥타이]

**⑪** 와 인　ワ イ ン　[와인]

**⑫** 파 소 콘　パ ソ コ ン　[PC(퍼스널컴퓨터)]

**⑬** 미 루 크　ミ ル ク　[밀크/우유]

**⑭** 노 ― 토　ノ ー ト　[노트]

**⑮** 에 레 베 ― 타 ―　エ レ ベ ー タ ー　[엘리베이터]

**⑯** 아 이 스 크 리 ― 므　ア イ ス ク リ ー ム　[아이스크림]

# 기본 인사말

## 1 만났을 때 (시간대별)

〈아침 인사〉

おはようございます。
안녕하세요.

〈낮 인사〉

こんにちは。 안녕하세요.

〈저녁 인사〉

こんばんは。 안녕하세요.

## 2 헤어질 때

さようなら。
안녕히 가세요. / 안녕히 계세요.

じゃあ、また。
또 보자. / 안녕.

## 3 소개할 때

A: はじめまして。 처음 뵙겠습니다.
　 どうぞ よろしく おねがいします。 아무쪼록 잘 부탁합니다.
B: こちらこそ、どうぞ よろしく おねがいします。
　 저야말로 잘 부탁합니다.

## 4 감사할 때

A: どうも ありがとうございます。
　 대단히 감사합니다.
B: いいえ、どういたしまして。
　 아니요, 천만에요.

## 5 사과할 때

A: すみません。
　 미안합니다.
B: いいえ、だいじょうぶです。
　 아니요, 괜찮습니다.

36

### 6 외출할 때

**A:** いってきます。 다녀오겠습니다.
**B:** いってらっしゃい。 잘 다녀오세요.

### 7 귀가할 때

**A:** ただいま。 다녀왔습니다.
**B:** おかえりなさい。 어서 돌아오세요.

### 8 식사할 때

いただきます。 잘 먹겠습니다.

ごちそうさまでした。 잘 먹었습니다.

### 9 잠잘 때

**A:** おやすみなさい。 안녕히 주무세요.
**B:** おやすみ。 잘 자.

### 10 권유할 때

**A:** どうぞ。 어서 들어가세요.
**B:** ありがとうございます。 감사합니다.

unit
01

동영상 강의 01   오디오 강의 1-1   오디오 강의 1-2

# おしごとは
오 시 고 토 와

# なんですか。
난 데 스 까?

☐ **명사 익히기**

☐ **わたしは がくせいです。** 저는 학생입니다.

☐ **やまださんは かいしゃいんですか。** 야마다 씨는 회사원입니까?

☐ **いいえ、かいしゃいんじゃ(では)ありません。** 아니요, 회사원이 아닙니다.

2시간만에 끝내는
**독학 Plan**

| | 학습 항목 | 학습 시간 | 학습 체크 | | | 학습 메모 |
|---|---|---|---|---|---|---|
| 1 | 동영상 또는 오디오 강의 수강 | 15분 | ☐ 1회 | ☐ 2회 | ☐ 3회 | |
| 2 | 요것만은 꼭꼭 Point (40~43p) | 15분 | ☐ 1회 | ☐ 2회 | ☐ 3회 | |
| 3 | 실전처럼 술술 Speaking (44~47p) | 15분 | ☐ 1회 | ☐ 2회 | ☐ 3회 | |
| 4 | 회화실력 쑥쑥 Conversation (48~49p) | 15분 | ☐ 1회 | ☐ 2회 | ☐ 3회 | |
| 5 | 내 귀에 쏙쏙 Listening (50p) | 15분 | ☐ 1회 | ☐ 2회 | ☐ 3회 | |
| 6 | 듣고 말하기 훈련용 MP3 ◉ S 01_1~3 | 15분 | ☐ 1회 | ☐ 2회 | ☐ 3회 | |
| 7 | 1과 필기시험 (52~55p) | 30분 | ☐ 50점 미만 | ☐ 51~80점 | ☐ 81~100점 | |

50점 미만 Unit 전체 1~2회 반복 학습
51점~80점 틀린 부분 다시 학습
81점~100점 다음 Unit 진행 OK~!!

## 01 인칭대명사

| 1인칭 | わたし | 저, 나 |
|---|---|---|
| 2인칭 | あなた | 당신, 너 |
| 3인칭 | かれ / かのじょ | 그 / 그녀 |
| 부정칭 | だれ / どなた | 누구 / 어느 분 |

드라마나 만화 등에서 남자들이 사용하는 1인칭(나)을 나타내는 [ぼく]나 [おれ], 2인칭(너)을 나타내는 [おまえ]나 [きみ]는 주의해서 사용해야 합니다. 특히, 손윗사람에게 사용해서는 안 됩니다.

✦ 상대방의 이름을 모를 때는 [あなた]를 사용하는 경우도 있지만, 손윗사람에게 [あなた]를 사용하는 것은 실례가 되므로 주의해야 합니다.

실제 회화에서는 [あなた]를 생략하고 사용하는 경우가 거의 대부분입니다.

    <u>당신은</u> 회사원입니까? ⇨ 회사원입니까?

상대방의 이름을 아는 경우에는 [あなた] 대신에 이름을 넣어서 사용합니다.

    <u>당신은</u> 회사원입니까? ⇨ 야마다 씨는 회사원입니까?

✦ 부정칭의 [だれ]나 [どなた]는 [아니다] 또는 [동의하지 않는다]라는 부정의 의미가 아니라, [몇 인칭인지 알 수 없다]라는 의미이기 때문에 의문문에서 사용합니다.

[どなた]는 [だれ]의 높임말입니다.

    だれですか。　누구입니까?

    どなたですか。　어느 분입니까? / 누구십니까?

## 02 ~さん
상

~씨

□ いしゃ 의사
□ にほんじん 일본인

すずき**さん**は いしゃです。　　　　　　　스즈키 씨는 의사입니다.

やまだ**さん**は にほんじんです。　　　　　야마다 씨는 일본인입니다.

✦ [~さん]은 상대방, 또는 제3자의 이름이나 성에 붙여서 높여주는 것이기 때문에 자신의 이름이나 성에 붙여서는 안 됩니다.

    わたしは <u>キム</u>さんです。　저는 <u>김(민수)</u> 씨입니다. ( X )

    わたしは <u>キム</u>です。　저는 <u>김(민수)</u>입니다. ( O )

## 03 ～は ～です。
와 스

~은/는 ~입니다.

わたしは がくせいです。　　　　　　　　저는 학생입니다.

かれは かんこくじんです。　　　　　　그는 한국인입니다.

✚ [~은/는]이라는 뜻의 조사 [~は]는 그 앞에 붙는 명사가 문장의 주어임을 나타내며,
　조사일 때는 [하]가 아니라 [와]로 발음합니다.

✚ [~です]는 [~입니다]라고 서술할 때 사용합니다. 과거를 나타낼 때나 부정문에서는
　형태가 달라집니다.

□ がくせい 학생
□ かれ 그, 그 남자
□ かんこくじん
　한국인

## 04 ～は ～ですか。
와 데 스 까?

~은/는 ~입니까?

やまださんは かいしゃいんですか。　　야마다 씨는 회사원입니까?

あなたは すずきさんですか。　　　　　당신은 스즈키 씨입니까?

일본어에서는 문장의 끝
에 [か]가 오는 의문문에
물음표(?)를 넣지 않고, 긍
정문처럼 마침표를 넣고
끝부분을 올려서 발음합
니다.

□ かいしゃいん
　회사원

예, ~입니다.

## 05 はい、～です。
하 이　데 스

はい、かいしゃいんです。　　　　　　　　　　　예, 회사원입니다.

はい、すずきです。　　　　　　　　　　　　　예, 스즈키입니다.

✚ 질문의 내용이 옳다고 판단하거나, 동의할 때 [はい]로 대답합니다.

---

[～では]와 [～じゃ]는 같은 의미이지만, [～では] 쪽이 조금 더 정중한 느낌이며, 회화에서는 [～じゃ] 쪽을 많이 사용합니다. [～では]의 [は]는 [와]로 발음합니다.

아니요, ~이/가 아닙니다.

## 06 いいえ、～じゃ(では)ありません。
이 - 에　쟈　(데와) 아 리 마 셍

いいえ、かいしゃいんじゃ(では)ありません。　　아니요, 회사원이 아닙니다.

いいえ、すずきじゃ(では)ありません。きむらです。

아니요, 스즈키가 아닙니다. 기무라입니다.

✚ 질문의 내용이 맞지 않거나, 동의하지 않을 때는 [いいえ]로 대답합니다.

✚ [～じゃ(では)ありません]은 [～です]의 부정형으로 [~이/가 아닙니다]라는 의미입니다.

✚ [～です]의 정중한 부정형의 또 다른 형태는 [～じゃ(では)ないです]입니다. [～じゃ(では)ないです]는 [～じゃ(では)ありません]과 의미는 같지만, [～じゃ(では)ありません] 쪽이 조금 더 정중한 느낌으로 사용됩니다.

✚ [～じゃ(では)ないです]에서 [～です]를 뺀 [～じゃ(では)ない]는 보통형(반말)이 됩니다.

~도 ~입니다.

## 07 ~も ~です。
モ　デ　ス

きむらさん**も** ぎんこういん**です**。　　　　기무라 씨도 은행원입니다.

かのじょ**も** ちゅうごくじん**です**。　　　　그녀도 중국인입니다.

✤ 조사 [~も]는 [~도]라는 뜻으로 주제가 되는 서술이 앞에서 서술한 내용과 같은
경우 [は] 대신에 사용합니다.

　　저는 <u>학생입니다</u>. 다나카 씨도 <u>학생입니다</u>.

□ **ぎんこういん**
은행원

□ **かのじょ** 그녀

□ **ちゅうごくじん**
중국인

**1** 다음 例와 같이 밑줄 친 부분을 바꾸어서 말해 보세요.  ◎ **Unit 01_1**

例 A: <u>モデル</u>?

B: うん、<u>モデル</u>。

　　ううん、<u>モデル</u>じゃない。

例 A: <u>モデル</u>ですか。

B: はい、<u>モデル</u>です。

　　いいえ、<u>モデル</u>じゃないです。

　　いいえ、<u>モデル</u>じゃありません。

モデル

❶  がくせい

❷  かいしゃいん

❸  かんこくじん

❹  にほんじん

**2** 다음 例와 같이 말해 보세요.  ◎ **Unit 01_2**

例 **あなた / ちゅうごくじん / にほんじん**

A: <u>あなた</u>は <u>ちゅうごくじん</u>ですか。

B: はい、<u>ちゅうごくじん</u>です。

　　いいえ、<u>ちゅうごくじん</u>じゃありません。 <u>にほんじん</u>です。

❶ あなた / にほんじん / かんこくじん

❷ あなた / ドイツじん / イギリスじん

❸ やまださん / いしゃ / せんせい

❹ すずきさん / デザイナー / エンジニア

◎ S 01_2

□ モデル 모델
□ うん 응
□ ううん 아니
□ はい 예
□ いいえ 아니요
□ がくせい 학생
□ かいしゃいん 회사원

⟨예⟩ **A:** モデル？  모델?

**B:** うん、モデル。  응, 모델.

ううん、モデルじゃない。  아니, 모델이 아니야.

⟨예⟩ **A:** モデルですか。  모델입니까?

**B:** はい、モデルです。  예, 모델입니다.

いいえ、モデルじゃないです。  아니요, 모델이 아닙니다.

いいえ、モデルじゃありません。  아니요, 모델이 아닙니다.

❶ **A:** がくせい？  학생?

**B:** うん、がくせい。  응, 학생.

ううん、がくせいじゃない。  아니, 학생이 아니야.

**A:** がくせいですか。  학생입니까?

**B:** はい、がくせいです。  예, 학생입니다.

いいえ、がくせいじゃないです。  아니요, 학생이 아닙니다.

いいえ、がくせいじゃありません。  아니요, 학생이 아닙니다.

❷ **A:** かいしゃいん？  회사원?

**B:** うん、かいしゃいん。  응, 회사원.

ううん、かいしゃいんじゃない。  아니, 회사원이 아니야.

**A:** かいしゃいんですか。  회사원입니까?

**B:** はい、かいしゃいんです。  예, 회사원입니다.

いいえ、かいしゃいんじゃないです。  아니요, 회사원이 아닙니다.

いいえ、かいしゃいんじゃありません。  아니요, 회사원이 아닙니다.

□ かんこくじん 한국인
□ にほんじん 일본인

❸ A: かんこくじん？ 한국인?

B: うん、かんこくじん。 응, 한국인.

うん、かんこくじんじゃない。 아니, 한국인이 아니야.

A: かんこくじんですか。 한국인입니까?

B: はい、かんこくじんです。 예, 한국인입니다.

いいえ、かんこくじんじゃないです。 아니요, 한국인이 아닙니다.

いいえ、かんこくじんじゃありません。 아니요, 한국인이 아닙니다.

❹ A: にほんじん？ 일본인?

B: うん、にほんじん。 응, 일본인.

うん、にほんじんじゃない。 아니, 일본인이 아니야.

A: にほんじんですか。 일본인입니까?

B: はい、にほんじんです。 예, 일본인입니다.

いいえ、にほんじんじゃないです。 아니요, 일본인이 아닙니다.

いいえ、にほんじんじゃありません。 아니요, 일본인이 아닙니다.

## 풀이 노트 2

◎ S 01_3

(예) **A:** あなたは ちゅうごくじんですか。 당신은 중국인입니까?

**B:** はい、ちゅうごくじんです。 예, 중국인입니다.
いいえ、ちゅうごくじんじゃありません。 아니요, 중국인이 아닙니다.
にほんじんです。 일본인입니다.

☐ あなた 당신
☐ ちゅうごくじん 중국인
☐ にほんじん 일본인
☐ かんこくじん 한국인
☐ ドイツじん 독일인
☐ イギリスじん 영국인
☐ いしゃ 의사
☐ せんせい 선생님
☐ デザイナー 디자이너
☐ エンジニア 엔지니어

❶ **A:** あなたは にほんじんですか。 당신은 일본인입니까?
**B:** はい、にほんじんです。 예, 일본인입니다.
いいえ、にほんじんじゃありません。 아니요, 일본인이 아닙니다.
かんこくじんです。 한국인입니다.

❷ **A:** あなたは ドイツじんですか。 당신은 독일인입니까?
**B:** はい、ドイツじんです。 예, 독일인입니다.
いいえ、ドイツじんじゃありません。 아니요, 독일인이 아닙니다.
イギリスじんです。 영국인입니다.

❸ **A:** やまださんは いしゃですか。 야마다 씨는 의사입니까?
**B:** はい、いしゃです。 예, 의사입니다.
いいえ、いしゃじゃありません。 아니요, 의사가 아닙니다.
せんせいです。 선생님입니다.

❹ **A:** すずきさんは デザイナーですか。 스즈키 씨는 디자이너입니까?
**B:** はい、デザイナーです。 예, 디자이너입니다.
いいえ、デザイナーじゃありません。 아니요, 디자이너가 아닙니다.
エンジニアです。 엔지니어입니다.

◎ **Unit 01_3**

| パク | はじめまして。パクです。 |
| | 하지메마시떼  박  데스 |

| 中村 | はじめまして。なかむらです。 |
| | 하지메마시떼  나카무라데스 |

| | どうぞ よろしく おねがいします。 |
| | 도-조 요로시쿠 오네가이시마스 |

| パク | こちらこそ、どうぞ よろしく おねがいします。 |
| | 코치라코소  도-조 요로시쿠 오네가이시마스 |

| 中村 | パクさんの おしごとは なんですか。 |
| | 박  상  노 오시고토와  난 데스까? |

| パク | かいしゃいんです。 |
| | 카이샤 잉데스 |

| | なかむらさんも かいしゃいんですか。 |
| | 나카무라 상 모 카이샤 잉 데스까? |

| 中村 | いいえ、かいしゃいんじゃありません。 |
| | 이-에 카이샤 잉 쟈 아리마셍 |

| | だいがくせいです。 |
| | 다이각세-데스 |

박민수 처음 뵙겠습니다. 박(민수)입니다.
나카무라 처음 뵙겠습니다. 나카무라입니다.
아무쪼록 잘 부탁합니다.
박민수 저야말로 잘 부탁합니다.
나카무라 박(민수) 씨의 직업은 무엇입니까?
박민수 회사원입니다.
나카무라 씨도 회사원입니까?
나카무라 아니요, 회사원이 아닙니다.
대학생입니다.

**어휘표현**

▫ はじめまして 처음 뵙겠습니다  ▫ どうぞ よろしく おねがいします 아무쪼록 잘 부탁합니다

▫ こちらこそ 저야말로  ▫ おしごと 직업  ▫ ～は ~은/는  ▫ なん 무엇  ▫ かいしゃいん 회사원

▫ ～も ~도  ▫ だいがくせい 대학생

## 01　[おしごと(직업)] [おなまえ(이름)] [おくに(나라)]

상대방이나 제3자의 직업, 이름, 나라 등에 [お]를 붙여서 존경을 나타냅니다.
단, 본인의 직업, 이름, 나라(국적)에 붙여서는 안 됩니다.

> おしごとは なんですか。 직업은 무엇입니까?
> おなまえは なんですか。 성함은 무엇입니까?
> おくには (どこ)どちらですか。 어느 나라 사람입니까? / 고향은 어디입니까?

## 02　의문대명사를 사용한 질문의 대답

[なん(무엇)] [どこ/どちら(어디/어느 쪽)] [だれ/どなた(누구/어느 분)] 등의 의문대명사로 물어볼 때는
[はい、いいえ(예, 아니요)]로 답하지 않습니다.

> **A:** おしごとは なんですか。 직업은 무엇입니까?
> **B:** はい、かいしゃいんです。(×) 예, 회사원입니다.
> 　　かいしゃいんです。(○) 회사원입니다.

## 03　명사의 보통형과 정중형

| 보통형 | 정중형 |
| --- | --- |
| 명사 + だ　(~이다) | 명사 + です　(~입니다) |
| 명사 + じゃ(では)ない<br>(~이/가 아니다) | 명사 + じゃ(では)ないです<br>じゃ(では)ありません<br>(~이/가 아닙니다) |

① 보통형(반말)으로 긍정의 문장을 만들 때는 명사 뒤에 [だ]를 붙여야 합니다.

　예 わたしは がくせいだ。 나는 학생이다.

② 보통형(반말)으로 의문문을 만들 때는 정중한 형태의 문장 끝에 붙이는 [か]를 붙이지 않고
　명사의 끝부분을 올려서 발음합니다.

　**A:** がくせい。 학생이니?
　**B:** うん、がくせい。 응, 학생이야.
　　 ううん、がくせいじゃない。 아니, 학생이 아냐.

③ 보통형(반말)으로 대답할 때는 [예] [아니요]에 해당하는 [はい] [いいえ] 대신에 [응] [아니]의 의미로
　[うん] [ううん]을 사용합니다.

**1** 다음을 듣고 어울리는 그림을 연결하세요.

◎ **Unit 01_4**

예 キムさん

① やまださん

② すずきさん

③ たなかさん

④ アンさん

⑤ さとうさん

⑥ ロバートさん

ⓐ

ⓑ

ⓒ

ⓓ

ⓔ

ⓕ

ⓖ

**会社員**
<ruby>かいしゃいん</ruby>
회사원

**学生**
<ruby>がくせい</ruby>
학생

**銀行員**
<ruby>ぎんこういん</ruby>
은행원

**公務員**
<ruby>こうむいん</ruby>
공무원

**医者**
<ruby>いしゃ</ruby>
의사

**看護師**
<ruby>かんごし</ruby>
간호사

**教授**
<ruby>きょうじゅ</ruby>
교수

**主婦**
<ruby>しゅふ</ruby>
주부

**モデル**
모델

**デザイナー**
디자이너

**エンジニア**
엔지니어

**フリーター**
아르바이트로 생활을
하는 사람

## 나라

**韓国(人)**
<ruby>かんこく じん</ruby>
한국(인)

**日本(人)**
<ruby>にほん じん</ruby>
일본(인)

**中国(人)**
<ruby>ちゅうごく じん</ruby>
중국(인)

**イギリス(人)**
<ruby>じん</ruby>
영국(인)

**アメリカ(人)**
<ruby>じん</ruby>
미국(인)

**ドイツ(人)**
<ruby>じん</ruby>
독일(인)

**フランス(人)**
<ruby>じん</ruby>
프랑스(인)

**ロシア(人)**
<ruby>じん</ruby>
러시아(인)

 **TIP** 각 나라이름에 [人]을 붙이면 그 나라 사람임을 나타내고, [語]를 붙이면 그 나라의 언어를 나타낼 수 있다.
단, 언어를 나타낼 때 [アメリカ]와 [イギリス]는 [英語]를 사용한다.

unit
01 필기시험

□ 1회 점수 :          / 100
□ 2회 점수 :          / 100
□ 3회 점수 :          / 100

제한시간
30분

어휘

**1** 다음 문장에서 빈칸에 주어진 한국어를 일본어로 써 보세요. (1문제 3점)

❶ わたしは ＿＿＿＿＿ です。                        중국인

❷ すずきさんは ＿＿＿＿＿ です。                     의사

❸ たなかさんは ＿＿＿＿＿ です。                     은행원

❹ あなたは ＿＿＿＿＿ ですか。                       회사원

❺ やまださんは ＿＿＿＿＿ ですか。                   어느 분

**2** 다음 문장에서 밑줄 친 단어의 뜻을 한국어로 써 보세요. (1문제 3점)

❶ <u>かれ</u>は ロシアじんです。

❷ <u>かのじょ</u>は モデルですか。

❸ わたしは <u>しゅふ</u>です。

❹ キムさんは <u>エンジニア</u>ですか。

❺ あなたは <u>イギリスじん</u>ですか。

문법

**3** 주어진 단어 중에서 가장 적절한 것을 골라 O표 하세요. (1문제 3점)

❶ **A:** たなかさんは (だれ　せんせい　がくせい)ですか。
　 **B:** いいえ、せんせいです。

❷ **A:** (わたし　あなた　だれ)は にほんじんですか。
　 **B:** はい、わたしは にほんじんです。

❸ **A:** おしごとは (デザイナー　だれ　なん)ですか。
　 **B:** デザイナーです。

❹ **A:** あなたは やまださんですか。
　 **B:** はい、(やまださん　やまだ　わたし)です。

❺ **A:** おくには (どこ　なん　だれ)ですか。
　 **B:** アメリカです。

**4** ⑩처럼 주어진 단어로 문장을 완성하고 해석해 보세요. (1문제 4점)

> ⑩ **です / は / わたし / がくせい**
>
> ➡ わたしは がくせいです。  <u>저는 학생입니다.</u>

❶ **ない / かれ / ドイツじん / は / じゃ**

_____ _____

❷ **なかむらさん / きょうじゅ / か / です / は**

_____ _____

❸ **は / わたし / ありません / かんこくじん / では**

_____ _____

❹ **か / やまださん / は / です / いしゃ**

_____ _____

❺ **は / ないです / わたし / かんごし / じゃ**

_____ _____

**5** 다음 단어를 듣고 받아 써 보세요. (1문제 4점)

❶ _____    ❷ _____    ❸ _____

❹ _____    ❺ _____

**6** 다음 문장을 듣고 받아 써 보세요. (1문제 5점)

❶ _____

❷ _____

❸ _____

**1** 다음 문장에서 빈칸에 주어진 한국어를 일본어로 써 보세요. (1문제 3점)

❶ わたしは <u>ちゅうごくじん</u> です。　　わたしは 中国人です。 저는 중국인입니다.
　　→ 이 문제를 틀렸을 경우에는 P.51를 다시 한번 확인 학습해 주세요.

❷ すずきさんは <u>いしゃ</u> です。　　鈴木さんは 医者です。 스즈키 씨는 의사입니다.
　　→ 이 문제를 틀렸을 경우에는 P.51를 다시 한번 확인 학습해 주세요.

❸ たなかさんは <u>ぎんこういん</u> です。　　田中さんは 銀行員です。 다나카 씨는 은행원입니다.
　　→ 이 문제를 틀렸을 경우에는 P.51를 다시 한번 확인 학습해 주세요.

❹ あなたは <u>かいしゃいん</u> ですか。　　あなたは 会社員ですか。 당신은 회사원입니까?
　　→ 이 문제를 틀렸을 경우에는 P.51를 다시 한번 확인 학습해 주세요.

❺ やまださんは <u>どなた</u> ですか。　　山田さんは どなたですか。 야마다 씨는 어느 분입니까?
　　→ 이 문제를 틀렸을 경우에는 P.40를 다시 한번 확인 학습해 주세요.

**2** 다음 문장에서 밑줄 친 단어의 뜻을 한국어로 써 보세요. (1문제 3점)

❶ <u>かれ</u>は ロシアじんです。　<u>그 / 그 남자</u>　그는 러시아인입니다.
　　→ 이 문제를 틀렸을 경우에는 P.40를 다시 한번 확인 학습해 주세요.

❷ <u>かのじょ</u>は モデルですか。　<u>그녀 / 그 여자</u>　그녀는 모델입니까?
　　→ 이 문제를 틀렸을 경우에는 P.40를 다시 한번 확인 학습해 주세요.

❸ わたしは <u>しゅふ</u>です。　<u>주부</u>　わたしは 主婦です。 저는 주부입니다.
　　→ 이 문제를 틀렸을 경우에는 P.51를 다시 한번 확인 학습해 주세요.

❹ キムさんは <u>エンジニア</u>ですか。　<u>엔지니어</u>　김 씨는 엔지니어입니까?
　　→ 이 문제를 틀렸을 경우에는 P.51를 다시 한번 확인 학습해 주세요.

❺ あなたは <u>イギリスじん</u>ですか。　<u>영국인</u>　당신은 영국인입니까?
　　→ 이 문제를 틀렸을 경우에는 P.51를 다시 한번 확인 학습해 주세요.

**3** 주어진 단어 중에서 가장 적절한 것을 골라 O표 하세요. (1문제 3점)

❶ **A:** たなかさんは (だれ　せんせい　(がくせい))ですか。 田中さんは 学生ですか。 다나카 씨는 학생입니까?
　**B:** いいえ、せんせいです。 いいえ、先生です。 아니요, 선생님입니다.
　　→ 이 문제를 틀렸을 경우에는 P.41, 42를 다시 한번 확인 학습해 주세요.

❷ **A:** (わたし　(あなた)　だれ)は にほんじんですか。 あなたは 日本人ですか。 당신은 일본인입니까?
　**B:** はい、わたしは にほんじんです。 はい、わたしは 日本人です。 예, 저는 일본인입니다.
　　→ 이 문제를 틀렸을 경우에는 P.40를 다시 한번 확인 학습해 주세요.

❸ **A:** おしごとは (デザイナー　だれ　(なん))ですか。 お仕事は 何ですか。 직업은 무엇입니까?
　**B:** デザイナーです。 디자이너입니다.
　　→ 이 문제를 틀렸을 경우에는 P.49를 다시 한번 확인 학습해 주세요.

❹ **A:** あなたは やまださんですか。 あなたは 山田さんですか。 당신은 야마다 씨입니까?
　**B:** はい、(やまださん　(やまだ)　わたし)です。 はい、山田です。 예, 야마다입니다.
　　→ 이 문제를 틀렸을 경우에는 P.40를 다시 한번 확인 학습해 주세요.

❺ **A:** おくには ((どこ)　なん　だれ)ですか。 お国は どこですか。 나라는 어디입니까?(어느 나라 사람입니까?)
　**B:** アメリカです。 미국입니다.
　　→ 이 문제를 틀렸을 경우에는 P.49를 다시 한번 확인 학습해 주세요.

**4** 예처럼 주어진 단어로 문장을 완성하고 해석해 보세요. (1문제 4점)

> 예 です / は / わたし / がくせい
> ➡ わたしは がくせいです.  저는 학생입니다.  わたしは 学生です.

❶ ない / かれ / ドイツじん / は / じゃ

かれは ドイツじんじゃない.  그는 독일인이 아니다.  かれは ドイツ人じゃない.

→ 이 문제를 틀렸을 경우에는 P.49, 51를 다시 한번 확인 학습해 주세요.

❷ なかむらさん / きょうじゅ / か / です / は

なかむらさんは きょうじゅですか.  나카무라 씨는 교수입니까?  中村さんは 教授ですか.

→ 이 문제를 틀렸을 경우에는 P.41, 51를 다시 한번 확인 학습해 주세요.

❸ は / わたし / ありません / かんこくじん / では

わたしは かんこくじんではありません.  저는 한국인이 아닙니다.  わたしは 韓国人ではありません.

→ 이 문제를 틀렸을 경우에는 P.42, 51를 다시 한번 확인 학습해 주세요.

❹ か / やまださん / は / です / いしゃ

やまださんは いしゃですか.  야마다 씨는 의사입니까?  山田さんは 医者ですか.

→ 이 문제를 틀렸을 경우에는 P.41, 51를 다시 한번 확인 학습해 주세요.

❺ は / ないです / わたし / かんごし / じゃ

わたしは かんごしじゃないです.  저는 간호사가 아닙니다.  わたしは 看護師じゃないです.

→ 이 문제를 틀렸을 경우에는 P.42, 51를 다시 한번 확인 학습해 주세요.

**5** 다음 단어를 듣고 받아 써 보세요. (1문제 4점)

**Test 01**

❶ がくせい  学生 학생  ❷ フランスじん  フランス人 프랑스인  ❸ こうむいん  公務員 공무원

❹ ちゅうごくじん  中国人 중국인  ❺ せんせい  先生 선생님

→ 이 문제를 틀렸을 경우에는 P.51를 다시 한번 확인 학습해 주세요.

**6** 다음 문장을 듣고 받아 써 보세요. (1문제 5점)

❶ たなかさんは ぎんこういんですか.  田中さんは 銀行員ですか? 다나카 씨는 은행원입니까?

→ 이 문제를 틀렸을 경우에는 P.41, 51를 다시 한번 확인 학습해 주세요.

❷ いいえ、かんこくじんじゃありません.  いいえ、韓国人じゃありません. 아니요, 한국인이 아닙니다.

→ 이 문제를 틀렸을 경우에는 P.42를 다시 한번 확인 학습해 주세요.

❸ かのじょも かいしゃいんです.  かのじょも 会社員です. 그녀도 회사원입니다.

→ 이 문제를 틀렸을 경우에는 P.43를 다시 한번 확인 학습해 주세요.

unit
02

# それは
소 레 와

# なんですか。
난 데 스 까?

그것은
무엇입니까?

## 알아두어야 할 학습사항

- ☐ 지시어 **익히기**
- ☐ **これは なんですか。** 이것은 무엇입니까?
- ☐ **えいごの しんぶんです。** 영어 신문입니다.
- ☐ **せんせいのです。** 선생님의 것입니다.

## 2시간만에 끝내는 독학 Plan

| | 학습 항목 | 학습 시간 | 학습 체크 | | | 학습 메모 |
|---|---|---|---|---|---|---|
| 1 | 동영상 또는 오디오 강의 수강 | 15분 | ☐ 1회 | ☐ 2회 | ☐ 3회 | |
| 2 | 요것만은 꼭꼭 Point (58~61p) | 15분 | ☐ 1회 | ☐ 2회 | ☐ 3회 | |
| 3 | 실전처럼 술술 Speaking (62~65p) | 15분 | ☐ 1회 | ☐ 2회 | ☐ 3회 | |
| 4 | 회화실력 쑥쑥 Conversation (66~67p) | 15분 | ☐ 1회 | ☐ 2회 | ☐ 3회 | |
| 5 | 내 귀에 쏙쏙 Listening (68p) | 15분 | ☐ 1회 | ☐ 2회 | ☐ 3회 | |
| 6 | 듣고 말하기 훈련용 MP3 ⊚ S 02_1~3 | 15분 | ☐ 1회 | ☐ 2회 | ☐ 3회 | |
| 7 | 2과 필기시험 (70~73p) | 30분 | ☐ 50점 미만 | ☐ 51~80점 | ☐ 81~100점 | |

> 50점 미만 Unit 전체 1~2회 반복 학습
> 51점~80점 틀린 부분 다시 학습
> 81점~100점 다음 Unit 진행 OK~!!

## 01

| これ | それ | あれ | どれ |
|------|------|------|------|
| 이것 | 그것 | 저것 | 어느 것 |

+ [これ(이것)]는 말하는 사람에 가까운 사물을 가리킬 때 사용합니다.
+ [それ(그것)]는 듣는 사람(상대방)에 가까운 사물을 가리킬 때 사용합니다.
+ [あれ(저것)]는 말하는 사람과 듣는 사람(상대방) 모두에게 멀리 떨어져 있는 것을 가리킬 때 사용합니다.
+ [どれ(어느 것)]는 구체적인 사물은 알고 있지만, 여러 개 중에서 어느 것인지 확실하지 않을 때 사용합니다.

~은/는 무엇입니까?

## 02 ~は なんですか。
와 난 데 스 까?

□ ぼうし 모자
□ ケータイ 휴대전화
□ かさ 우산

これは なんですか。　　　　　　　　　　　　　　이것은 무엇입니까?

　　それは ぼうしです。　　　　　　　　　　그것은 모자입니다.

それは なんですか。　　　　　　　　　　　그것은 무엇입니까?

　　これは ケータイです。　　　　　　이것은 휴대전화입니다.

あれは なんですか。　　　　　　　　　저것은 무엇입니까?

　　あれは かさです。　　　　　　　저것은 우산입니다.

+ 말하는 사람 쪽에 가까이 있는 사물을 가리키며 [これ]로 질문하면, 듣는 사람은 상대방에 가까운 사물이기 때문에 [それ]로 대답합니다. 같은 원리로 [それ]로 질문하면 [これ]로 대답하고, 두 사람 모두에게서 멀리 있는 것을 가리키며 [あれ]로 질문하면 [あれ]로 대답합니다.

+ [なんですか(무엇입니까?)]로 질문할 때는 [はい(예)/いいえ(아니요)]를 사용하지 않고 구체적인 사물의 이름으로 대답합니다.

　　**A:** これは なんですか。　　이것은 무엇입니까?
　　**B:** かばんです。　가방입니다. ( ○ )
　　**B:** はい、かばんです。　예, 가방입니다. ( × )

**03** ~は ~です。
와 데 스

~은/는 ~입니다.

これは さいふです。
あれは くつです。

이것은 지갑입니다.
저것은 구두입니다.

□ さいふ 지갑
□ くつ 구두

**04** ~は ~ですか。
와 데 스 까?

~은/는 ~입니까?

これは とけいですか。
それは カメラですか。

이것은 시계입니까?
그것은 카메라입니까?

□ とけい 시계
□ カメラ 카메라

예, ~입니다.

## 05 はい、〜です。
하 이 데 스

| | |
|---|---|
| はい、(それは) とけいです。 | 예, (그것은) 시계입니다. |
| はい、(これは) カメラです。 | 예, (이것은) 카메라입니다. |

아니요, ~이/가 아닙니다.

□ パソコン 컴퓨터

## 06 いいえ、〜じゃ (では)ありません。
이 - 에 쟈 (데 와) 아 리 마 셍

いいえ、(それは) とけいじゃ(では)ありません。

아니요, (그것은) 시계가 아닙니다.

いいえ、(これは) カメラじゃ(では)ありません。パソコンです。

아니요, (이것은) 카메라가 아닙니다. 컴퓨터입니다.

✚ [これ] [それ] [あれ]로 질문할 때, 일반적인 명사를 사용한 의문문과 동일하게 맞으면 [はい], 틀리면 [いいえ]로 대답합니다.

✚ 대답할 때는 [これ] [それ] [あれ]를 생략하고 대답할 수 있습니다.

①명사 수식 ②~의 ③~의 것

## 07 ~の

□ えいご 영어
□ しんぶん 신문
□ にほんご 일본어
□ ほん 책
□ つくえ 책상
□ わたし 저, 나
□ ケータイ 휴대전화
□ せんせい 선생님
□ ソウル 서울
□ だいがく 대학(교)

① これは えいごの しんぶんです. 　　이것은 영어 신문입니다.
　 それは にほんごの ほんです. 　　　그것은 일본어 책입니다.

✛ [명사 の 명사]의 형태 중에서 앞에 있는 명사가 뒤에 있는 명사를 수식하는 형태 입니다. [영어 신문], [일본어 책]처럼 수식하는 형태의 [の]는 한국어로는 해석하 지 않는 경우가 많기 때문에 [の]를 빼고 쓰지 않도록 특별히 주의해야 합니다.

② それは すずきさんの つくえです. 　　그것은 스즈키 씨의 책상입니다.
　 あれは わたしの ケータイです. 　　저것은 저의(제) 휴대전화입니다.

✛ [명사 の 명사]의 형태 중에서 앞에 있는 명사가 뒤에 오는 명사의 소유자임을 나타 내는 형태로서 [~의]로 해석합니다.

③ あれは せんせいのです. 　　　　저것은 선생님의 것입니다.
　 これは やまださんのです. 　　이것은 야마다 씨의 것입니다.

✛ [명사 の 명사]에서 소유자임을 나타낼 때, 뒤에 오는 명사가 문맥상 분명한 경우는 뒤의 명사를 생략하고 [~의 것]으로 해석합니다. 단, 뒤에 오는 명사가 사람일 경우는 생략할 수 없습니다.

※일본어에서는 명사와 명사 사이에 반드시 [の]를 넣는데, 고유명사의 경우는 넣지 않습니다.

예 ソウルの だいがく 서울에 있는 대학교
　 ソウルだいがく 서울대학교(고유명사)

**1** 다음 **예**와 같이 말해 보세요.  Unit 02_1

**예** **これ / かばん / さいふ**

A: これは かばんですか。

B: はい、(それは) かばんです。

　いいえ、(それは) かばんじゃありません。さいふです。

❶ これ / テレビ / パソコン

❷ それ / カメラ / ケータイ

❸ それ / じしょ / ざっし

❹ あれ / ほん / しんぶん

## 풀이 노트 1

◎ S 02_2

□ これ 이것
□ かばん 가방
□ それ 그것
□ さいふ 지갑
□ テレビ 텔레비전
□ パソコン 컴퓨터
□ カメラ 카메라
□ ケータイ 휴대전화
□ じしょ 사전
□ ざっし 잡지
□ あれ 저것
□ ほん 책
□ しんぶん 신문

(예) **A:** これは かばんですか。　이것은 가방입니까?
**B:** はい、(それは) かばんです。　예, (그것은) 가방입니다.
いいえ、(それは) かばんじゃありません。さいふです。
아니요, (그것은) 가방이 아닙니다. 지갑입니다.

**①** **A:** これは テレビですか。　이것은 텔레비전입니까?
**B:** はい、(それは) テレビです。　예, (그것은) 텔레비전입니다.
いいえ、(それは) テレビじゃありません。パソコンです。
아니요, (그것은) 텔레비전이 아닙니다. 컴퓨터입니다.

**②** **A:** それは カメラですか。　그것은 카메라입니까?
**B:** はい、(これは) カメラです。　예, (이것은) 카메라입니다.
いいえ、(これは) カメラじゃありません。ケータイです。
아니요, (이것은) 카메라가 아닙니다. 휴대전화입니다.

**③** **A:** それは じしょですか。　그것은 사전입니까?
**B:** はい、(これは) じしょです。　예, (이것은) 사전입니다.
いいえ、(これは) じしょじゃありません。ざっしです。
아니요, (이것은) 사전이 아닙니다. 잡지입니다.

**④** **A:** あれは ほんですか。　저것은 책입니까?
**B:** はい、(あれは) ほんです。　예, (저것은) 책입니다.
いいえ、(あれは) ほんじゃありません。しんぶんです。
아니요, (저것은) 책이 아닙니다. 신문입니다.

**2** 다음 예와 같이 말해 보세요.　　　　　　　　　　　　　◎ **Unit 02_2**

> 예 **これ / でんわ / やまださん**
>
>
>
> A: これは　なんですか。
> B: それは　でんわです。
> A: あなたの　でんわですか。
> B: いいえ、わたしの　でんわじゃありません。
> 　　やまださんのです。

　　❶ これ / かさ / せんせい

　　❷ それ / ノート / キムさん

　　❸ それ / とけい / たなかさん

　　❹ あれ / めがね / きむらさん

64

## 풀이노트 2

◎ S 02_3

예 **A:** これは なんですか。　이것은 무엇입니까?
**B:** それは でんわです。　그것은 전화입니다.
**A:** あなたの でんわですか。　당신의 전화입니까?
**B:** いいえ、わたしの でんわじゃありません。　아니요, 제 전화가 아닙니다.
やまださんのです。　야마다 씨의 것입니다.

❶ **A:** これは なんですか。　이것은 무엇입니까?
**B:** それは かさです。　그것은 우산입니다.
**A:** あなたの かさですか。　당신의 우산입니까?
**B:** いいえ、わたしの かさじゃありません。　아니요, 제 우산이 아닙니다.
せんせいのです。　선생님의 것입니다.

❷ **A:** それは なんですか。　그것은 무엇입니까?
**B:** これは ノートです。　이것은 노트입니다.
**A:** あなたの ノートですか。　당신의 노트입니까?
**B:** いいえ、わたしの ノートじゃありません。　아니요, 제 노트가 아닙니다.
キムさんのです。　김 씨의 것입니다.

❸ **A:** それは なんですか。　그것은 무엇입니까?
**B:** これは とけいです。　이것은 시계입니다.
**A:** あなたの とけいですか。　당신의 시계입니까?
**B:** いいえ、わたしの とけいじゃありません。　아니요, 제 시계가 아닙니다.
たなかさんのです。　다나카 씨의 것입니다.

❹ **A:** あれは なんですか。　저것은 무엇입니까?
**B:** あれは めがねです。　저것은 안경입니다.
**A:** あなたの めがねですか。　당신의 안경입니까?
**B:** いいえ、わたしの めがねじゃありません。　아니요, 제 안경이 아닙니다.
きむらさんのです。　기무라 씨의 것입니다.

□ これ 이것
□ なんですか 무엇입니까?
□ それ 그것
□ でんわ 전화
□ あなた 당신, 너
□ わたし 저, 나
□ ～のです ~의 것입니다
□ かさ 우산
□ せんせい 선생님
□ ノート 노트
□ とけい 시계
□ あれ 저것
□ めがね 안경

Unit 02_3

パク　なかむらさん、それは なんですか。
나 카 무 라 상　　소 레 와　난 데 스 까?

中村　これは デジカメです。
코 레 와　데 지 카 메 스 데 스

パク　なかむらさんの デジカメですか。
나 카 무 라 상 노　데 지 카 메 데 스 까?

中村　はい、わたしのです。
하 이　와 따 시 노 데 스

パク　にほんの デジカメですか。
니 혼 노　데 지 카 메 데 스 까?

中村　いいえ、にほんのじゃありません。
이 - 에　니 혼 노 쟈 아 리 마 셍

　　　かんこくの デジカメです。
캉 코 쿠 노　데 지 카 메 데 스

박민수　나카무라 씨, 그것은 무엇입니까?
나카무라　이것은 디지털카메라입니다.
박민수　나카무라 씨의 디지털카메라입니까?
나카무라　예, 저의 것입니다.
박민수　일본 디지털카메라입니까?
나카무라　아니요, 일본 것이 아닙니다.
　　　　한국 디지털카메라입니다.

어휘표현

□ それ 그것　□ なん 무엇　□ これ 이것　□ デジカメ 디지털카메라　□ ～の ~의, ~의 것　□ にほん 일본
□ かんこく 한국

## 01　명사 수식의 [명사 の 명사] 정리

①　[にほんの デジカメ(일본 디지털카메라)], [えいごの ほん(영어 책)]은 일본어로는 반드시 [の]를 넣어야
　　하지만 한국어로는 [の]를 해석하지 않습니다. 그래서 문장을 만들 때 [の]를 생략하는 실수를 많이 하게
　　됩니다.
　　하지만 '일본 디지털카메라'는 '일본에서 만들어진 디지털카메라'라는 의미이고, '영어 책'은 '영어학습에 관련된,
　　또는 영어로 쓰여진 책'이라는 의미로 다양한 [の]의 해석을 포함하고 있다고 볼 수 있습니다. 따라서, 문장을
　　만들 때는 반드시 [の]를 넣어야 하는 것에 주의해야 합니다.

②　[ともだちの たなかさん(친구인 다나카 씨)]처럼 자신과의 관계를 나타내거나, [だいがくせいの やまだ
　　さん(대학생인 야마다 씨)]과 같이 그 사람의 신분을 나타낼 때는 [~인]으로 해석합니다.

## 02　혼동하기 쉬운 가타카나 연습 (1)

일본어를 학습하면서 가장 구별하기 어렵고, 쓰는 순서도 많이 틀리는 가타카나가 [ソ、ン]과 [シ、ツ]
입니다.

①　[ソ(そ)]와 [ン(ん)]
　　두 글자를 구별하는 힌트는 [そ]입니다. [そ]는 [そ]로
　　쓰기도 하는데, [そ]에서 윗부분을 연상하면 가타카나
　　[ソ]를 구별하기 쉬워집니다. 글자를 구별한 후에는 위
　　에서 아래로, 또는 아래에서 위로 쓰는 순서에 따라 글
　　자 모양이 미세하게 달라지기 때문에 주의해야 합니다.

②　[シ(し)]와 [ツ(つ)]
　　두 글자는 히라가나 글씨 모양을 참조해서 [し]는 위에
　　서 아래로, [つ]는 왼쪽에서 오른쪽으로 글자를 쓰는 것
　　과 동일하게 가타카나도 쓰는 순서를 참조해서 구별하
　　고, 글자 쓰는 순서를 잘 보면서 외워야 합니다.

**1** 다음을 듣고 그림에 맞는 이름을 연결하세요.

◎ Unit 02_4

예

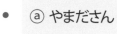 ⓐ やまださん

①

ⓑ パクさん

②

ⓒ さとうさん

③

ⓓ わたし

④

ⓔ ロバートさん

⑤

ⓕ せんせい

⑥

ⓖ たなかさん

정답 및 스크립트 ⋯ 부록 245쪽

**本**
책

**新聞**
신문

**時計**
시계

**電話**
전화

**傘**
우산

**雑誌**
잡지

**辞書**
사전

**財布**
지갑

**かばん**
가방

**くつ**
구두/신발

**ぼうし**
모자

**めがね**
안경

**つくえ**
책상

**いす**
의자

**えんぴつ**
연필

**ケータイ**
휴대전화

**カメラ**
카메라

**パソコン**
컴퓨터

**ノート**
노트

**テレビ**
텔레비전

# unit 02 · 필기시험

**어휘**

**1** 다음 문장에서 빈칸에 주어진 한국어를 일본어로 써 보세요. (1문제 3점)

❶ これは _____ です.  | 신문 |

❷ あれは せんせいの _____ ですか.  | 노트 |

❸ きむらさんの _____ です.  | 우산 |

❹ それは _____ じゃありません.  | 안경 |

❺ これは やまださんの _____ です.  | 카메라 |

**2** 다음 문장에서 밑줄 친 단어의 뜻을 한국어로 써 보세요. (1문제 3점)

❶ それは かんこくの <u>とけい</u>です.

❷ これは やまださんの <u>でんわ</u>ですか.

❸ にほんごの <u>ざっし</u>は どれですか.

❹ わたしの <u>ぼうし</u>です.

❺ かれの <u>えんぴつ</u>です.

**문법**

**3** 주어진 단어 중에서 가장 적절한 것을 골라 O표 하세요. (1문제 3점)

❶ **A:** (これ それ あれ)は テレビですか.
   **B:** はい、あれは テレビです.

❷ **A:** これは やまださんの ケータイですか.
   **B:** いいえ、(これ それ あれ)は せんせいの ケータイです.

❸ **A:** あれは (かばん なん どれ)ですか.
   **B:** かばんです.

❹ **A:** それは (わたし だれ あなた)の パソコンですか.
   **B:** はい、わたしのです.

❺ **A:** これは (だれ なん どれ)の くつですか.
   **B:** きむらさんの くつです.

**4** 예처럼 주어진 단어로 문장을 완성하고 해석해 보세요. (1문제 4점)

> 예  です / は / これ / かばん
>
> ➡ これは かばんです.  이것은 가방입니다.

❶ です / は / だれ / それ / か / つくえ / の

_____ _____

❷ じしょ / にほんご / は / です / あれ / の

_____ _____

❸ は / いす / の / ありません / せんせい / では / これ

_____ _____

❹ それ / の / じゃ / たなかさん / ない / は / です

_____ _____

❺ なかむらさん / か / の / です / どれ / さいふ / は

_____ _____

**5** 다음 단어를 듣고 받아 써 보세요. (1문제 4점)

❶ _____  ❷ _____  ❸ _____

❹ _____  ❺ _____

듣기

◎ Test 02

**6** 다음 문장을 듣고 받아 써 보세요. (1문제 5점)

❶ _____

❷ _____

❸ _____

**어휘**

**1** 다음 문장에서 빈칸에 주어진 한국어를 일본어로 써 보세요. (1문제 3점)

**❶** これは　しんぶん　です。　　　　　　これは 新聞です。 이것은 신문입니다.
　　→ 이 문제를 틀렸을 경우에는 P.69를 다시 한번 확인 학습해 주세요.

**❷** あれは せんせいの　ノート　ですか。　あれは 先生の ノートですか。 저것은 선생님의 노트입니까?
　　→ 이 문제를 틀렸을 경우에는 P.69를 다시 한번 확인 학습해 주세요.

**❸** きむらさんの　かさ　です。　　　　　木村さんの 傘です。 기무라 씨의 우산입니다.
　　→ 이 문제를 틀렸을 경우에는 P.69를 다시 한번 확인 학습해 주세요.

**❹** それは　めがね　じゃありません。　　그것은 안경이 아닙니다.
　　→ 이 문제를 틀렸을 경우에는 P.69를 다시 한번 확인 학습해 주세요.

**❺** これは やまださんの　カメラ　です。 これは 山田さんの カメラです。 이것은 야마다 씨의 카메라입니다.
　　→ 이 문제를 틀렸을 경우에는 P.69를 다시 한번 확인 학습해 주세요.

**2** 다음 문장에서 밑줄 친 단어의 뜻을 한국어로 써 보세요. (1문제 3점)

**❶** それは かんこくの　とけいです。　시계　それは 韓国の 時計です。 그것은 한국 시계입니다.
　　→ 이 문제를 틀렸을 경우에는 P.69를 다시 한번 확인 학습해 주세요.

**❷** これは やまださんの　でんわですか。　전화
　これは 山田さんの 電話ですか。 이것은 야마다 씨의 전화입니까?
　　→ 이 문제를 틀렸을 경우에는 P.69를 다시 한번 확인 학습해 주세요.

**❸** にほんごの　ざっしは どれですか。　잡지　日本語の 雑誌は どれですか。 일본어 잡지는 어느 것입니까?
　　→ 이 문제를 틀렸을 경우에는 P.69를 다시 한번 확인 학습해 주세요.

**❹** わたしの　ぼうしです。　모자　제 모자입니다.
　　→ 이 문제를 틀렸을 경우에는 P.69를 다시 한번 확인 학습해 주세요.

**❺** かれの　えんぴつです。　연필　그의 연필입니다.
　　→ 이 문제를 틀렸을 경우에는 P.69를 다시 한번 확인 학습해 주세요.

**문법**

**3** 주어진 단어 중에서 가장 적절한 것을 골라 O표 하세요. (1문제 3점)

**❶** A: (これ　それ　あれ)は テレビですか。　저것은 텔레비전입니까?
　B: はい、あれは テレビです。　예, 저것은 텔레비전입니다.
　　→ 이 문제를 틀렸을 경우에는 P.58를 다시 한번 확인 학습해 주세요.

**❷** A: これは やまださんの ケータイですか。これは 山田さんの ケータイですか。 이것은 야마다 씨의 휴대전화입니까?
　B: いいえ、(これ　それ　あれ)は せんせいの ケータイです。
　　いいえ、それは 先生の ケータイです。 아니요, 그것은 선생님의 휴대전화입니다.
　　→ 이 문제를 틀렸을 경우에는 P.58를 다시 한번 확인 학습해 주세요.

**❸** A: あれは (かばん　なん　どれ)ですか。 あれは 何ですか。 저것은 무엇입니까?
　B: かばんです。　가방입니다.
　　→ 이 문제를 틀렸을 경우에는 P.58를 다시 한번 확인 학습해 주세요.

**❹** A: それは (わたし　だれ　あなた)の パソコンですか。　그것은 당신의 컴퓨터입니까?
　B: はい、わたしのです。　예, 제 것입니다.
　　→ 이 문제를 틀렸을 경우에는 P.40, 61를 다시 한번 확인 학습해 주세요.

**❺** A: これは (だれ　なん　どれ)の くつですか。　이것은 누구의 구두입니까?
　B: きむらさんの くつです。　木村さんの くつです。 기무라 씨의 구두입니다.
　　→ 이 문제를 틀렸을 경우에는 P.40, 61를 다시 한번 확인 학습해 주세요.

**4** 例처럼 주어진 단어로 문장을 완성하고 해석해 보세요. (1문제 4점)

> 例 です / は / これ / かばん
>
> ➡ これは かばんです。   이것은 가방입니다.

❶ です / は / だれ / それ / か / つくえ / の

それは だれの つくえですか。   그것은 누구의 책상입니까?

→ 이 문제를 틀렸을 경우에는 P.58, 61, 69를 다시 한번 확인 학습해 주세요.

❷ じしょ / にほんご / は / です / あれ / の

あれは にほんごの じしょです。   저것은 일본어 사전입니다.   あれは 日本語の 辞書です。

→ 이 문제를 틀렸을 경우에는 P.58, 61, 69를 다시 한번 확인 학습해 주세요.

❸ は / いす / の / ありません / せんせい / では / これ

これは せんせいの いすではありません。   이것은 선생님의 의자가 아닙니다.

これは 先生の いすではありません。

→ 이 문제를 틀렸을 경우에는 P.58, 61를 다시 한번 확인 학습해 주세요.

❹ それ / の / じゃ / たなかさん / ない / は / です

それは たなかさんのじゃないです。   그것은 다나카 씨의 것이 아닙니다.

それは 田中さんのじゃないです。

→ 이 문제를 틀렸을 경우에는 P.49, 58, 61를 다시 한번 확인 학습해 주세요.

❺ なかむらさん / どれ / の / です / か / さいふ / は

なかむらさんの さいふは どれですか。   나카무라 씨의 지갑은 어느 것입니까?

中村さんの 財布は どれですか。

→ 이 문제를 틀렸을 경우에는 P.58, 61, 69를 다시 한번 확인 학습해 주세요.

◉ Test 02

**5** 다음 단어를 듣고 받아 써 보세요. (1문제 4점)

❶ ざっし   雑誌 잡지   ❷ でんわ   電話 전화   ❸ えんぴつ   연필

❹ ぼうし   모자   ❺ えいご   英語 영어

→ 이 문제를 틀렸을 경우에는 P.60, 69를 다시 한번 확인 학습해 주세요.

**6** 다음 문장을 듣고 받아 써 보세요. (1문제 5점)

❶ これは かれの とけいですか。   これは かれの 時計ですか。 이것은 그의 시계입니까?

→ 이 문제를 틀렸을 경우에는 P.58, 69를 다시 한번 확인 학습해 주세요.

❷ あなたの ケータイは どれですか。   당신의 휴대전화는 어느 것입니까?

→ 이 문제를 틀렸을 경우에는 P.58, 69를 다시 한번 확인 학습해 주세요.

❸ あれは せんせいの パソコンじゃありません。   あれは 先生の パソコンじゃありません。

저것은 선생님의 컴퓨터가 아닙니다.

→ 이 문제를 틀렸을 경우에는 P.58~60, 69를 다시 한번 확인 학습해 주세요.

# unit 03

동영상 강의 03   오디오 강의 3-1   오디오 강의 3-2

# いま
이 마

# なんじですか。
난 지 데 스 까?

☐ 숫자 익히기(0~99)

☐ 시간, 분 말하기

☐ **かいしゃは なんじから なんじまでですか。** 회사는 몇 시부터 몇 시까지입니까?

☐ **ソウルから プサンまでです。** 서울부터 부산까지입니다.

2시간만에 끝내는
**독학 Plan**

| | 학습 항목 | 학습 시간 | 학습 체크 | | | 학습 메모 |
|---|---|---|---|---|---|---|
| 1 | 동영상 또는 오디오 강의 수강 | 15분 | ☐1회 | ☐2회 | ☐3회 | |
| 2 | 요것만은 꼭꼭 Point (76~79p) | 15분 | ☐1회 | ☐2회 | ☐3회 | |
| 3 | 실전처럼 술술 Speaking (80~83p) | 15분 | ☐1회 | ☐2회 | ☐3회 | |
| 4 | 회화실력 쑥쑥 Conversation (84~85p) | 15분 | ☐1회 | ☐2회 | ☐3회 | |
| 5 | 내 귀에 쏙쏙 Listening (86p) | 15분 | ☐1회 | ☐2회 | ☐3회 | |
| 6 | 듣고 말하기 훈련용 MP3 ◎ S 03_1~3 | 15분 | ☐1회 | ☐2회 | ☐3회 | |
| 7 | 3과 필기시험 (88~91p) | 30분 | ☐50점 미만 | ☐51~80점 | ☐81~100점 | |

| 50점 미만 | Unit 전체 1~2회 반복 학습 |
| 51점~80점 | 틀린 부분 다시 학습 |
| 81점~100점 | 다음 Unit 진행 OK~!! |

## 01 숫자 읽기

| | | | |
|---|---|---|---|
| 0 | ゼロ / れい | | |
| 1 | いち | 10 | じゅう |
| 2 | に | 20 | にじゅう |
| 3 | さん | 30 | さんじゅう |
| 4 | よん / し | 40 | よんじゅう |
| 5 | ご | 50 | ごじゅう |
| 6 | ろく | 60 | ろくじゅう |
| 7 | なな / しち | 70 | ななじゅう |
| 8 | はち | 80 | はちじゅう |
| 9 | きゅう / く | 90 | きゅうじゅう |

✚ [0~9]에서 읽는 방법이 2개씩 있는 [4, 7, 9]는 각각 사용하는 용도가 다르기 때문에 반드시 외워야 합니다.

✚ [10~90]은 [10(じゅう)]에 [1, 2, 3, 4…]를 붙여서 만듭니다.
단, 읽는 방법이 2개씩 있는 [40, 70, 90]은 [よん、なな、きゅう]를 사용해서 [40(よんじゅう)] [70(ななじゅう)] [90(きゅうじゅう)]로 발음하는 것에 주의해야 합니다.

## 02 なんじですか。
난　지데스까?

몇 시입니까?

| 1時 | いちじ | 2時 | にじ | 3時 | さんじ |
|---|---|---|---|---|---|
| 4時 | よじ | 5時 | ごじ | 6時 | ろくじ |
| 7時 | しちじ | 8時 | はちじ | 9時 | くじ |
| 10時 | じゅうじ | 11時 | じゅういちじ | 12時 | じゅうにじ |

✚ [4시]는 원래 발음인 [よん/し]를 사용하지 않고 [よじ]로 발음하는 것에 주의
　합시다.

✚ 전화 등에서 [7시(しちじ)]를 말할 때 [1시(いちじ)]와 혼동하기 쉽기 때문에
　[ななじ]라고 말하는 경우가 있기는 하지만, 일상 회화에서 [7시(ななじ)]는
　사용하지 않습니다.

## 03 なんぷんですか。
남　뿐　데스까?

몇 분입니까?

| 5分 | ごふん | 10分 | じ(ゅ)っぷん |
|---|---|---|---|
| 15分 | じゅうごふん | 20分 | にじ(ゅ)っぷん |
| 25分 | にじゅうごふん | 30分 | さんじ(ゅ)っぷん |
| 35分 | さんじゅうごふん | 40分 | よんじ(ゅ)っぷん |
| 45分 | よんじゅうごふん | 50分 | ごじ(ゅ)っぷん |
| 55分 | ごじゅうごふん | 60分 | ろくじ(ゅ)っぷん |

✚ [10분] 단위는 [じゅっぷん] 또는 [ゅ]를 생략한 [じっぷん]으로 읽습니다.

~부터(에서) ~까지

## 04 ~から ~まで
까 라　마 데

かいしゃは ごぜん ９じから ごご ６じまでです。

회사는 오전 9시부터 오후 6시까지입니다.

ソウルから プサンまでです。

서울부터 부산까지입니다.

□ **かいしゃ** 회사
□ **ごぜん** 오전
□ **ごご** 오후
□ **ソウル** 서울
□ **プサン** 부산
□ **アルバイト**
　ア르바이트
□ **よる** 밤

✚ [から]는 [~부터, ~에서]라는 뜻으로 시간, 장소 등의 시작을 나타내고, [まで]는
　[~까지]라는 뜻으로 종점을 나타냅니다.
✚ [から]와 [まで]는 따로따로 사용할 수 있습니다.

アルバイトは ごぜん １０じからです。 아르바이트는 오전 10시부터입니다.

アルバイトは よる ９じまでです。 아르바이트는 밤 9시까지입니다.

アルバイトは ごぜん １０じから よる ９じまでです。

아르바이트는 오전 10시부터 밤 9시까지입니다.

숫자 [1, 3, 4, 6, 8, 10]은
[ぷん]으로 발음합니다.

## 05 1분 단위 읽기

| 1分 | いっぷん | 6分 | ろっぷん |
|---|---|---|---|
| 2分 | にふん | 7分 | ななふん |
| 3分 | さんぷん | 8分 | はちふん / はっぷん |
| 4分 | よんぷん | 9分 | きゅうふん |
| 5分 | ごふん | １０分 | じ(ゅ)っぷん |

✚ [분]은 일본어로는 [ふん] 또는 [ぷん]으로 읽습니다. 숫자 [1, 6, 8, 10]과 [분]이
　만나면 숫자의 끝 글자가 [촉음(っ)]으로 바뀌어서 [ぷん]으로 발음됩니다.

~시간

## 06 ~じかん
지 칸

| 1時間 | いちじかん | 6時間 | ろくじかん |
|---|---|---|---|
| 2時間 | にじかん | 7時間 | ななじかん / しちじかん |
| 3時間 | さんじかん | 8時間 | はちじかん |
| 4時間 | よじかん | 9時間 | くじかん |
| 5時間 | ごじかん | 10時間 | じゅうじかん |

□ いちにち 하루
□ なんじかん
　　　　　 몇 시간

✚ 시간을 나타낼 때는 [시(じ)] 대신에 [시간(じかん)]을 붙이면 됩니다.

### アルバイトは いちにち なんじかんですか。

아르바이트는 하루에 몇 시간입니까?

~군요/~네요.

## 07 ~ね。
네

**A:** アルバイトは ごご ３じから よる ８じまでです。

아르바이트는 오후 3시부터 밤 8시까지입니다.

**B:** それじゃ、 ５じかんですね。

그러면, 5시간이군요.

□ アルバイト
　　　　　 아르바이트
□ ごご 오후
□ よる 밤
□ それじゃ 그러면

✚ 상대방의 말에 감탄하거나 동의할 때, 그리고 상대방에게 동의를 구하거나 확인할
　때 사용하는 표현으로 문장 끝에 붙여서 사용합니다.

**1** 다음 예와 같이 밑줄 친 부분을 바꾸어서 말해 보세요. ◎ **Unit 03_1**

A: いま、なんじですか。

B: 1時です。

1 : 00

❶

❷

❸

❹

❺

❻

❼

❽

❾

□ いま 지금
□ なんじ 몇 시

**풀이 노트** 1

> 예 A: いま、なんじですか。 지금, 몇 시입니까?
> B: 1時 (いちじ) です。 1시입니다.

❶ A: いま、なんじですか。 지금, 몇 시입니까?
B: 5時 (ごじ) です。 5시입니다.

❷ A: いま、なんじですか。 지금, 몇 시입니까?
B: 11時 15分 (じゅういちじ じゅうごふん) です。 11시 15분입니다.

❸ A: いま、なんじですか。 지금, 몇 시입니까?
B: 9時 55分 (くじ ごじゅうごふん) です。 9시 55분입니다.

❹ A: いま、なんじですか。 지금, 몇 시입니까?
B: 3時 10分 (さんじ じゅっぷん) です。 3시 10분입니다.

❺ A: いま、なんじですか。 지금, 몇 시입니까?
B: 6時 35分 (ろくじ さんじゅうごふん) です。 6시 35분입니다.

❻ A: いま、なんじですか。 지금, 몇 시입니까?
B: 4時 30分 (よじ さんじゅっぷん) です。 4시 30분입니다.

❼ A: いま、なんじですか。 지금, 몇 시입니까?
B: 10時 45分 (じゅうじ よんじゅうごふん) です。 10시 45분입니다.

❽ A: いま、なんじですか。 지금, 몇 시입니까?
B: 7時 5分 (しちじ ごふん) です。 7시 5분입니다.

❾ A: いま、なんじですか。 지금, 몇 시입니까?
B: 8時 20分 (はちじ にじゅっぷん) です。 8시 20분입니다.

**2** 다음 예와 같이 말해 보세요.　　　　　　　　　　　　　◉ **Unit 03_2**

예 **かいしゃ / 9：00～6：00**

A: <u>かいしゃ</u>は　なんじから　なんじまでですか。
B: <u>くじ</u>から　<u>ろくじ</u>までです。

❶ **ひるやすみ / 12：00～1：00**

❷ **としょかん / 9：00～11：30**

❸ **デパート / 10：30～8：00**

❹ **テスト / 2：15～4：45**

82

## 풀이노트 2

□ **かいしゃ** 회사
□ **ひるやすみ** 점심시간
□ **としょかん** 도서관
□ **デパート** 백화점
□ **テスト** 시험, 테스트

예 **A: かいしゃは なんじから なんじまでですか。**

회사는 몇 시부터 몇 시까지입니까?

**B: くじから ろくじまでです。**

9시부터 6시까지입니다.

❶ **A: ひるやすみは なんじから なんじまでですか。**

점심시간은 몇 시부터 몇 시까지입니까?

**B: じゅうにじから いちじまでです。**

12시부터 1시까지입니다.

❷ **A: としょかんは なんじから なんじまでですか。**

도서관은 몇 시부터 몇 시까지입니까?

**B: くじから じゅういちじ さんじゅっぷんまでです。**

9시부터 11시 30분까지입니다.

❸ **A: デパートは なんじから なんじまでですか。**

백화점은 몇 시부터 몇 시까지입니까?

**B: じゅうじ さんじゅっぷんから はちじまでです。**

10시 30분부터 8시까지입니다.

❹ **A: テストは なんじから なんじまでですか。**

테스트는 몇 시부터 몇 시까지입니까?

**B: にじ じゅうごふんから よじ よんじゅうごふんまでです。**

2시 15분부터 4시 45분까지입니다.

◎ Unit 03_3

中村　パクさん、いま なんじですか。
　　　박　상　이마　난 지데스까?

パク　4じ はんです。
　　　요 지　한 데 스

　　　アルバイトは なんじからですか。
　　　아 루 바 이 토 와　난 지 까 라 데 스 까?

中村　ごご 6じからです。
　　　고 고　로쿠지 까 라 데 스

パク　6じから なんじかんですか。
　　　로쿠지 까 라　난 지 칸 데 스 까?

中村　3じかんです。
　　　산 지 칸 데 스

パク　それじゃ、9じまでですね。
　　　소 레 쟈　쿠지 마 데 데 스 네

　　　がんばってください。
　　　감 밧 떼 쿠 다 사 이

나카무라　박(민수) 씨, 지금 몇 시입니까?
박민수　　4시 반입니다.
　　　　　아르바이트는 몇 시부터입니까?
나카무라　오후 6시부터입니다.
박민수　　6시부터 몇 시간입니까?
나카무라　3시간입니다.
박민수　　그러면 9시까지군요.
　　　　　힘내세요.

어휘표현 ......................................................................●

▫ いま 지금　▫ なんじ 몇 시　▫ はん 반　▫ アルバイト 아르바이트　▫ ~から ~부터, ~에서　▫ ごご 오후

▫ なんじかん 몇 시간　▫ それじゃ 그러면　▫ ~まで ~까지　▫ がんばってください 힘내세요, 열심히 하세요

84

**독학! Plus+**

## 01    시간과 함께 자주 사용하는 단어들

①   ごぜん (오전) / ごご (오후)
    デパートは ごぜん １０じから ごご ８じまでです。 백화점은 오전 10시부터 오후 8시까지입니다.

②   あさ (아침) / よる (밤)
    かいしゃは あさ ８じからです。 회사는 아침 8시부터입니다.

    アルバイトは よる ９じまでです。 아르바이트는 밤 9시까지입니다.

③   ちょうど (정각)
    いま、ちょうど ５じです。 지금, 정각 5시입니다.

④   ～まえ (～전)
    いま、４じ ５ふん まえです。 지금, 4시 5분 전입니다.

## 02    전화번호 묻고 답하기

**A:** かいしゃの でんわばんごうは なんばんですか。 회사 전화번호는 몇 번입니까?

**B:** 02-3456-7891です。

    ゼロに の さんよんごろく の ななはちきゅういちです。 02-3456-7891입니다.

①   일본어의 [0]은 [れい、ゼロ、まる]로 다양하게 읽지만, 전화번호를 말할 때는 주로 [ゼロ]를 사용합니다.
②   하이픈(-)은 [の]라고 읽습니다.

## 03    それじゃ (그러면)

일본어에서 '그러면'은 [それでは] [それじゃ] [では] [じゃ] 등으로 표현할 수 있습니다. [それでは]에서 [では]를
회화체 표현으로 만든 것이 [それじゃ]입니다. [では]와 [じゃ]는 [それ]를 생략해서 만든 표현으로, 의미는 모두
'그러면' 또는 '그럼'이 됩니다.

## 04    がんばってください (힘내세요, 열심히 하세요)

[がんばる(힘내다, 열심히 하다)]라는 동사의 활용 중 하나지만, '힘내세요', '열심히 하세요' 등으로 격려가 필요할
때 인사말처럼 자주 사용하는 표현입니다.

**1** 예와 같이 올바르게 시간을 말하면 O표, 틀리면 X표 하세요.　　◎ Unit 03_4

O

**2** 다음을 듣고 예와 같이 시간을 써넣으세요.　　◎ Unit 03_5

9 : 00 ~ 6 : 00

~

~

~

◎ Reading 1

はじめまして。中村<sub>なかむら</sub> ゆみです。

わたしは 日本人<sub>にほんじん</sub>です。どうぞ よろしく お願<sub>ねが</sub>いします。

わたしは 大学生<sub>だいがくせい</sub>です。

今<sub>いま</sub>は 日本<sub>にほん</sub>の 大学<sub>だいがく</sub>の 学生<sub>がくせい</sub>ではありません。

韓国<sub>かんこく</sub>の 大学<sub>だいがく</sub>の 学生<sub>がくせい</sub>です。

大学<sub>だいがく</sub>は 午前<sub>ごぜん</sub> 9時<sub>じ</sub>から 午後<sub>ごご</sub> 1時<sub>じ</sub>までです。4時間<sub>じかん</sub>です。

あれが わたしの 大学<sub>だいがく</sub>です。

うちから 大学<sub>だいがく</sub>まで 25分<sub>ふん</sub>です。

アルバイトは 午後<sub>ごご</sub> 6時<sub>じ</sub>から 夜<sub>よる</sub> 8時<sub>じ</sub>までです。

☑ 위의 내용과 맞으면 O표, 틀리면 X표 하세요.

❶ 中村<sub>なかむら</sub>さんは 韓国人<sub>かんこくじん</sub>じゃありません。(        )

❷ 中村<sub>なかむら</sub>さんは、今<sub>いま</sub> 日本<sub>にほん</sub>の 大学<sub>だいがく</sub>の 学生<sub>がくせい</sub>です。(        )

❸ アルバイトは 2時間<sub>じかん</sub>です。(        )

정답 및 해석 ⋯▶ 부록 263쪽

어휘표현 ....................................................

□はじめまして 처음 뵙겠습니다  □わたし 저, 나  □日本人<sub>にほんじん</sub> 일본인  □大学生<sub>だいがくせい</sub> 대학생  □今<sub>いま</sub> 지금
□大学<sub>だいがく</sub> 대학교  □学生<sub>がくせい</sub> 학생  □韓国<sub>かんこく</sub> 한국  □午前<sub>ごぜん</sub> 오전  □午後<sub>ごご</sub> 오후  □時間<sub>じかん</sub> 시간  □~が ~이/가
□うち 집  □夜<sub>よる</sub> 밤

## unit 03 필기시험

제한시간 30분

□ 1회 점수 : / 100
□ 2회 점수 : / 100
□ 3회 점수 : / 100

어휘

**1** 주어진 한국어를 숫자도 포함해서 히라가나로 써 보세요. (1문제 3점)

❶ いま、⬚⬚⬚⬚ 8じです。 　아침

❷ いま、⬚⬚⬚⬚ 3じです。 　오후

❸ いま、⬚⬚⬚⬚ 9じです。 　오전

❹ いま、⬚⬚⬚⬚ 11じです。 　밤

❺ いま、⬚⬚⬚⬚⬚ です。 　1시 20분

**2** 다음 문장에서 밑줄 친 단어의 뜻을 한국어로 써 보세요. (1문제 3점)

❶ かいしゃは <u>なんじ</u>からですか。 ⬚⬚⬚⬚

❷ アルバイトは 3じ<u>から</u> 6じ<u>まで</u>です。 ⬚⬚⬚⬚, ⬚⬚⬚⬚

❸ <u>ひるやすみ</u>は 12じからです。 ⬚⬚⬚⬚

❹ <u>ぎんこう</u>は なんじからですか。 ⬚⬚⬚⬚

❺ いま、<u>じゅうじ じゅっぷん</u>です。 ⬚⬚⬚⬚

문법

**3** 주어진 단어 중에서 가장 적절한 것을 골라 O표 하세요. (1문제 3점)

❶ 90(くじゅう　きゅじゅう　きゅうじゅう)です。

❷ 70(ななじゅう　しちじゅう　しじゅう)です。

❸ いま、(よんじ　よじ　しじ)です。

❹ アルバイトは (ななじ　しちじ　きゅうじ)から 2じかんです。

❺ A: テストは なんじからですか。

　B: (くじ よんじゅうふん　きゅうじ よんじゅっぷん　くじ よんじゅっぷん)

　　からです。

**4** 예처럼 주어진 단어로 문장을 완성하고 해석해 보세요. (1문제 4점)

> 예 **です / いま、 / 1じ**
>
> ➜ いま、1じです。  지금 1시입니다.

**❶** は / テスト / から / か / なんじ / です

_____   _____

**❷** から / なんじ / は / です / かいしゃ / まで / なんじ / か

_____   _____

**❸** 9じ / か / ぎんこう / です / は / から

_____   _____

**❹** は / から / です / 12じ / ひるやすみ / 1じかん

_____   _____

**❺** まで / 10じ / は / です / アルバイト / か

_____   _____

**5** 다음 단어를 듣고 받아 써 보세요. (1문제 4점)

**❶** _____   **❷** _____   **❸** _____

**❹** _____   **❺** _____

**6** 다음 문장을 듣고 받아 써 보세요. (1문제 5점)

**❶** _____

**❷** _____

**❸** _____

**1** 주어진 한국어를 숫자도 포함해서 히라가나로 써 보세요. (1문제 3점)

**❶** いま、 あさ 8じです.   今、朝 8時です. 지금, 아침 8시입니다.
→ 이 문제를 틀렸을 경우에는 P.85를 다시 한번 확인 학습해 주세요.

**❷** いま、 ごご 3じです.   今、午後 3時です. 지금, 오후 3시입니다.
→ 이 문제를 틀렸을 경우에는 P.85를 다시 한번 확인 학습해 주세요.

**❸** いま、 ごぜん 9じです.   今、午前 9時です. 지금, 오전 9시입니다.
→ 이 문제를 틀렸을 경우에는 P.85를 다시 한번 확인 학습해 주세요.

**❹** いま、 よる 11じです.   今、夜 11時です. 지금, 밤 11시입니다.
→ 이 문제를 틀렸을 경우에는 P.85를 다시 한번 확인 학습해 주세요.

**❺** いま、 いちじ にじゅっぷん です.   今、1時 20分です. 지금, 1시 20분입니다.
→ 이 문제를 틀렸을 경우에는 P.77를 다시 한번 확인 학습해 주세요.

**2** 다음 문장에서 밑줄 친 단어의 뜻을 한국어로 써 보세요. (1문제 3점)

**❶** かいしゃは なんじからですか.   몇 시   会社は 何時からですか. 회사는 몇 시부터입니까?
→ 이 문제를 틀렸을 경우에는 P.77를 다시 한번 확인 학습해 주세요.

**❷** アルバイトは 3じから 6じまでです.   부터 , 까지
アルバイトは 3時から 6時までです. 아르바이트는 3시부터 6시까지입니다.
→ 이 문제를 틀렸을 경우에는 P.78를 다시 한번 확인 학습해 주세요.

**❸** ひるやすみは 12じからです.   점심시간   昼休みは 12時からです. 점심시간은 12시부터입니다.
→ 이 문제를 틀렸을 경우에는 P.83를 다시 한번 확인 학습해 주세요.

**❹** ぎんこうは なんじからですか.   은행   銀行は 何時からですか. 은행은 몇 시부터입니까?
→ 이 문제를 틀렸을 경우에는 P.24, 51를 다시 한번 확인 학습해 주세요.

**❺** いま、じゅうじ じゅっぷんです.   10시 10분   今、10時 10分です. 지금, 10시 10분입니다.
→ 이 문제를 틀렸을 경우에는 P.77를 다시 한번 확인 학습해 주세요.

**3** 주어진 단어 중에서 가장 적절한 것을 골라 O표 하세요. (1문제 3점)

**❶** 90(くじゅう きゅじゅう きゅう(じ)ゅう)です.   90입니다.
→ 이 문제를 틀렸을 경우에는 P.76를 다시 한번 확인 학습해 주세요.

**❷** 70(な(に)じゅう しちじゅう しじゅう)です.   70입니다.
→ 이 문제를 틀렸을 경우에는 P.76를 다시 한번 확인 학습해 주세요.

**❸** いま、(よんじ (よじ) しじ)です.   今、4時です. 지금 4시입니다.
→ 이 문제를 틀렸을 경우에는 P.77를 다시 한번 확인 학습해 주세요.

**❹** アルバイトは (ななじ (しち)じ きゅうじ)から 2じかんです.
アルバイトは 7時から 2時間です. 아르바이트는 7시부터 2시간입니다.
→ 이 문제를 틀렸을 경우에는 P.77를 다시 한번 확인 학습해 주세요.

**❺** A: テストは なんじからですか.   テストは 何時からですか. 테스트는 몇 시부터입니까?
B: (くじよんじゅうふん きゅうじよんじゅっぷん くじよ(んじゅっ)ぷん)からです.
9時 40分からです. 9시 40분부터입니다.
→ 이 문제를 틀렸을 경우에는 P.77를 다시 한번 확인 학습해 주세요.

**4** 예처럼 주어진 단어로 문장을 완성하고 해석해 보세요. (1문제 4점)

> 예 です / いま、/ 1じ
>
> ➡ いま、1じです。　지금 1시입니다.　今、1時です。

**❶** は / テスト / から / か / なんじ / です

テストは なんじからですか。　테스트는 몇 시부터입니까?　テストは 何時からですか。

→ 이 문제를 틀렸을 경우에는 P.78를 다시 한번 확인 학습해 주세요.

**❷** から / なんじ / は / です / かいしゃ / まで / なんじ / か

かいしゃは なんじから なんじまでですか。　회사는 몇 시부터 몇 시까지 입니까?
会社は 何時から 何時までですか。

→ 이 문제를 틀렸을 경우에는 P.78를 다시 한번 확인 학습해 주세요.

**❸** 9じ / か / ぎんこう / です / は / から

ぎんこうは 9じからですか。　은행은 9시부터입니까?　銀行は 9時からですか。

→ 이 문제를 틀렸을 경우에는 P.78를 다시 한번 확인 학습해 주세요.

**❹** は / から / です / 12じ / ひるやすみ / 1じかん

ひるやすみは 12じから 1じかんです。　점심시간은 12시부터 1시간입니다.
昼休みは 12時から 1時間です。

→ 이 문제를 틀렸을 경우에는 P.78를 다시 한번 확인 학습해 주세요.

**❺** まで / 10じ / は / です / アルバイト / か

アルバイトは 10じまでですか。　아르바이트는 10시까지입니까?
アルバイトは 10時までですか。

→ 이 문제를 틀렸을 경우에는 P.78를 다시 한번 확인 학습해 주세요.

**듣기**

◎ Test 03

**5** 다음 단어를 듣고 받아 써 보세요. (1문제 4점)

**❶** ごぜん　午前 오전

**❷** よんじゅうごふん　45分 45분

**❸** ひるやすみ　昼休み 점심시간

**❹** ぎんこう　銀行 은행

**❺** じゅっぷん　10分 10분

→ 이 문제를 틀렸을 경우에는 P.85, 77, 83, 24를 다시 한번 확인 학습해 주세요.

**6** 다음 문장을 듣고 받아 써 보세요. (1문제 5점)

**❶** かいしゃは なんじからですか。　会社は 何時からですか。 회사는 몇 시부터입니까?

→ 이 문제를 틀렸을 경우에는 P.78를 다시 한번 확인 학습해 주세요.

**❷** ぎんこうは ごご 4じまでです。　銀行は 午後 4時までです。 은행은 오후 4시까지입니다.

→ 이 문제를 틀렸을 경우에는 P.78를 다시 한번 확인 학습해 주세요.

**❸** いま、しちじ にじゅうごふんです。　今、7時 25分です。 지금, 7시 25분입니다.

→ 이 문제를 틀렸을 경우에는 P.77를 다시 한번 확인 학습해 주세요.

# unit 04

# 韓国人の 友だちが
캉　코쿠　진　노　토모　다　찌　가

# 多いですか。
오ー 이 데 스 까?

한국인 친구가 많습니까?

- [ ] い형용사 **익히기**
- [ ] **学校は 近いです。** 학교는 가깝습니다.
- [ ] **会社は 忙しくありません。** 회사는 바쁘지 않습니다.
- [ ] **きょうは 天気が いいです。** 오늘은 날씨가 좋습니다.
- [ ] **日本語は 難しいですが、おもしろいです。** 일본어는 어렵지만, 재미있습니다.

2시간만에 끝내는
## 독학 Plan

| | 학습 항목 | 학습 시간 | 학습 체크 | | | 학습 메모 |
|---|---|---|---|---|---|---|
| 1 | 동영상 또는 오디오 강의 수강 | 15분 | ☐ 1회 | ☐ 2회 | ☐ 3회 | |
| 2 | 요것만은 꼭꼭 Point (94~95p) | 15분 | ☐ 1회 | ☐ 2회 | ☐ 3회 | |
| 3 | 실전처럼 술술 Speaking (96~99p) | 15분 | ☐ 1회 | ☐ 2회 | ☐ 3회 | |
| 4 | 회화실력 쑥쑥 Conversation (100~101p) | 15분 | ☐ 1회 | ☐ 2회 | ☐ 3회 | |
| 5 | 내 귀에 쏙쏙 Listening (102p) | 15분 | ☐ 1회 | ☐ 2회 | ☐ 3회 | |
| 6 | 듣고 말하기 훈련용 MP3 ◎ S 04_1~3 | 15분 | ☐ 1회 | ☐ 2회 | ☐ 3회 | |
| 7 | 4과 필기시험 (104~107p) | 30분 | ☐ 50점 미만 | ☐ 51~80점 | ☐ 81~100점 | |

> 50점 미만 Unit 전체 1~2회 반복 학습
> 51점~80점 틀린 부분 다시 학습
> 81점~100점 다음 Unit 진행 OK~!!

~이다.

## 01    기본형。

□ **かわいい** 귀엽다
□ **わたし** 저, 나
□ **ケータイ** 휴대전화
□ **新しい** 새롭다

山田さんは かわいい。                                        야마다 씨는 귀엽다.
わたしの ケータイは 新しい。                내 휴대전화는 새롭다(새것이다).

✚ 일본어에는 [い형용사]와 [な형용사] 두 가지 형용사가 있습니다. 명사를 수식할 때
   끝소리가 [い]로 끝나는 형용사를 [い형용사]라고 하고, [な]로 끝나는 형용사를 [な
   형용사]라고 합니다. [い형용사]와 [な형용사]는 단어의 끝이 변하는 활용을 합니다.

✚ [い형용사], [な형용사]는 문장 끝에 와서 술어가 되거나, 명사 앞에서 명사를 수식
   하기도 합니다. [い형용사]는 기본형으로 문장을 끝낼 수 있습니다.

~입니다.

## 02    기본형 + です。

山田さんは かわいいです。                                야마다 씨는 귀엽습니다.
わたしの ケータイは 新しいです。        제 휴대전화는 새롭습니다(새것입니다).

✚ [い형용사]는 기본형에 [です]를 붙이면 정중한 형태가 됩니다.

~입니까?

## 03    기본형 + ですか。

□ **会社** 회사
□ **忙しい** 바쁘다
□ **学校** 학교
□ **近い** 가깝다

会社は 忙しいですか。                                        회사는 바쁩니까?
学校は 近いですか。                                        학교는 가깝습니까?

✚ 의문문을 만들 때는 명사와 동일하게, 정중한 형태의 문장 끝에 [か]를 붙이고
   끝부분을 올려서 발음합니다.

예, ~입니다.

## 04 はい、기본형 + です。

はい、忙しいです。　　　　　　예, 바쁩니다.
はい、近いです。　　　　　　예, 가깝습니다.

아니요, ~이/가 아닙니다.

## 05 いいえ、어간 + くありません。

いいえ、忙しくありません。　　아니요, 바쁘지 않습니다.
いいえ、近くありません。遠いです。　아니요, 가깝지 않습니다. 멉니다.

✚ [い형용사]의 부정형은 [어간 + くありません]으로 나타냅니다. [어간]이란 활용할 때 변하지 않는 부분으로, [い형용사]에서의 어간은 [い]를 제외한 나머지 부분이 됩니다.

[い형용사]에서 [좋다, 괜찮다]라는 의미의 [いい]는 특별하게 활용하므로 주의해야 합니다.

いい → よくありません
좋다 → 좋지 않습니다

① ~이/가 ② ~지만/다만

## 06 ～が

① 山田さんは 友だちが 多いです。　　야마다 씨는 친구가 많습니다.
　きょうは 天気が よくありません。　오늘은 날씨가 좋지 않습니다.
② すしは 高いですが、おいしいです。　초밥은 비싸지만, 맛있습니다.
　日本語は 難しいですが、おもしろいです。　일본어는 어렵지만, 재미있습니다.

✚ [～が]는 조사로서 [~이/가]의 의미로 사용합니다.
✚ 문장과 문장 사이에 [～が]를 넣어서 [~지만/다만]이라는 뜻을 나타냅니다.
　앞뒤 문장이 서로 대립되는 의미를 나타낼 때 사용합니다.

□ 友だち 친구
□ 多い 많다
□ きょう 오늘
□ 天気 날씨
□ いい 좋다
□ すし 초밥
□ 高い 비싸다
□ おいしい 맛있다
□ 日本語 일본어
□ 難しい 어렵다
□ おもしろい 재미있다

**1** 다음 <예>와 같이 말해 보세요.　　　　　　　　　　◎ **Unit 04_1**

おいしい

> 예　A: おいしい?
> 　　B: うん、おいしい。
> 　　　ううん、おいしくない。
>
> 예　A: おいしいですか。
> 　　B: はい、おいしいです。
> 　　　いいえ、おいしくないです。
> 　　　いいえ、おいしくありません。

① かわいい

② 忙しい
いそが

③ 易しい
やさ

④ いい

**2** 다음 <예>와 같이 말해 보세요.　　　　　　　　　　◎ **Unit 04_2**

> 예　鈴木さんの テレビ / 大きい / 小さい
> 　　すずき　　　　　　おお　　ちい
> A: 鈴木さんの テレビは 大きいですか。
> 　 すずき　　　　　　　おお
> B: はい、大きいです。
> 　　　 おお
> 　　いいえ、大きくありません。小さいです。
> 　　　　　 おお　　　　　　　 ちい

① きょう / 暑い / 寒い
　　　　　 あつ　 さむ

② 会社 / 近い / 遠い
　 かいしゃ ちか　 とお

③ 山田さんの ケータイ / 高い / 安い
　 やまだ　　　　　　 たか　 やす

④ 木村さんの 財布 / 新しい / 古い
　 きむら　 さいふ　 あたら　 ふる

## 풀이 노트 1

◎ S 04_2

□ おいしい 맛있다
□ かわいい 귀엽다
□ 忙しい 바쁘다
　　いそが

例 **A:** おいしい？　맛있니?

**B:** うん、おいしい。　응, 맛있어.

　　ううん、おいしくない。　아니, 맛있지 않아.

例 **A:** おいしいですか。　맛있습니까?

**B:** はい、おいしいです。　예, 맛있습니다.

　　いいえ、おいしくないです。　아니요, 맛있지 않습니다.

　　いいえ、おいしくありません。　아니요, 맛있지 않습니다.

❶ **A:** かわいい？　귀엽니?

**B:** うん、かわいい。　응, 귀여워.

　　ううん、かわいくない。　아니, 귀엽지 않아.

**A:** かわいいですか。　귀엽습니까?

**B:** はい、かわいいです。　예, 귀엽습니다.

　　いいえ、かわいくないです。　아니요, 귀엽지 않습니다.

　　いいえ、かわいくありません。　아니요, 귀엽지 않습니다.

❷ **A:** 忙しい？　바쁘니?
　　いそが

**B:** うん、忙しい。　응, 바빠.
　　　　いそが

　　ううん、忙しくない。　아니, 바쁘지 않아.
　　　　　　いそが

**A:** 忙しいですか。　바쁩니까?
　　いそが

**B:** はい、忙しいです。　예, 바쁩니다.
　　　　　いそが

　　いいえ、忙しくないです。　아니요, 바쁘지 않습니다.
　　　　　　いそが

　　いいえ、忙しくありません。　아니요, 바쁘지 않습니다.
　　　　　　いそが

□ 易<sup>やさ</sup>しい 쉽다
□ いい 좋다

❸ A: 易<sup>やさ</sup>しい？ 쉽니?

B: うん、易<sup>やさ</sup>しい。 응, 쉬워.

　　ううん、易<sup>やさ</sup>しくない。 아니, 쉽지 않아.

A: 易<sup>やさ</sup>しいですか。 쉽습니까?

B: はい、易<sup>やさ</sup>しいです。 예, 쉽습니다.

　　いいえ、易<sup>やさ</sup>しくないです。 아니요, 쉽지 않습니다.

　　いいえ、易<sup>やさ</sup>しくありません。 아니요, 쉽지 않습니다.

❹ A: いい？ 좋니?

B: うん、いい。 응, 좋아.

　　ううん、よくない。 아니, 좋지 않아.

A: いいですか。 좋습니까?

B: はい、いいです。 예, 좋습니다.

　　いいえ、よくないです。 아니요, 좋지 않습니다.

　　いいえ、よくありません。 아니요, 좋지 않습니다.

풀이노트 2

◉ S 04_3

예 A: 鈴木さんの テレビは 大きいですか。 스즈키 씨의 텔레비전은 큽니까?

B: はい、大きいです。 예, 큽니다.

いいえ、大きくありません。 아니요, 크지 않습니다.

小さいです。 작습니다.

❶ A: きょうは 暑いですか。 오늘은 덥습니까?

B: はい、暑いです。 예, 덥습니다.

いいえ、暑くありません。 아니요, 덥지 않습니다.

寒いです。 춥습니다.

❷ A: 会社は 近いですか。 회사는 가깝습니까?

B: はい、近いです。 예, 가깝습니다.

いいえ、近くありません。 아니요, 가깝지 않습니다.

遠いです。 멉니다.

❸ A: 山田さんの ケータイは 高いですか。 야마다 씨의 휴대전화는 비쌉니까?

B: はい、高いです。 예, 비쌉니다.

いいえ、高くありません。 아니요, 비싸지 않습니다.

安いです。 쌉니다.

❹ A: 木村さんの 財布は 新しいですか。 기무라 씨의 지갑은 새것입니까?

B: はい、新しいです。 예, 새것입니다.

いいえ、新しくありません。 아니요, 새것이 아닙니다.

古いです。 낡았습니다.

□ テレビ 텔레비전
□ 大きい 크다
□ 小さい 작다
□ きょう 오늘
□ 暑い 덥다
□ 寒い 춥다
□ 会社 회사
□ 近い 가깝다
□ 遠い 멀다
□ ケータイ 휴대전화
□ 高い 비싸다
□ 安い 싸다
□ 財布 지갑
□ 新しい 새롭다
□ 古い 낡다

◎ Unit 04_3

パク 中村さん、韓国の 生活は どうですか。
なかむら 상 칸코쿠 노 세-카츠 와 도-데스까?

中村 毎日 忙しいですが、楽しいです。
마이니찌 이소가시-데스가 타노시-데스

パク 韓国人の 友だちが 多いですか。
칸코쿠진노 토모다찌가 오-이데스까?

中村 はい、多いです。
하이 오-이데스

パク 韓国語の 勉強は 難しくありませんか。
칸코쿠고노 벵쿄-와 무즈까시쿠아리마셍까?

中村 そうですね。
소-데스네

少し 難しいですが、おもしろいです。
스꼬시 무즈까시-데스가 오모시로이데스

박민수 나카무라 씨, 한국 생활은 어떻습니까?
나카무라 매일 바쁘지만, 즐겁습니다.
박민수 한국인 친구가 많습니까?
나카무라 예, 많습니다.
박민수 한국어 공부는 어렵지 않습니까?
나카무라 그렇네요.
　　　　 조금 어렵지만, 재미있습니다.

어휘표현

□ 韓国 한국 　□ 生活 생활 　□ どうですか 어떻습니까? 　□ 毎日 매일 　□ 忙しい 바쁘다 　□ 楽しい 즐겁다
□ 韓国人 한국인 　□ 友だち 친구 　□ 多い 많다 　□ 韓国語 한국어 　□ 勉強 공부 　□ 難しい 어렵다
□ そうですね 그렇네요 　□ 少し 조금 　□ おもしろい 재미있다

100

 독학! Plus+

## 01　문장과 문장 사이의 조사 [が(~지만/~다만)] 정리

① 앞뒤 문장이 서로 대립되는 의미를 가지면서 한 문장으로 나타낼 때 사용됩니다.

日本語は 難しいですが、おもしろいです。　─ が ＋　일본어는 어렵지만, 재미있습니다.

この 店の 料理は 安いですが、おいしくありません。　＋ が ─

이 가게의 요리는 저렴하지만, 맛있지 않습니다.

② 앞뒤 문장의 의미와는 상관없이, 중심이 되는 뒤의 문장을 말하기 전에 앞에 오는 문장에 사용됩니다.

失礼ですが、お名前は 何ですか。　실례지만, 성함은 무엇입니까?

## 02　[そうですね]의 다양한 해석

① 상대방의 말에 동의하면서 '그렇군요', '그렇죠'라는 의미로 사용합니다.

② 잠시 생각을 하거나, 고민하면서 '음, 그렇죠…', '그렇네요'라는 의미로도 사용합니다.

## 03　[い형용사]의 보통형과 정중형

| 보통형 | 정중형 |
| --- | --- |
| 기본형 (~이다) | 기본형 + です (~입니다) |
| 어간 + くない (~이/가 아니다) | 어간 + くないです<br>くありません　(~이/가 아닙니다) |

① 부정 표현의 정중형은 [~くないです]보다 [~くありません] 쪽이 좀 더 정중한 의미로 사용됩니다.

② 보통형(반말)으로 의문문을 만들 때는 기본형에 [か]를 붙이지 않고 기본형을 그대로 쓰고 끝부분을 올려서 발음하며, 조사를 생략하기도 합니다.

**A:** すし、おいしい？　초밥, 맛있니?

**B:** うん、おいしい。　응, 맛있어.

ううん、おいしくない。　아니, 맛있지 않아.

## 내귀에 쏙쏙~ | Listening | 聞いてみよう

**1** 다음을 듣고 맞으면 O표, 틀리면 X표 하세요.

◎ **Unit 04_4**

예

O

①

②

③

④

⑤

⑥

⑦

⑧

⑨

정답 및 스크립트 → 부록 247쪽

## い形容詞 ①

**高い**
<sub>たか</sub>
비싸다

**安い**
<sub>やす</sub>
싸다

**大きい**
<sub>おお</sub>
크다

**小さい**
<sub>ちい</sub>
작다

**暑い**
<sub>あつ</sub>
덥다

**寒い**
<sub>さむ</sub>
춥다

**新しい**
<sub>あたら</sub>
새롭다

**古い**
<sub>ふる</sub>
낡다

**多い**
<sub>おお</sub>
많다

**少ない**
<sub>すく</sub>
적다

**近い**
<sub>ちか</sub>
가깝다

**遠い**
<sub>とお</sub>
멀다

**難しい**
<sub>むずか</sub>
어렵다

**易しい**
<sub>やさ</sub>
쉽다

**悪い**
<sub>わる</sub>
나쁘다

**いい/よい**
좋다

**忙しい**
<sub>いそが</sub>
바쁘다

**おいしい**
맛있다

**おもしろい**
재미있다

**かわいい**
귀엽다

unit
04
**필기시험**

제한시간
30분

□ 1회 점수 :     / 100
□ 2회 점수 :     / 100
□ 3회 점수 :     / 100

**1** 다음 문장에서 빈칸에 주어진 한국어를 일본어로 써 보세요. (1문제 3점)

❶ 会社は ＿＿＿＿＿＿＿＿＿＿ 。    바쁘다

❷ 木村さんは ＿＿＿＿＿＿＿＿＿ 。    귀엽습니다

❸ きょうは ＿＿＿＿＿ が 悪いです。    날씨

❹ ＿＿＿＿＿＿ は うちから 近いですか。    학교

❺ 韓国語の ＿＿＿＿＿ は 易しいですか。    공부

**2** 다음 문장에서 밑줄 친 단어의 뜻을 한국어로 써 보세요. (1문제 3점)

❶ きょうは あついです。 ＿＿＿＿＿＿＿

❷ すしは たかいですが、 おいしいです。 ＿＿＿＿＿, ＿＿＿＿＿

❸ 先生の パソコンは いいですか。 ＿＿＿＿＿＿＿

❹ 山田さんは おもしろいです。 ＿＿＿＿＿＿＿

❺ 会社は うちから とおいです。 ＿＿＿＿＿＿＿

**3** 예처럼 주어진 단어를 사용하여 문장을 완성해 보세요. (1문제 3점)

| ちいさい | ふるい | やすい | とおい | すくない | むずかしい |

예 **A:** キムさんの テレビは 高いですか。
　 **B:** いいえ、 ＿＿ やすい ＿＿ です。

❶ **A:** 韓国語は 易しいですか。
　 **B:** いいえ、 ＿＿＿＿＿＿＿ です。

❷ **A:** 会社は 近いですか。
　 **B:** いいえ、 ＿＿＿＿＿＿＿ です。

❸ **A:** 山田さんの つくえは 大きいですか。
　 **B:** いいえ、 ＿＿＿＿＿＿＿ です。

④ A: 先生の めがねは 新しいですか。

B: いいえ、　　　　　　　　　　　　　です。

⑤ A: 友だちが 多いですか。

いいえ、　　　　　　　　　　　　　です。

**4** 예 처럼 주어진 단어로 문장을 완성하고 해석해 보세요. (1문제 4점)

> 예 **です / は / すし / おいしい**
>
> → **すしは おいしいです。** 초밥은 맛있습니다.

① しんぶん / の / ドイツご / か / です / むずかしい / は

_____

② です / は / きょう / さむい

_____

③ ない / の / おおきく / かばん / です / すずきさん / は

_____

④ ケータイ / の / か / かんこく / たかい / です / は

_____

⑤ は / ありません / やさしく / テスト

_____

**5** 다음 단어를 듣고 받아 써 보세요. (1문제 4점)

❶ _____　❷ _____　❸ _____

❹ _____　❺ _____

**6** 다음 문장을 듣고 받아 써 보세요. (1문제 5점)

❶ _____

❷ _____

❸ _____

**1** 다음 문장에서 빈칸에 주어진 한국어를 일본어로 써 보세요. (1문제 3점)

**①** 会社は　忙しい 。　회사는 바쁘다.
→ 이 문제를 틀렸을 경우에는 P.94를 다시 한번 확인 학습해 주세요.

**②** 木村さんは　かわいいです 。　기무라 씨는 귀엽습니다.
→ 이 문제를 틀렸을 경우에는 P.94를 다시 한번 확인 학습해 주세요.

**③** きょうは　天気 が 悪いです。　오늘은 날씨가 나쁩니다.
→ 이 문제를 틀렸을 경우에는 P.95를 다시 한번 확인 학습해 주세요.

**④** 学校 は うちから 近いですか。　학교는 집에서 가깝습니까?
→ 이 문제를 틀렸을 경우에는 P.94를 다시 한번 확인 학습해 주세요.

**⑤** 韓国語の　勉強 は 易しいですか。　한국어 공부는 쉽습니까?
→ 이 문제를 틀렸을 경우에는 P.100를 다시 한번 확인 학습해 주세요.

**2** 다음 문장에서 밑줄 친 단어의 뜻을 한국어로 써 보세요. (1문제 3점)

**①** きょうは　暑いです。　덥다　오늘은 덥습니다.
→ 이 문제를 틀렸을 경우에는 P.103를 다시 한번 확인 학습해 주세요.

**②** すしは　高いですが、おいしいです。　비싸다 , 맛있다　초밥은 비싸지만, 맛있습니다.
→ 이 문제를 틀렸을 경우에는 P.103를 다시 한번 확인 학습해 주세요.

**③** 先生の パソコンは いいですか。　좋다　선생님의 컴퓨터는 좋습니까?
→ 이 문제를 틀렸을 경우에는 P.103를 다시 한번 확인 학습해 주세요.

**④** 山田さんは おもしろいです。　재미있다　야마다 씨는 재미있습니다.
→ 이 문제를 틀렸을 경우에는 P.103를 다시 한번 확인 학습해 주세요.

**⑤** 会社は うちから 遠いです。　멀다　회사는 집에서 멉니다.
→ 이 문제를 틀렸을 경우에는 P.103를 다시 한번 확인 학습해 주세요.

**3** 처럼 주어진 단어를 사용하여 문장을 완성해 보세요. (1문제 3점)

| 小さい | 古い | ~~安い~~ | 遠い | 少ない | 難しい |

> 예　A: キムさんの テレビは 高いですか。　김 씨의 텔레비전은 비쌉니까?
> 　　B: いいえ、　安い　です。　아니요, 쌉니다(저렴합니다).

**①** A: 韓国語は 易しいですか。　한국어는 쉽습니까?
　　B: いいえ、　難しい　です。　아니요, 어렵습니다.
→ 이 문제를 틀렸을 경우에는 P.103를 다시 한번 확인 학습해 주세요.

**②** A: 会社は 近いですか。　회사는 가깝습니까?
　　B: いいえ、　遠い　です。　아니요, 멉니다.
→ 이 문제를 틀렸을 경우에는 P.103를 다시 한번 확인 학습해 주세요.

**③** A: 山田さんの つくえは 大きいですか。　야마다 씨의 책상은 큽니까?
　　B: いいえ、　小さい　です。　아니요, 작습니다.
→ 이 문제를 틀렸을 경우에는 P.103를 다시 한번 확인 학습해 주세요.

④ **A:** 先生の めがねは 新しいですか。 선생님의 안경은 새것입니까(새롭습니까)?

**B:** いいえ、古い です。 아니요, 낡았습니다.

→ 이 문제를 틀렸을 경우에는 P.103를 다시 한번 확인 학습해 주세요.

⑤ **A:** 友だちが 多いですか。 친구가 많습니까?

**B:** いいえ、少ない です。 아니요, 적습니다.

→ 이 문제를 틀렸을 경우에는 P.103를 다시 한번 확인 학습해 주세요.

**4** 예 처럼 주어진 단어로 문장을 완성하고 해석해 보세요. (1문제 4점)

> 예 です / は / すし / おいしい
>
> ➡ すしは おいしいです。 초밥은 맛있습니다.

① しんぶん / の / ドイツご / か / です / むずかしい / は

ドイツ語の 新聞は 難しいですか。 독일어 신문은 어렵습니까?

→ 이 문제를 틀렸을 경우에는 P.51, 61, 94를 다시 한번 확인 학습해 주세요.

② です / は / きょう / さむい

きょうは 寒いです。 오늘은 춥습니다.

→ 이 문제를 틀렸을 경우에는 P.94를 다시 한번 확인 학습해 주세요.

③ ない / の / おおきく / かばん / です / すずきさん / は

鈴木さんの かばんは 大きくないです。 스즈키 씨의 가방은 크지 않습니다.

→ 이 문제를 틀렸을 경우에는 P.61, 69, 101를 다시 한번 확인 학습해 주세요.

④ ケータイ / の / か / かんこく / たかい / です / は

韓国の ケータイは 高いですか。 한국 휴대전화는 비쌉니까?

→ 이 문제를 틀렸을 경우에는 P.61, 69, 94를 다시 한번 확인 학습해 주세요.

⑤ は / ありません / やさしく / テスト

テストは 易しくありません。 시험은 쉽지 않습니다.

→ 이 문제를 틀렸을 경우에는 P.95를 다시 한번 확인 학습해 주세요.

**듣기**

◎ Test 04

**5** 다음 단어를 듣고 받아 써 보세요. (1문제 4점)

① かわいい 귀엽다  ② むずかしい 難しい 어렵다  ③ いそがしい 忙しい 바쁘다

④ がっこう 学校 학교  ⑤ きょう 오늘

→ 이 문제를 틀렸을 경우에는 P.94, 95, 103를 다시 한번 확인 학습해 주세요.

**6** 다음 문장을 듣고 받아 써 보세요. (1문제 5점)

① きょうは てんきが よくありません。 きょうは 天気が よくありません。

오늘은 날씨가 좋지 않습니다.  → 이 문제를 틀렸을 경우에는 P.95를 다시 한번 확인 학습해 주세요.

② きむらさんの テレビは おおきいですか。 木村さんの テレビは 大きいですか。

기무라 씨의 텔레비전은 큽니까?  → 이 문제를 틀렸을 경우에는 P.61, 94를 다시 한번 확인 학습해 주세요.

③ がっこうは とおいですか。 学校は 遠いですか。 학교는 멉니까?

→ 이 문제를 틀렸을 경우에는 P.94를 다시 한번 확인 학습해 주세요.

# unit 05

# この パソコンは
코　노　파　소　콘　와

# 軽くて いいですね。
카루　쿠　떼　이　ー　데　스　네

□ 広い 部屋です。 넓은 방입니다.
ひろ へや

□ この 本は 漢字が 多くて 難しいです。 이 책은 한자가 많고 어렵습니다.
ほん かんじ おお むずか

□ 韓国の 生活は どうですか。 한국 생활은 어떻습니까?
かんこく せいかつ

2시간만에 끝내는 **독학 Plan**

| | 학습 항목 | 학습 시간 | 학습 체크 | | | 학습 메모 |
|---|---|---|---|---|---|---|
| 1 | 동영상 또는 오디오 강의 수강 | 15분 | □ 1회 | □ 2회 | □ 3회 | |
| 2 | 요것만은 꼭꼭 Point (110~111p) | 15분 | □ 1회 | □ 2회 | □ 3회 | |
| 3 | 실전처럼 술술 Speaking (112~113p) | 15분 | □ 1회 | □ 2회 | □ 3회 | |
| 4 | 회화실력 쑥쑥 Conversation (114~115p) | 15분 | □ 1회 | □ 2회 | □ 3회 | |
| 5 | 내 귀에 쏙쏙 Listening (116p) | 15분 | □ 1회 | □ 2회 | □ 3회 | |
| 6 | 듣고 말하기 훈련용 MP3 ◎ S 05_1~3 | 15분 | □ 1회 | □ 2회 | □ 3회 | |
| 7 | 5과 필기시험 (118~121p) | 30분 | □ 50점 미만 | □ 51~80점 | □ 81~100점 | |

50점 미만 Unit 전체 1~2회 반복 학습
51점~80점 틀린 부분 다시 학습
81점~100점 다음 Unit 진행 OK~!!

~한 명사

## 01 기본형 + 명사

□ 明<sup>あか</sup>るい 밝다
□ 人<sup>ひと</sup> 사람
□ 軽<sup>かる</sup>い 가볍다
□ かばん 가방

明<sup>あか</sup>るい 人<sup>ひと</sup>です. 　　　　　　　　　　　　　밝은 사람입니다.

軽<sup>かる</sup>い かばんです. 　　　　　　　　　　　　　　가벼운 가방입니다.

✛ [い형용사]는 기본형으로 명사를 수식합니다. 명사를 수식할 때, 기본형과 형태는 같지만 의미는 [~이다]에서 [~한/~인]으로 변합니다.

~하고, ~해서

## 02 어간 + くて

□ この 이
□ 部屋<sup>へや</sup> 방
□ 広<sup>ひろ</sup>い 넓다
□ いい 좋다
□ 背<sup>せ</sup>が 高<sup>たか</sup>い 키가 크다
□ おもしろい 재미있다

この 部屋<sup>へや</sup>は 広<sup>ひろ</sup>くて いいです. 　　　　　이 방은 넓어서 좋습니다.

山田<sup>やまだ</sup>さんは 背<sup>せ</sup>が 高<sup>たか</sup>くて おもしろい 人<sup>ひと</sup>です.

　　　　　　　　　　　　　　　야마다 씨는 키가 크고 재미있는 사람입니다.

✛ [い형용사]를 다른 형용사와 연결할 때는 [어간 + くて]의 형태로 변화하며, 의미는 [~하고] 또는 [~해서]가 됩니다.

✛ [키다 크다]는 일본어로 [背<sup>せ</sup>が 高<sup>たか</sup>い]입니다. 한국어로 [크다]로 해석하기 때문에 [大<sup>おお</sup>きい(크다)]를 사용하지 않도록 주의해야 합니다.
마찬가지로 [키가 작다]도 [小<sup>ちい</sup>さい(작다)]를 사용하지 않고 [低<sup>ひく</sup>い(낮다)]를 사용한 [背<sup>せ</sup>が 低<sup>ひく</sup>い]가 되는 것에 주의해야 합니다.

## 03 명사를 수식하는 지시어

| 이 + 명사 | 그 + 명사 | 저 + 명사 | 어느 + 명사 |
|---|---|---|---|
| この + 명사 | その + 명사 | あの + 명사 | どの + 명사 |

✚ 2과에서 배운 [これ(이것)、それ(그것)、あれ(저것)、どれ(어느 것)]는 지시어만
으로도 사물 등을 나타낼 때 사용하지만, [この(이)、その(그)、あの(저)、どの
(어느)]는 지시어만으로는 사용할 수 없고, 명사와 함께 사용됩니다.

✚ [この]는 말하는 사람에 가까울 때, [その]는 듣는 사람(상대방)에 가까울 때 사용합
니다. 말하는 사람과 듣는 사람(상대방) 모두에게 멀리 떨어져 있을 때는 [あの]를
사용하며, 어느 것인지 확실하지 않을 때는 [どの]를 사용합니다.

~은/는 어떻습니까?

## 04 ～は どうですか。

その 時計は どうですか。　　　　　그 시계는 어떻습니까?

韓国の 生活は どうですか。　　　　한국 생활은 어떻습니까?

✚ [どうですか]는 상대방이 경험한 일이나, 방문했던 장소, 또는 만났던 사람이나
사물에 대한 의견을 물어볼 때 사용됩니다.

□ 時計　시계

□ どうですか
　어떻습니까?

□ 韓国　한국

□ 生活　생활

**1** 다음 예와 같이 말해 보세요.　　　　　　　　　　　　　　◎ Unit 05_1

예 **車** / **大きい**
くるま　　おお

A: どんな 車ですか。
　　　　くるま
B: 大きい 車です。
　おお　　くるま

①  料理 / 辛い
りょうり　から

②  映画 / 怖い
えいが　こわ

③  部屋 / 暗い
へや　くら

④  人 / 背が 高い
ひと　せ　たか

**2** 다음 예와 같이 말해 보세요.　　　　　　　　　　　　　　◎ Unit 05_2

예 **この 店** / **安い** / **いい**
みせ　　やす

A: この 店は どうですか。
　　みせ
B: 安くて いいです。
　やす

① 日本語 / 易しい / おもしろい
にほんご　やさ

② この 部屋 / 狭い / うるさい
へや　せま

③ その ジュース / 甘い / おいしい
あま

④ あの 本 / 漢字が 多い / 難しい
ほん　かんじ　おお　むずか

## 풀이노트 1

◎ S 05_2

예 A: どんな 車ですか。 어떤 자동차입니까?
B: 大きい 車です。 큰 자동차입니다.

❶ A: どんな 料理ですか。 어떤 요리입니까?
B: 辛い 料理です。 매운 요리입니다.

❷ A: どんな 映画ですか。 어떤 영화입니까?
B: 怖い 映画です。 무서운 영화입니다.

❸ A: どんな 部屋ですか。 어떤 방입니까?
B: 暗い 部屋です。 어두운 방입니다.

❹ A: どんな 人ですか。 어떤 사람입니까?
B: 背が 高い 人です。 키가 큰 사람입니다.

□ どんな 어떤
□ 車 자동차
□ 大きい 크다
□ 料理 요리
□ 辛い 맵다
□ 映画 영화
□ 怖い 무섭다
□ 部屋 방
□ 暗い 어둡다
□ 人 사람
□ 背が 高い 키가 크다

## 풀이노트 2

◎ S 05_3

예 A: この 店は どうですか。 이 가게는 어떻습니까?
B: 安くて いいです。 싸고 좋습니다.

❶ A: 日本語は どうですか。 일본어는 어떻습니까?
B: 易しくて おもしろいです。 쉽고 재미있습니다.

❷ A: この 部屋は どうですか。 이 방은 어떻습니까?
B: 狭くて うるさいです。 좁고 시끄럽습니다.

❸ A: その ジュースは どうですか。 그 주스는 어떻습니까?
B: 甘くて おいしいです。 달고 맛있습니다.

❹ A: あの 本は どうですか。 저 책은 어떻습니까?
B: 漢字が 多くて 難しいです。 한자가 많고 어렵습니다.

□ この 이
□ 店 가게
□ 安い 싸다
□ いい 좋다
□ 日本語 일본어
□ 易しい 쉽다
□ おもしろい 재미있다
□ 部屋 방
□ 狭い 좁다
□ うるさい 시끄럽다
□ その 그
□ ジュース 주스
□ 甘い 달다
□ おいしい 맛있다
□ あの 저
□ 本 책
□ 漢字 한자
□ 多い 많다
□ 難しい 어렵다

◎ Unit 05_3

中村　この 新しい パソコンは パクさんのですか。
코 노 아타라시- 파소콘 와 박 상 노데스까?

パク　ええ、私のです。
에 - 와따시노 데 스

中村　大きくて いいですね。
오- 키 쿠 떼 이- 데 스 네

パク　そうですか。でも、少し 重いです。
소- 데스까 데모 스꼬시 오모 이데스

中村さんの パソコンは どうですか。
나카무라 상 노 파소콘 와 도- 데스까?

中村　私の パソコンは 古いですが、軽くて いいです。
와따시노 파 소 콘 와 후루 이데스가 카루쿠 떼 이- 데 스

나카무라　이 새 컴퓨터는 박(민수) 씨의 것입니까?
박민수　예, 제 것입니다.
나카무라　크고 좋네요.
박민수　그렇습니까? 하지만 조금 무겁습니다.
　　　　나카무라 씨의 컴퓨터는 어떻습니까?
나카무라　제 컴퓨터는 낡았지만, 가볍고 좋습니다.

어휘표현 ....................................................................●

□ この 이　□ 新しい 새롭다　□ パソコン 컴퓨터　□ ええ 예　□ 私 저, 나　□ 大きい 크다　□ いい 좋다
□ でも 하지만　□ 少し 조금　□ 重い 무겁다　□ どうですか 어떻습니까?　□ 古い 낡다　□ 軽い 가볍다

## 01 どんな (어떤)

① 항상 명사 앞에 붙여서 사용합니다.

② 물어보려는 명사에 대한 묘사나 설명을 요구할 때 사용됩니다.
  A: 田中さんは どんな 人ですか。 다나카 씨는 어떤 사람입니까?
  B: 背が 高くて、おもしろい 人です。 키가 크고 재미있는 사람입니다.

③ 대상의 구체적인 명칭 등을 물을 때 사용됩니다.
  A: どんな スポーツが おもしろいですか。 어떤 스포츠가 재미있습니까?
  B: 野球が おもしろいです。 야구가 재미있습니다.

## 02 そうですか (그렇습니까?)

① 상대방의 의견이나 새로운 정보에 대해 이해했다는 의미로 사용되는 표현입니다.

② 실제로 의문문이 아니기 때문에, 끝부분의 [か]는 올려서 발음하지 않습니다.

## 03 ええ (예)

① 일본어에서 대답할 때 긍정의 표현은 [はい] [ええ] [うん] 등이 있습니다.

② [はい]는 가장 정중한 표현이고 [ええ]는 [はい]보다는 정중한 느낌은 적지만, 한국어로 '예'라고 해석할 수 있을 정도의 정중한 표현입니다. 그러나 [うん]은 한국어의 '응'에 해당하는 보통체(반말)이기 때문에 윗사람에게 사용해서는 안 됩니다.

## 04 혼동하기 쉬운 가타카나 연습 (2)

글자의 모양이 비슷해서 글자를 쓸 때 주의하지 않으면 전혀 다른 글자가 될 수 있습니다. 표시한 부분에 주의하여 쓰면서 연습합시다.

① [コ(こ)]와 [ユ(ゆ)]  ② [ス(す)]와 [ヌ(ぬ)]  ③ [ク(く)]와 [ケ(け)]

コ ユ    ス ヌ    ク ケ

**1** 다음을 듣고 맞는 그림 2개를 골라서 O표 하세요.

◎ Unit 05_4

| 예 ⓐ | ⓑ | ⓒ | ⓓ |
|---|---|---|---|
|  |  |  |  |
| O | | | O |

❶ ⓐ 　　ⓑ 　　ⓒ 　　ⓓ

❷ ⓐ 　　ⓑ 　　ⓒ 　　ⓓ

❸ ⓐ 　　ⓑ 　　ⓒ 　　ⓓ

❹ ⓐ 　　ⓑ 　　ⓒ 　　ⓓ

❺ ⓐ 　　ⓑ 　　ⓒ 　　ⓓ

<sup>あか</sup>
**明るい**
밝다

<sup>くら</sup>
**暗い**
어둡다

<sup>なが</sup>
**長い**
길다

<sup>みじか</sup>
**短い**
짧다

<sup>おも</sup>
**重い**
무겁다

<sup>かる</sup>
**軽い**
가볍다

<sup>たか</sup>
**高い**
높다

<sup>ひく</sup>
**低い**
낮다

<sup>ひろ</sup>
**広い**
넓다

<sup>せま</sup>
**狭い**
좁다

<sup>あま</sup>
**甘い**
달다

<sup>から</sup>
**辛い**
맵다

<sup>こわ</sup>
**怖い**
무섭다

<sup>つよ</sup>
**強い**
강하다

<sup>たの</sup>
**楽しい**
즐겁다

**うるさい**
시끄럽다

<sup>くろ</sup>
**黒い**
까맣다

<sup>しろ</sup>
**白い**
하얗다

<sup>あか</sup>
**赤い**
빨갛다

<sup>あお</sup>
**青い**
파랗다

## unit 05 필기시험

**1** 빈칸에 주어진 한국어처럼 문법에 맞게 일본어로 써 보세요. (1문제 3점)

❶ キムさんは ＿＿＿＿ 人です.　　　　　| 밝은 |

❷ この パソコンは ＿＿＿＿ いいです.　　| 가볍고 |

❸ キムチは ＿＿＿＿ おいしいです.　　　| 맵지만 |

❹ この 本は ＿＿＿＿ おもしろくないです.　| 무섭고 |

❺ 先生の 車は ＿＿＿＿ 高いです.　　　　| 크고 |

**2** 다음 문장에서 밑줄 친 단어의 뜻을 한국어로 써 보세요. (1문제 3점)

❶ この ジュースは <u>あまい</u>です.　　＿＿＿＿

❷ あの 人は <u>うるさい</u>です.　　＿＿＿＿

❸ その えいがは <u>おもしろい</u>です.　　＿＿＿＿

❹ 日本語は <u>かんじ</u>が おおいです.　　＿＿＿＿

❺ わたしの <u>へや</u>は くらいです.　　＿＿＿＿

**3** 주어진 단어 중에서 가장 적절한 것을 골라 O표 하세요. (1문제 3점)

❶ A: 山田さんは (どの　どんな　どう) 人ですか.

　 B: おもしろい 人です.

❷ A: この 時計は (どの　どんな　どう)ですか.

　 B: 安くて いいです.

❸ A: キムさんの 部屋は 広いですか.

　 B: いいえ、(かるい　くらい　せまい)です.

❹ A: あの かさは 短いですか.

　 B: いいえ、(あまい　ちいさい　ながい)です.

❺ A: 中村さんは 背が 高いですか.

　 B: いいえ、背が (ひくい　やすい　ちいさい)です.

**4** 주어진 단어로 문장을 완성하고 해석해 보세요. (1문제 4점)

❶ ながい / は / の / かさ / あの / です / わたし

　　　　　　　　　　　　　　　　　　　　　　＿＿＿＿＿＿＿＿＿

❷ です / りょうり / みせ / おいしい / が

　　　　　　　　　　　　　　　　　　　　　　＿＿＿＿＿＿＿＿＿

❸ か / かばん / の / だれ / この / は / あかい / です

　　　　　　　　　　　　　　　　　　　　　　＿＿＿＿＿＿＿＿＿

❹ ほん / は / おおくて / です / これ / かんじ / むずかしい / が

　　　　　　　　　　　　　　　　　　　　　　＿＿＿＿＿＿＿＿＿

❺ の / ケータイ / せんせい / あたらしい / です / この / か / は

　　　　　　　　　　　　　　　　　　　　　　＿＿＿＿＿＿＿＿＿


🔊 듣기

◎ Test 05

**5** 다음 단어를 듣고 받아 써 보세요. (1문제 4점)

❶ 　　　　　　　　　❷ 　　　　　　　　　❸

❹ 　　　　　　　　　❺


**6** 다음 문장을 듣고 받아 써 보세요. (1문제 5점)

❶ ＿＿＿＿＿＿＿＿＿＿＿＿＿＿＿＿＿＿＿＿＿＿＿

❷ ＿＿＿＿＿＿＿＿＿＿＿＿＿＿＿＿＿＿＿＿＿＿＿

❸ ＿＿＿＿＿＿＿＿＿＿＿＿＿＿＿＿＿＿＿＿＿＿＿

**1** 빈칸에 주어진 한국어처럼 문법에 맞게 일본어로 써 보세요. (1문제 3점)

**❶** キムさんは 明るい 人です。　김 씨는 밝은 사람입니다.

　　→ 이 문제를 틀렸을 경우에는 P.110를 다시 한번 확인 학습해 주세요.

**❷** この パソコンは 軽くて いいです。　이 컴퓨터는 가볍고 좋습니다.

　　→ 이 문제를 틀렸을 경우에는 P.110를 다시 한번 확인 학습해 주세요.

**❸** キムチは 辛いですが、おいしいです。　김치는 맵지만, 맛있습니다.

　　→ 이 문제를 틀렸을 경우에는 P.95를 다시 한번 확인 학습해 주세요.

**❹** この 本は 怖くて おもしろくないです。　이 책은 무섭고 재미있지 않습니다.

　　→ 이 문제를 틀렸을 경우에는 P.110를 다시 한번 확인 학습해 주세요.

**❺** 先生の 車は 大きくて 高いです。　선생님의 차는 크고 비쌉니다.

　　→ 이 문제를 틀렸을 경우에는 P.110를 다시 한번 확인 학습해 주세요.

**2** 다음 문장에서 밑줄 친 단어의 뜻을 한국어로 써 보세요. (1문제 3점)

**❶** この ジュースは 甘いです。　달다　이 주스는 답니다.

　　→ 이 문제를 틀렸을 경우에는 P.117를 다시 한번 확인 학습해 주세요.

**❷** あの 人は うるさいです。　시끄럽다　저 사람은 시끄럽습니다.

　　→ 이 문제를 틀렸을 경우에는 P.117를 다시 한번 확인 학습해 주세요.

**❸** その 映画は おもしろいです。　영화　그 영화는 재미있습니다.

　　→ 이 문제를 틀렸을 경우에는 P.113를 다시 한번 확인 학습해 주세요.

**❹** 日本語は 漢字が 多いです。　한자　일본어는 한자가 많습니다.

　　→ 이 문제를 틀렸을 경우에는 P.113를 다시 한번 확인 학습해 주세요.

**❺** わたしの 部屋は 暗いです。　방　제 방은 어둡습니다.

　　→ 이 문제를 틀렸을 경우에는 P.113를 다시 한번 확인 학습해 주세요.

**3** 주어진 단어 중에서 가장 적절한 것을 골라 O표 하세요. (1문제 3점)

**❶** A: 山田さんは (どの　どんな　どう) 人ですか。　야마다 씨는 어떤 사람입니까?

　　B: おもしろい 人です。　재미있는 사람입니다.

　　→ 이 문제를 틀렸을 경우에는 P.115를 다시 한번 확인 학습해 주세요.

**❷** A: この 時計は (どの　どんな　どう)ですか。　이 시계는 어떻습니까?

　　B: 安くて いいです。　싸고 좋습니다.

　　→ 이 문제를 틀렸을 경우에는 P.111를 다시 한번 확인 학습해 주세요.

**❸** A: キムさんの 部屋は 広いですか。　김 씨의 방은 넓습니까?

　　B: いいえ、(軽い　暗い　狭い)です。　아니요, 좁습니다.

　　→ 이 문제를 틀렸을 경우에는 P.117를 다시 한번 확인 학습해 주세요.

**❹** A: あの かさは 短いですか。　저 우산은 짧습니까?

　　B: いいえ、(甘い　小さい　長い)です。　아니요, 깁니다.

　　→ 이 문제를 틀렸을 경우에는 P.117를 다시 한번 확인 학습해 주세요.

**❺** A: 中村さんは 背が 高いですか。　나카무라 씨는 키가 큽니까?

　　B: いいえ、背が (低い　安い　小さい)です。　아니요, 키가 작습니다.

　　→ 이 문제를 틀렸을 경우에는 P.110를 다시 한번 확인 학습해 주세요.

**4** 주어진 단어로 문장을 완성하고 해석해 보세요. (1문제 4점)

**❶** ながい / は / の / かさ / あの / です / わたし

あの 長<sub>なが</sub>い 傘<sub>かさ</sub>は わたしのです।    저 긴 우산은 제 것입니다.

→ 이 문제를 틀렸을 경우에는 P.110, 61를 다시 한번 확인 학습해 주세요.

**❷** です / りょうり / みせ / おいしい / が

料理<sub>りょうり</sub>が おいしい 店<sub>みせ</sub>です।    요리가 맛있는 가게입니다.

→ 이 문제를 틀렸을 경우에는 P.110를 다시 한번 확인 학습해 주세요.

**❸** か / かばん / の / だれ / この / は / あかい / です

この 赤<sub>あか</sub>い かばんは だれのですか।    이 빨간 가방은 누구의 것입니까?

→ 이 문제를 틀렸을 경우에는 P.110, 61를 다시 한번 확인 학습해 주세요.

**❹** ほん / は / おおくて / です / これ / かんじ / むずかしい / が

これは 漢字<sub>かんじ</sub>が 多<sub>おお</sub>くて 難<sub>むずか</sub>しい 本<sub>ほん</sub>です।    이것은 한자가 많고 어려운 책입니다.

→ 이 문제를 틀렸을 경우에는 P.110를 다시 한번 확인 학습해 주세요.

**❺** の / ケータイ / せんせい / あたらしい / です / この / か / は

この 新<sub>あたら</sub>しい ケータイは 先生<sub>せんせい</sub>のですか।    이 새 휴대전화는 선생님의 것입니까?

→ 이 문제를 틀렸을 경우에는 P.110, 61를 다시 한번 확인 학습해 주세요.

**듣기**

**◎ Test 05**

**5** 다음 단어를 듣고 받아 써 보세요. (1문제 4점)

**❶** ながい    長<sub>なが</sub>い 길다    **❷** つよい    強<sub>つよ</sub>い 강하다    **❸** りょうり    料理<sub>りょうり</sub> 요리

**❹** みじかい    短<sub>みじか</sub>い 짧다    **❺** せいかつ    生活<sub>せいかつ</sub> 생활

→ 이 문제를 틀렸을 경우에는 P.111, 113, 117를 다시 한번 확인 학습해 주세요.

**6** 다음 문장을 듣고 받아 써 보세요. (1문제 5점)

**❶** わたしの パソコンは すこし おもいです।    わたしの パソコンは 少<sub>すこ</sub>し 重<sub>おも</sub>いです।

제 컴퓨터는 조금 무겁습니다.

→ 이 문제를 틀렸을 경우에는 P.117를 다시 한번 확인 학습해 주세요.

**❷** この えいがは こわくて おもしろくないです।    この 映画<sub>えいが</sub>は 怖<sub>こわ</sub>くて おもしろくないです।

이 영화는 무섭고 재미있지 않습니다.

→ 이 문제를 틀렸을 경우에는 P.110, 101를 다시 한번 확인 학습해 주세요.

**❸** かれは せが たかくて あかるい ひとです।    かれは 背<sub>せ</sub>が 高<sub>たか</sub>くて 明<sub>あか</sub>るい 人<sub>ひと</sub>です।

그는 키가 크고 밝은 사람입니다.

→ 이 문제를 틀렸을 경우에는 P.110를 다시 한번 확인 학습해 주세요.

# unit 06

동영상 강의 06  오디오 강의 6-1  오디오 강의 6-2

# スポーツが
스 포 ー 츠 가

# 好きですか。
す
스 키 데 스 까?

스포츠를
좋아합니까?

☐ な형용사 익히기

☐ 日本語は 簡単だ。 일본어는 간단하다.
にほんご / かんたん

☐ コンビニは 便利です。 편의점은 편리합니다.
べんり

☐ きょうは 暇じゃありません。 오늘은 한가하지 않습니다.
ひま

☐ 彼は 歌が 上手です。 그는 노래를 잘합니다.
かれ / うた / じょうず

**2시간만에 끝내는 독학 Plan**

| | 학습 항목 | 학습 시간 | 학습 체크 | | | 학습 메모 |
|---|---|---|---|---|---|---|
| 1 | 동영상 또는 오디오 강의 수강 | 15분 | ☐ 1회 | ☐ 2회 | ☐ 3회 | |
| 2 | 요것만은 꼭꼭 Point (124~125p) | 15분 | ☐ 1회 | ☐ 2회 | ☐ 3회 | |
| 3 | 실전처럼 술술 Speaking (126~129p) | 15분 | ☐ 1회 | ☐ 2회 | ☐ 3회 | |
| 4 | 회화실력 쑥쑥 Conversation (130~131p) | 15분 | ☐ 1회 | ☐ 2회 | ☐ 3회 | |
| 5 | 내 귀에 쏙쏙 Listening (132p) | 15분 | ☐ 1회 | ☐ 2회 | ☐ 3회 | |
| 6 | 듣고 말하기 훈련용 MP3 ◉ S 06_1~3 | 15분 | ☐ 1회 | ☐ 2회 | ☐ 3회 | |
| 7 | 6과 필기시험 (134~137p) | 30분 | ☐ 50점 미만 | ☐ 51~80점 | ☐ 81~100점 | |

50점 미만 Unit 전체 1~2회 반복 학습
51점~80점 틀린 부분 다시 학습
81점~100점 다음 Unit 진행 OK~!!

~하다.

## 01 기본형(어간 + だ)。

□ 日本語(にほんご) 일본어
□ 簡単(かんたん)だ 간단하다
□ 彼(かれ) 그, 그 남자
□ まじめだ 성실하다

日本語(にほんご)は 簡単(かんたん)だ。　　　　　　　　　일본어는 간단하다.

彼(かれ)は まじめだ。　　　　　　　　　　　　　　그는 성실하다.

✚ 일본어의 두 가지 형용사 중에서 명사를 수식할 때 끝소리가 [な]로 끝나는 형용사를 [な형용사]라고 합니다.
✚ [な형용사]는 기본형으로 문장을 끝낼 수 있습니다.

~합니다.

## 02 어간 + です。

日本語(にほんご)は 簡単(かんたん)です。　　　　　　　　일본어는 간단합니다.

彼(かれ)は まじめです。　　　　　　　　　　　　그는 성실합니다.

✚ [な형용사]는 [어간]에 [です]를 붙이면 정중한 형태가 됩니다.
✚ [어간]이란 활용할 때 변하지 않는 부분을 말하는데, [な형용사]에서의 어간은 기본형의 끝 글자 [だ]를 제외한 나머지 부분입니다.

~합니까?

## 03 어간 + ですか。

□ ソウル 서울
□ にぎやかだ 번화하다
□ この 이
□ ケータイ 휴대전화
□ 便利(べんり)だ 편리하다

ソウルは にぎやかですか。　　　　　　　　서울은 번화합니까?

この ケータイは 便利(べんり)ですか。　　　　　이 휴대전화는 편리합니까?

✚ [な형용사]를 의문문으로 만들 때는 정중한 형태의 문장 끝에 [か]를 붙이고 끝부분을 올려서 발음합니다.

예, ~합니다.

## 04 はい、어간 + です。

はい、にぎやかです。　　　　　　　　　　　　예, 변화합니다.

はい、便利(べんり)です。　　　　　　　　　　예, 편리합니다.

아니요, ~하지 않습니다.

## 05 いいえ、어간 + じゃ(では)ありません。

いいえ、にぎやかじゃありません。　　　　아니요, 변화하지 않습니다.

はい、便利(べんり)じゃありません。不便(ふべん)です。　아니요, 편리하지 않습니다. 불편합니다.

□ 不便(ふべん)だ　불편하다

✚ [な형용사]의 부정형은 명사와 마찬가지로 [じゃ(では)ありません]을 붙여서 만듭니다. 단, 명사 대신에 [어간]과 접속하여 [어간 + じゃ(では)ありません]이 됩니다.

~을/를 좋아합니다, ~을/를 싫어합니다
~을/를 잘합니다, ~을/를 잘 못합니다

## 06 ～が 好(す)きです / ～が 嫌(きら)いです
## ～が 上手(じょうず)です / ～が 下手(へた)です

山田(やまだ)さんは 韓国料理(かんこくりょうり)が 好(す)きですか。　야마다 씨는 한국요리를 좋아합니까?

私(わたし)は スポーツが 嫌(きら)いです。　　　저는 스포츠를 싫어합니다.

彼女(かのじょ)は 英語(えいご)が 上手(じょうず)です。　　그녀는 영어를 잘합니다.

私(わたし)は ピアノが 下手(へた)です。　　　저는 피아노를 잘 못 칩니다.

✚ 일본어에서는 기호나 능력을 나타내는 단어 앞에 [~을/를]이 올 때 조사 [を] 대신에 [が]를 사용합니다.

□ 韓国料理(かんこくりょうり) 한국요리
□ 好(す)きだ 좋아하다
□ 私(わたし) 저, 나
□ スポーツ 스포츠
□ 嫌(きら)いだ 싫어하다
□ 彼女(かのじょ) 그녀
□ 英語(えいご) 영어
□ 上手(じょうず)だ 잘하다
□ ピアノ 피아노
□ 下手(へた)だ 잘 못하다

## 1 다음 예와 같이 말해 보세요.

**Unit 06_1**

예 A: 簡単？

B: うん、簡単。

　　ううん、簡単じゃない。

예 A: 簡単ですか。

B: はい、簡単です。

　　いいえ、簡単じゃないです。

　　いいえ、簡単じゃありません。

簡単だ

❶ 暇だ

❷ 元気だ

❸ 立派だ

❹ 有名だ

## 2 다음 예와 같이 말해 보세요.

**Unit 06_2**

예 山田さんの 車 / 丈夫だ

A: 山田さんの 車は 丈夫ですか。

B: はい、とても 丈夫です。

　　いいえ、あまり 丈夫じゃありません。

❶ コンビニ / 便利だ

❷ あの 図書館 / 静かだ

❸ 吉田先生 / 親切だ

❹ 田中さん / ピアノが 上手だ

126

**풀이 노트** 1

◎ S 06_2

□ 簡単だ　간단하다
□ 暇だ　한가하다
□ 元気だ　건강하다

예　A: 簡単？　간단하니?

B: うん、簡単。　응, 간단해.

ううん、簡単じゃない。　아니, 간단하지 않아.

예　A: 簡単ですか。　간단합니까?

B: はい、簡単です。　예, 간단합니다.

いいえ、簡単じゃないです。　아니요, 간단하지 않습니다.

いいえ、簡単じゃありません。　아니요, 간단하지 않습니다.

❶ A: 暇？　한가하니?

B: うん、暇。　응, 한가해.

ううん、暇じゃない。　아니, 한가하지 않아.

A: 暇ですか。　한가합니까?

B: はい、暇です。　예, 한가합니다.

いいえ、暇じゃないです。　아니요, 한가하지 않습니다.

いいえ、暇じゃありません。　아니요, 한가하지 않습니다.

❷ A: 元気？　건강하니?

B: うん、元気。　응, 건강해.

ううん、元気じゃない。　아니, 건강하지 않아.

A: 元気ですか。　건강합니까?

B: はい、元気です。　예, 건강합니다.

いいえ、元気じゃないです。　아니요, 건강하지 않습니다.

いいえ、元気じゃありません。　아니요, 건강하지 않습니다.

□ 立派だ 훌륭하다
□ 有名だ 유명하다

**❸** A: 立派？　훌륭하니?

B: うん、立派。　응, 훌륭해.

ううん、立派じゃない。　아니, 훌륭하지 않아.

A: 立派ですか。　훌륭합니까?

B: はい、立派です。　예, 훌륭합니다.

いいえ、立派じゃないです。　아니요, 훌륭하지 않습니다.

いいえ、立派じゃありません。　아니요, 훌륭하지 않습니다.

**❹** A: 有名？　유명하니?

B: うん、有名。　응, 유명해.

ううん、有名じゃない。　아니, 유명하지 않아.

A: 有名ですか。　유명합니까?

B: はい、有名です。　예, 유명합니다.

いいえ、有名じゃないです。　아니요, 유명하지 않습니다.

いいえ、有名じゃありません。　아니요, 유명하지 않습니다.

**풀이 노트** 2

◎ S 06_3

예 A: 山田さんの 車は 丈夫ですか。 야마다 씨의 자동차는 튼튼합니까?

B: はい、とても 丈夫です。 예, 아주 튼튼합니다.

いいえ、あまり 丈夫じゃありません。 아니요, 그다지 튼튼하지 않습니다.

□ 車 자동차
□ 丈夫だ 튼튼하다
□ とても 매우, 아주
□ あまり 그다지, 별로
□ コンビニ 편의점
□ 便利だ 편리하다
□ あの 저
□ 図書館 도서관
□ 静かだ 조용하다
□ 先生 선생님
□ 親切だ 친절하다
□ ピアノ 피아노
□ ~が 上手だ ~을/를 잘하다, 능숙하다

❶ A: コンビニは 便利ですか。 편의점은 편리합니까?

B: はい、とても 便利です。 예, 아주 편리합니다.

いいえ、あまり 便利じゃありません。 아니요, 그다지 편리하지 않습니다.

❷ A: あの 図書館は 静かですか。 저 도서관은 조용합니까?

B: はい、とても 静かです。 예, 아주 조용합니다.

いいえ、あまり 静かじゃありません。 아니요, 그다지 조용하지 않습니다.

❸ A: 吉田先生は 親切ですか。 요시다 선생님은 친절합니까?

B: はい、とても 親切です。 예, 매우 친절합니다.

いいえ、あまり 親切じゃありません。 아니요, 그다지 친절하지 않습니다.

❹ A: 田中さんは ピアノが 上手ですか。 다나카 씨는 피아노를 잘 칩니까?

B: はい、とても 上手です。 예, 매우 잘 칩니다.

いいえ、あまり 上手じゃありません。 아니요, 그다지 잘 치지 않습니다.

◉ Unit 06_3

パク　中村さんは　スポーツが　好きですか。
なかむら
나카무라 상 와 스포-츠가 스키데스까?

中村　いいえ、あまり　好きじゃありません。
이-에 아마리 스키 쟈 아리마셍

　　　パクさんは　どうですか。
박 상 와 도-데스까?

パク　私は　ゴルフが　好きです。
わたし
와따시와 고루후가 스키데스

中村　そうですか。ゴルフが　上手ですか。
じょうず
소-데스까 고루후가 쬬-즈데스까?

パク　いいえ、まだ　下手ですが、おもしろいです。
へた
이-에 마다 헤따데스가 오모시로이데스

박민수　나카무라 씨는 스포츠를 좋아합니까?
나카무라　아니요, 그다지 좋아하지 않습니다.
　　　　박(민수) 씨는 어떻습니까?
박민수　저는 골프를 좋아합니다.
나카무라　그렇습니까? 골프를 잘 칩니까?
박민수　아니요, 아직 서투르지만 재미있습니다.

어휘표현 ······················································

▫ スポーツ 스포츠　▫ 好きだ 좋아하다　▫ あまり 그다지, 별로　▫ どうですか 어떻습니까?　▫ 私 저, 나

▫ ゴルフ 골프　▫ ～が 上手だ ~을/를 잘하다, 능숙하다　▫ まだ 아직　▫ 下手だ 못하다, 서투르다　▫ おもしろい 재미있다

## 01 とても (매우, 아주) / あまり (그다지, 별로)

① 정도를 나타내는 부사인 [とても]는 긍정문에 사용되며, [あまり]는 부정문에 사용됩니다.

田中さんは とても 親切です。 다나카 씨는 매우 친절합니다.

その 店は あまり きれいじゃありません。 그 가게는 그다지 깨끗하지 않습니다.

## 02 [な형용사]의 보통형과 정중형

| 보통형 | 정중형 |
| --- | --- |
| 어간 + だ [기본형] (~하다) | 어간 + です (~합니다) |
| 어간 + じゃ(では)ない (~하지 않다) | 어간 + じゃ(では)ないです (~하지 않습니다)<br>じゃ(では)ありません |

① 보통형(반말)으로 질문할 때는 기본형에서 [だ]를 뺀 [어간]으로 의문문을 만드는 것에 주의해야 합니다.

② 정중한 형태의 의문문과 달리, 문장 끝에 [か]는 붙이지 않고, [어간]의 끝부분을 올려서 발음하며, 조사는 생략할 수 있습니다.

**A:** スポーツ、好き？ 스포츠 좋아하니?

**B:** うん、好き。 응, 좋아해.

ううん、好きじゃない。 아니, 좋아하지 않아.

## 03 주의해야 할 일본 한자 (1)

일본어는 히라가나, 가타카나, 한자로 이루어졌기 때문에 가나 못지않게 한자가 중요합니다.

[学]은 쓰는 순서를 가장 많이 틀리는 한자입니다.

옆의 한자 [当]과 비교하면 쓰는 순서와 모양이 다른 것을 알 수 있습니다. 2개의 한자를 비교해서 정확히 쓰도록 연습합시다. 예 学生 학생 学校 학교

내귀에 쏙쏙~ | Listening | 聞いてみよう

**1** 다음을 듣고 맞으면 O표, 틀리면 X표 하세요.

◎ Unit 06_4

예

X

①

②

③

④

⑤

⑥

⑦

⑧

⑨

정답 및 스크립트 … 부록 249쪽

## な形容詞

**好きだ**
좋아하다

**嫌いだ**
싫어하다

**便利だ**
편리하다

**不便だ**
불편하다

**上手だ**
잘하다, 능숙하다

**下手だ**
잘 못하다, 서투르다

**静かだ**
조용하다

**にぎやかだ**
번화하다, 북적이다

**きれいだ**
깨끗하다, 예쁘다

**ハンサムだ**
핸섬하다

**有名だ**
유명하다

**簡単だ**
간단하다

**親切だ**
친절하다

**まじめだ**
성실하다

**暇だ**
한가하다

**元気だ**
건강하다

**丈夫だ**
튼튼하다

**立派だ**
훌륭하다

**新鮮だ**
신선하다

**大変だ**
힘들다

# unit 06 필기시험

□ 1회 점수 : / 100
□ 2회 점수 : / 100
□ 3회 점수 : / 100

제한시간 30분

**어휘**

**1** 빈칸에 주어진 한국어처럼 문법에 맞게 일본어로 써 보세요. (1문제 3점)

❶ この 車<small>くるま</small>は ＿＿＿＿＿＿＿＿。 　튼튼합니다

❷ あの 店<small>みせ</small>は あまり ＿＿＿＿＿＿＿＿。 　깨끗하지 않습니다

❸ 山田<small>やまだ</small>さんは ＿＿＿＿＿＿＿＿。 　친절하다

❹ あの 会社<small>かいしゃ</small>は ＿＿＿＿＿＿＿＿。 　유명하지 않다

❺ その ＿＿＿＿＿＿＿＿ は どうですか。 　도서관

**2** 다음 문장에서 밑줄 친 단어의 뜻을 한국어로 써 보세요. (1문제 3점)

❶ この アルバイトは <u>たいへんだ</u>。 ＿＿＿＿

❷ ソウルは <u>にぎやかだ</u>。 ＿＿＿＿

❸ あの デパートは <u>りっぱだ</u>。 ＿＿＿＿

❹ 田中<small>たなか</small>さんは <u>げんきだ</u>。 ＿＿＿＿

❺ かれは とても <u>まじめだ</u>。 ＿＿＿＿

**문법**

**3** 주어진 단어 중에서 가장 적절한 것을 골라 O표 하세요. (1문제 3점)

❶ A: 木村<small>きむら</small>さんは 英語<small>えいご</small>が 上手<small>じょうず</small>ですか。
B: いいえ、(へた　まじめ　きれい)です。

❷ A: コンビニは 不便<small>ふべん</small>ですか。
B: いいえ、(じょうぶ　ゆうめい　べんり)です。

❸ A: 辛<small>から</small>い 料理<small>りょうり</small>が 好<small>す</small>きですか。
B: いいえ、(かんたん　きれい　きらい)です。

❹ A: きょうは 暇<small>ひま</small>ですか。
B: いいえ、(たのしい　いそがしい　おもしろい)です。

❺ A: キムさんの 部屋<small>へや</small>は 静<small>しず</small>かですか。
B: いいえ、(うるさい　くらい　ひくい)です。

134

**4** 주어진 단어로 문장을 완성하고 해석해 보세요. (1문제 4점)

❶ は / とても / この / たいへん / アルバイト / です

_____

❷ まじめ / やまださん / です / は / あかるくて

_____

❸ です / こわい / が / か / えいが / すき

_____

❹ は / りょうり / この / です / おいしくて / しんせん

_____

❺ たかい / は / が / です / べんりです / コンビニ

_____

🔊 듣기

◎ Test 06

**5** 다음 단어를 듣고 받아 써 보세요. (1문제 4점)

❶        ❷        ❸

❹        ❺

**6** 다음 문장을 듣고 받아 써 보세요. (1문제 5점)

❶ _____

❷ _____

❸ _____

**1** 빈칸에 주어진 한국어처럼 문법에 맞게 일본어로 써 보세요. (1문제 3점)

**❶** この 車は 　丈夫です　。 이 차는 튼튼합니다.

→ 이 문제를 틀렸을 경우에는 P.124, 133를 다시 한번 확인 학습해 주세요.

**❷** あの 店は あまり 　きれいじゃ(では)ありません/きれいじゃ(では)ないです　。

이 가게는 그다지 깨끗하지 않습니다. → 이 문제를 틀렸을 경우에는 P.125, 131를 다시 한번 확인 학습해 주세요.

**❸** 山田さんは 　親切だ　。 야마다 씨는 친절하다.

→ 이 문제를 틀렸을 경우에는 P.124, 133를 다시 한번 확인 학습해 주세요.

**❹** あの 会社は 　有名じゃ(では)ない　。 저 회사는 유명하지 않다.

→ 이 문제를 틀렸을 경우에는 P.131를 다시 한번 확인 학습해 주세요.

**❺** その 　図書館　 は どうですか。 그 도서관은 어떻습니까?

→ 이 문제를 틀렸을 경우에는 P.129를 다시 한번 확인 학습해 주세요.

**2** 다음 문장에서 밑줄 친 단어의 뜻을 한국어로 써 보세요. (1문제 3점)

**❶** この アルバイトは 大変だ。 　힘들다　 이 아르바이트는 힘들다.

→ 이 문제를 틀렸을 경우에는 P.133를 다시 한번 확인 학습해 주세요.

**❷** ソウルは にぎやかだ。 　번화하다　 서울은 번화하다.

→ 이 문제를 틀렸을 경우에는 P.133를 다시 한번 확인 학습해 주세요.

**❸** あの デパートは 立派だ。 　훌륭하다　 저 백화점은 훌륭하다.

→ 이 문제를 틀렸을 경우에는 P.133를 다시 한번 확인 학습해 주세요.

**❹** 田中さんは 元気だ。 　건강하다　 다나카 씨는 건강하다.

→ 이 문제를 틀렸을 경우에는 P.133를 다시 한번 확인 학습해 주세요.

**❺** 彼は とても まじめだ。 　성실하다　 그는 매우 성실하다.

→ 이 문제를 틀렸을 경우에는 P.133를 다시 한번 확인 학습해 주세요.

**3** 주어진 단어 중에서 가장 적절한 것을 골라 O표 하세요. (1문제 3점)

**❶** A: 木村さんは 英語が 上手ですか。 기무라 씨는 영어를 잘합니까?

B: いいえ、(下手) まじめ きれい)です。 아니요, 잘 못합니다.

→ 이 문제를 틀렸을 경우에는 P.133를 다시 한번 확인 학습해 주세요.

**❷** A: コンビニは 不便ですか。 편의점은 불편합니까?

B: いいえ、(丈夫 有名 便利)です。 아니요, 편리합니다.

→ 이 문제를 틀렸을 경우에는 P.133를 다시 한번 확인 학습해 주세요.

**❸** A: 辛い 料理が 好きですか。 매운 요리를 좋아합니까?

B: いいえ、(簡単 きれい 嫌い)です。 아니요, 싫어합니다.

→ 이 문제를 틀렸을 경우에는 P.133를 다시 한번 확인 학습해 주세요.

**❹** A: きょうは 暇ですか。 오늘은 한가합니까?

B: いいえ、(楽しい 忙しい おもしろい)です。 아니요, 바쁩니다.

→ 이 문제를 틀렸을 경우에는 P.103, 133를 다시 한번 확인 학습해 주세요.

**❺** A: キムさんの 部屋は 静かですか。 김 씨의 방은 조용합니까?

B: いいえ、(うるさい 暗い 低い)です。 아니요, 시끄럽습니다.

→ 이 문제를 틀렸을 경우에는 P.117, 133를 다시 한번 확인 학습해 주세요.

**4** 주어진 단어로 문장을 완성하고 해석해 보세요. (1문제 4점)

**❶** は / とても / この / たいへん / アルバイト / です

この アルバイトは とても 大変です。　이 아르바이트는 매우 힘듭니다.

→ 이 문제를 틀렸을 경우에는 P.124를 다시 한번 확인 학습해 주세요.

**❷** まじめ / やまださん / です / は / あかるくて

山田さんは 明るくて まじめです。　야마다 씨는 밝고 성실합니다.

→ 이 문제를 틀렸을 경우에는 P.110, 133를 다시 한번 확인 학습해 주세요.

**❸** です / こわい / が / か / えいが / すき

怖い 映画が 好きですか。　무서운 영화를 좋아합니까?

→ 이 문제를 틀렸을 경우에는 P.110, 125를 다시 한번 확인 학습해 주세요.

**❹** は / りょうり / この / です / おいしくて / しんせん

この 料理は おいしくて 新鮮です。　이 요리는 맛있고 신선합니다.

→ 이 문제를 틀렸을 경우에는 P.110, 133를 다시 한번 확인 학습해 주세요.

**❺** たかい / は / が / です / べんりです / コンビニ

コンビニは 高いですが、便利です。　편의점은 비싸지만, 편리합니다.

→ 이 문제를 틀렸을 경우에는 P.95, 133를 다시 한번 확인 학습해 주세요.

**5** 다음 단어를 듣고 받아 써 보세요. (1문제 4점)

◎ Test 06

**❶** にぎやかだ　번화하다, 북적이다
**❷** りっぱだ　立派だ 훌륭하다
**❸** じょうぶだ　丈夫だ 튼튼하다
**❹** ゆうめいだ　有名だ 유명하다
**❺** げんきだ　元気だ 건강하다

→ 이 문제를 틀렸을 경우에는 P.133를 다시 한번 확인 학습해 주세요.

**6** 다음 문장을 듣고 받아 써 보세요. (1문제 5점)

**❶** せんせいの へやは しずかですか。　先生の 部屋は 静かですか。

선생님의 방은 조용합니까?

→ 이 문제를 틀렸을 경우에는 P.124, 133를 다시 한번 확인 학습해 주세요.

**❷** その みせは あまり きれいじゃありません。　その 店は あまり きれいじゃありません。

그 가게는 그다지 깨끗하지 않습니다.

→ 이 문제를 틀렸을 경우에는 P.125, 131, 133를 다시 한번 확인 학습해 주세요.

**❸** あの くるまは おおきくて じょうぶです。　あの 車は 大きくて 丈夫です。

저 차는 크고 튼튼합니다.

→ 이 문제를 틀렸을 경우에는 P.110, 133를 다시 한번 확인 학습해 주세요.

unit
07

동영상 강의 07  오디오 강의 7-1  오디오 강의 7-2

ここは 広<sup>ひろ</sup>くて、
코 코 와  히로 쿠 떼

きれいな 店<sup>みせ</sup>ですね。
키 레 ー 나  미세 데 스 네

여기는 넓고,
깨끗한 가게네요.

## 학습사항

□ **好きな 飲み物は 何ですか。** 좋아하는 음료는 무엇입니까?
　す　　の　もの　　なん

□ **彼は まじめで 親切です。** 그는 성실하고 친절합니다.
　かれ　　　　しんせつ

□ **きょうは 休みだから、暇です。** 오늘은 휴일이기 때문에, 한가합니다.
　　　　　やす　　　　ひま

## 2시간만에 끝내는 독학 Plan

| | 학습 항목 | 학습 시간 | 학습 체크 | | | 학습 메모 |
|---|---|---|---|---|---|---|
| 1 | 동영상 또는 오디오 강의 수강 | 15분 | □1회 | □2회 | □3회 | |
| 2 | 요것만은 꼭꼭 Point (140~141p) | 15분 | □1회 | □2회 | □3회 | |
| 3 | 실전처럼 술술 Speaking (142~145p) | 15분 | □1회 | □2회 | □3회 | |
| 4 | 회화실력 쑥쑥 Conversation (146~147p) | 15분 | □1회 | □2회 | □3회 | |
| 5 | 내 귀에 쏙쏙 Listening (148p) | 15분 | □1회 | □2회 | □3회 | |
| 6 | 듣고 말하기 훈련용 MP3 ◎ S 07_1~4 | 15분 | □1회 | □2회 | □3회 | |
| 7 | 7과 필기시험 (150~153p) | 30분 | □50점 미만 | □51~80점 | □81~100점 | |

> 50점 미만　Unit 전체 1~2회 반복 학습
> 51점~80점　틀린 부분 다시 학습
> 81점~100점　다음 Unit 진행 OK~!!

~한 명사

## 01 어간 + な + 명사

彼は まじめな 人です。 그는 성실한 사람입니다.

好きな 飲み物は 何ですか。 좋아하는 음료는 무엇입니까?

✛ [な형용사]는 명사 앞에 와서 명사를 수식합니다.

✛ [な형용사]가 명사를 수식할 때는 [어간 + な + 명사]의 형태가 됩니다.

□ 彼 그, 그 남자
□ まじめだ 성실하다
□ 人 사람
□ 好きだ 좋아하다
□ 飲み物 음료(수)
□ 何 무엇

~하고, ~해서

## 02 어간 + で

この いすは 丈夫で いいです。 이 의자는 튼튼해서 좋습니다.

ソウル公園は きれいで 静かです。 서울공원은 깨끗하고 조용합니다.

✛ [な형용사]가 다른 형용사와 연결할 때는 [어간 + で]의 형태가 됩니다.

□ この 이
□ いす 의자
□ 丈夫だ 튼튼하다
□ いい 좋다
□ ソウル公園 서울공원
□ きれいだ 깨끗하다, 예쁘다
□ 静かだ 조용하다

# 03 ～から

~이기/하기 때문에, ~이므로/하므로

この 店は 安くて おいしいから、人が 多いです。

이 가게는 싸고 맛있기 때문에, 사람이 많습니다.

日本語は 簡単だから、好きです。　일본어는 간단하기 때문에, 좋아합니다.

きょうは 休みだから、暇です。　오늘은 휴일이기 때문에, 한가합니다.

✛ 3과에서 배운 시작·출발점을 나타내는 조사 [～から]와 형태는 같지만, [~이기 때문에]라는 의미로 이유를 나타낼 때도 사용됩니다. [~에서/부터]의 [～から]는 명사 뒤에 접속하지만, 이유를 나타내는 [～から]는 문장 뒤에 접속합니다.

✛ 두 문장을 연결해서 하나의 문장으로 만들 때 사용되며, 앞 문장은 뒤 문장에 대한 이유를 나타냅니다.

| □ 店 가게 |
| □ 安い 싸다 |
| □ おいしい 맛있다 |
| □ 多い 많다 |
| □ 日本語 일본어 |
| □ 簡単だ 간단하다 |
| □ きょう 오늘 |
| □ 休み 휴일, 쉬는 날 |
| □ 暇だ 한가하다 |

# 04 ～よ。

A: ここは 広くて きれいな レストランですね。

여기는 넓고 깨끗한 레스토랑이군요.

B: この レストランは とても 有名ですよ。

이 레스토랑은 아주 유명합니다. (새로운 정보)

✛ 상대방이 모르는 새로운 정보를 알려 주거나, 자기 의사를 강하게 주장하는 표현으로 문장 끝에 붙여서 사용합니다.

| □ ここ 여기 |
| □ 広い 넓다 |
| □ レストラン 레스토랑 |
| □ とても 매우, 아주 |
| □ 有名だ 유명하다 |

**1** 다음 예와 같이 말해 보세요.　　　　　　　　　◎ **Unit 07_1**

> 예 **医者 / 親切だ**
>
> A: どんな 医者ですか。
>
> B: 親切な 医者です。

❶ 部屋 / 静かだ

❷ 地下鉄 / 便利だ

❸ 公園 / きれいだ

❹ アルバイト / 大変だ

**2** 다음 예와 같이 말해 보세요.　　　　　　　　　◎ **Unit 07_2**

> 예 **この 料理 / 新鮮だ / おいしい**
>
> A: この 料理は どうですか。
>
> B: 新鮮で おいしいです。

❶ 木村さんの 子ども / 元気だ / 明るい

❷ その ケータイ / 便利だ / いい

❸ この デパート / 有名だ / 立派だ

❹ 田中さん / まじめだ / スポーツが 上手だ

## 풀이 노트 1

◎ S 07_2

> 예 A: どんな 医者ですか。 어떤 의사입니까?
> B: 親切な 医者です。 친절한 의사입니다.

❶ A: どんな 部屋ですか。 어떤 방입니까?
B: 静かな 部屋です。 조용한 방입니다.

❷ A: どんな 地下鉄ですか。 어떤 지하철입니까?
B: 便利な 地下鉄です。 편리한 지하철입니다.

❸ A: どんな 公園ですか。 어떤 공원입니까?
B: きれいな 公園です。 깨끗한 공원입니다.

❹ A: どんな アルバイトですか。 어떤 아르바이트입니까?
B: 大変な アルバイトです。 힘든 아르바이트입니다.

□ どんな 어떤
□ 医者 의사
□ 親切だ 친절하다
□ 部屋 방
□ 静かだ 조용하다
□ 地下鉄 지하철
□ 便利だ 편리하다
□ 公園 공원
□ きれいだ 깨끗하다, 예쁘다
□ アルバイト 아르바이트
□ 大変だ 힘들다

## 풀이 노트 2

◎ S 07_3

> 예 A: この 料理は どうですか。 이 요리는 어떻습니까?
> B: 新鮮で おいしいです。 신선하고 맛있습니다.

❶ A: 木村さんの 子どもは どうですか。 기무라 씨의 아이는 어떻습니까?
B: 元気で 明るいです。 건강하고 밝습니다.

❷ A: その ケータイは どうですか。 그 휴대전화는 어떻습니까?
B: 便利で いいです。 편리하고 좋습니다.

❸ A: この デパートは どうですか。 이 백화점은 어떻습니까?
B: 有名で 立派です。 유명하고 훌륭합니다.

❹ A: 田中さんは どうですか。 다나카 씨는 어떻습니까?
B: まじめで スポーツが 上手です。 성실하고 스포츠를 잘합니다.

□ この 이
□ 料理 요리
□ どうですか 어떻습니까?
□ 新鮮だ 신선하다
□ おいしい 맛있다
□ 子ども 아이
□ 元気だ 건강하다
□ 明るい 밝다
□ その 그
□ ケータイ 휴대전화
□ 便利だ 편리하다
□ いい 좋다
□ デパート 백화점
□ 有名だ 유명하다
□ 立派だ 훌륭하다
□ まじめだ 성실하다
□ スポーツ 스포츠
□ ~が 上手だ ~을/를 잘하다, 능숙하다

**3** 다음 예와 같이 말해 보세요.　　　　　　　　　　　　　　◎ Unit 07_3

예 **日<small>に</small>本<small>ほん</small>語<small>ご</small> / 簡<small>かん</small>単<small>たん</small>だ / おもしろい**

A: 日<small>に</small>本<small>ほん</small>語<small>ご</small>が 好<small>す</small>きです。

B: どうしてですか。

A: 簡<small>かん</small>単<small>たん</small>で おもしろいからです。

❶ あの レストラン / きれいだ / 料<small>りょう</small>理<small>り</small>が おいしい

❷ この パソコン / 便<small>べん</small>利<small>り</small>だ / 丈<small>じょう</small>夫<small>ぶ</small>だ

❸ ソウル図<small>と</small>書<small>しょ</small>館<small>かん</small> / 人<small>ひと</small>が 少<small>すく</small>ない / 静<small>しず</small>かだ

❹ 吉<small>よし</small>田<small>だ</small>さん / かわいい / 明<small>あか</small>るい 人<small>ひと</small>

풀이노트 **3**

◎ S 07_4

<br>

예 **A:** 日本語が 好きです。 일본어를 좋아합니다.

**B:** どうしてですか。 어째서입니까?

**A:** 簡単で おもしろいからです。 간단하고 재미있기 때문입니다.

<br>

❶ **A:** あの レストランが 好きです。 저 레스토랑을 좋아합니다.

**B:** どうしてですか。 어째서입니까?

**A:** きれいで 料理が おいしいからです。 깨끗하고 요리가 맛있기 때문입니다.

<br>

❷ **A:** この パソコンが 好きです。 이 컴퓨터를 좋아합니다.

**B:** どうしてですか。 어째서입니까?

**A:** 便利で 丈夫だからです。 편리하고 튼튼하기 때문입니다.

<br>

❸ **A:** ソウル図書館が 好きです。 서울도서관을 좋아합니다.

**B:** どうしてですか。 어째서입니까?

**A:** 人が 少なくて 静かだからです。 사람이 적고 조용하기 때문입니다.

<br>

❹ **A:** 吉田さんが 好きです。 요시다 씨를 좋아합니다.

**B:** どうしてですか。 어째서입니까?

**A:** かわいくて 明るい 人だからです。 귀엽고 밝은 사람이기 때문입니다.

<br>

| | |
|---|---|
| □ 日本語 | 일본어 |
| □ 好きだ | 좋아하다 |
| □ どうして | 어째서, 왜 |
| □ 簡単だ | 간단하다 |
| □ おもしろい | 재미있다 |
| □ ～からです | ~이기 때문입니다 |
| □ あの | 저 |
| □ レストラン | 레스토랑 |
| □ きれいだ | 깨끗하다, 예쁘다 |
| □ 料理 | 요리 |
| □ おいしい | 맛있다 |
| □ この | 이 |
| □ パソコン | 컴퓨터 |
| □ 便利だ | 편리하다 |
| □ 丈夫だ | 튼튼하다 |
| □ ソウル図書館 | 서울도서관 |
| □ 人 | 사람 |
| □ 少ない | 적다 |
| □ 静かだ | 조용하다 |
| □ かわいい | 귀엽다 |
| □ 明るい | 밝다 |

◎ Unit 07_4

中村　ここは 広くて、きれいな 店ですね。
코코와 히로쿠떼 키레-나 미세데스네

パク　この 店は とても 有名ですよ。
코노 미세와 토떼모 유-메-데스요

中村　どうしてですか。
도-시떼데스까?

パク　親切で、料理が おいしいからです。
신세쯔데 료-리가 오이시-까라데스

中村　どんな 料理が おいしいですか。
돈나 료-리가 오이시-데스까?

パク　ビビンバが おいしいです。
비빔바가 오이시-데스

　　　中村さんは ビビンバが 好きですか。
나카무라상 와 비빔바가 스키데스까?

中村　はい、大好きです。
하이 다이스키데스

나카무라　여기는 넓고 깨끗한 가게군요.
박민수　이 가게는 매우 유명합니다.
나카무라　어째서입니까?
박민수　친절하고 요리가 맛있기 때문입니다.
나카무라　어떤 요리가 맛있습니까?
박민수　비빔밥이 맛있습니다.
　　　　　나카무라 씨는 비빔밥을 좋아합니까?
나카무라　예, 아주 좋아합니다.

어휘표현

□ここ 여기　□広い 넓다　□きれいだ 깨끗하다, 예쁘다　□店 가게　□この 이　□とても 매우, 아주

□有名だ 유명하다　□どうして 왜, 어째서　□親切だ 친절하다　□料理 요리　□おいしい 맛있다

□～から ~이기 때문에　□どんな 어떤　□ビビンバ 비빔밥　□好きだ 좋아하다　□大好きだ 아주 좋아하다

## 01 どうして (어째서, 왜)

① 이유를 물을 때 사용됩니다.

② 대답하는 문장에는 [から]를 붙입니다.

**A:** どうして 日本語が 好きですか。 왜 일본어를 좋아합니까?

**B:** 簡単で おもしろいからです。 간단하고 재미있기 때문입니다.

**B:** 簡単で おもしろいから、好きです。 간단하고 재미있기 때문에, 좋아합니다.

## 02 [～から(~이기 때문에, ~이므로)]의 접속 방법(보통형과 정중형 모두에 접속)

### ◆ 명사

| 긍정 | 부정 |
|---|---|
| • 명사 + だ + から<br>• 명사 + です + から | • 명사 + じゃない + から<br>• 명사 + じゃないです / じゃありません + から |
| 有名な デパートだから、人が 多いです。<br>有名な デパートですから、人が 多いです。<br>유명한 백화점이기 때문에, 사람이 많습니다. | ここは 広い 部屋じゃないから、高くないです。<br>ここは 広い 部屋じゃないですから、高くないです。<br>여기는 넓은 방이 아니기 때문에, 비싸지 않습니다. |

### ◆ な형용사

| 긍정 | 부정 |
|---|---|
| • 기본형 + から<br>• 어간 + です + から | • 어간 + じゃない + から<br>• 어간 + じゃないです / じゃありません + から |
| 日本語は 簡単だから、好きです。<br>日本語は 簡単ですから、好きです。<br>일본어는 간단하기 때문에, 좋아합니다. | あの 人は 親切じゃないから、好きじゃありません。<br>あの 人は 親切じゃないですから、好きじゃありません。<br>저 사람은 친절하지 않기 때문에, 좋아하지 않습니다. |

### ◆ い형용사

| 긍정 | 부정 |
|---|---|
| • 기본형 + から<br>• 기본형 + です + から | • 어간 + くない + から<br>• 어간 + くないです / くありません + から |
| 地下鉄は 速いから、便利です。<br>地下鉄は 速いですから、便利です。<br>지하철은 빠르기 때문에, 편리합니다. | この 本は 漢字が 多くないから、難しくないです。<br>この 本は 漢字が 多くないですから、難しくないです。<br>이 책은 한자가 많지 않기 때문에, 어렵지 않습니다. |

※**주의** : 단, [からです]로 문장이 끝나는 경우 [からです] 앞에 정중형이 올 수 없습니다.

**A:** どうして 日本語が 好きですか。

**B:** 簡単で、おもしろいからです。( O ) / 簡単で、おもしろいですからです。( X )

**1** 다음을 듣고 맞는 그림 2개를 골라서 O표 하세요.                    ◎ Unit 07_5

예
ⓐ   ⓑ   ⓒ   ⓓ

O                                    O

❶ ⓐ   ⓑ   ⓒ   ⓓ

❷ ⓐ   ⓑ   ⓒ   ⓓ

❸ ⓐ   ⓑ   ⓒ   ⓓ

❹ ⓐ   ⓑ   ⓒ   ⓓ

❺ ⓐ   ⓑ   ⓒ   ⓓ

◎ Reading 2

田中<small>たなか</small>さんは 韓国大学<small>かんこくだいがく</small>の 日本語<small>にほんご</small>の 先生<small>せんせい</small>です。

韓国大学<small>かんこくだいがく</small>は 有名<small>ゆうめい</small>で 立派<small>りっぱ</small>な 大学<small>だいがく</small>です。

学生<small>がくせい</small>も 多<small>おお</small>くて、いつも にぎやかです。

田中<small>たなか</small>さんは 親切<small>しんせつ</small>で、とても まじめな 人<small>ひと</small>です。

大学<small>だいがく</small>の 仕事<small>しごと</small>は 朝<small>あさ</small> 9時<small>じ</small>から 午後<small>ごご</small> 5時<small>じ</small>までです。

昼休<small>ひるやす</small>みは １２時<small>じ</small>から １時間<small>じかん</small> 半<small>はん</small>です。

楽<small>たの</small>しい 仕事<small>しごと</small>ですが、毎日<small>まいにち</small> 忙<small>いそが</small>しくて 大変<small>たいへん</small>です。

でも、田中<small>たなか</small>さんは この 仕事<small>しごと</small>が とても 好<small>す</small>きです。

☑ 위의 내용과 맞으면 O표, 틀리면 X표 하세요.

❶ 田中<small>たなか</small>さんは 大学<small>だいがく</small>の 仕事<small>しごと</small>が 好<small>す</small>きです。（　　　）

❷ 田中<small>たなか</small>さんは 毎日<small>まいにち</small> 忙<small>いそが</small>しいですから、この 仕事<small>しごと</small>が 好<small>す</small>きではありません。（　　　）

❸ 昼休<small>ひるやす</small>みは 午後<small>ごご</small> １時<small>じ</small>までです。（　　　）

정답 및 해석 ⋯⋯ 부록 263쪽

**어휘표현**

▫有名<small>ゆうめい</small>だ 유명하다　▫立派<small>りっぱ</small>だ 훌륭하다　▫大学<small>だいがく</small> 대학(교)　▫学生<small>がくせい</small> 학생　▫多<small>おお</small>い 많다　▫いつも 항상, 언제나

▫にぎやかだ 번화하다, 북적이다　▫親切<small>しんせつ</small>だ 친절하다　▫とても 매우, 아주　▫まじめだ 성실하다　▫仕事<small>しごと</small> 일, 업무

▫朝<small>あさ</small> 아침　▫午後<small>ごご</small> 오후　▫昼休<small>ひるやす</small>み 점심시간　▫半<small>はん</small> 반　▫楽<small>たの</small>しい 즐겁다　▫毎日<small>まいにち</small> 매일　▫忙<small>いそが</small>しい 바쁘다

▫大変<small>たいへん</small>だ 힘들다　▫でも 그러나, 하지만

unit
07 필기시험

제한시간
30분

□ 1회 점수 :      / 100
□ 2회 점수 :      / 100
□ 3회 점수 :      / 100

어휘

**1** 빈칸에 주어진 한국어처럼 문법에 맞게 일본어로 써 보세요. (1문제 3점)

❶ 山田さんは　　　　　　　　　かわいい　人です。 　　성실하고

❷ 　　　　　　　　　図書館ですか。 　　조용한

❸ あの　　　　　　　　は　広いです。 　　공원

❹ ソウルの　　　　　　　　は　速いですか。 　　지하철

❺ これは　おいしい　　　　　　　　です。 　　음료(수)

문법

**2** 다음 문장에서 빈칸에 들어갈 말을 써 보세요. (1문제 3점)

❶ わたしは　スポーツ　　　　　下手です。

❷ この　店は　安くて　おいしいです　　　　、人が　多いです。

❸ あの　デパートは　有名　　　　　立派です。

❹ 元気　　　　　子どもです。

❺ コンビニは　高いです　　　　、便利です。

**3** 주어진 단어 중에서 가장 적절한 것을 골라 O표 하세요. (1문제 3점)

❶ A: (どんな　どの　どう) 部屋ですか。
   B: 広くて　明るい　部屋です。

❷ A: (どう　どの　どうして) 日本語が　好きですか。
   B: おもしろいからです。

❸ A: 韓国料理は (どれ　どの　どう) ですか。
   B: 少し　辛いですが、おいしいです。

❹ A: 山田さんの　えんぴつは (どれ　どの　どんな) ですか。
   B: この　えんぴつです。

❺ A: (だれ　どの　どんな) 人が　鈴木さんですか。
   B: あの　人です。

**4** 주어진 단어로 문장을 완성하고 해석해 보세요. (1문제 4점)

❶ なん / すき / です / のみものは / か / な

_____

❷ べんり / ソウル / です / の / で / ちかてつは / はやい

_____

❸ な / ひろくて / へや / しずか / です

_____

❹ じょうず / が / なかむらさんは / です / スポーツ / な / ひと

_____

❺ すきです / この / かるくて / じょうぶだ / パソコンは / から

_____

**5** 다음 단어를 듣고 받아 써 보세요. (1문제 4점)

❶                    ❷                    ❸


❹                    ❺

**6** 다음 문장을 듣고 받아 써 보세요. (1문제 5점)

❶ _____

❷ _____

❸ _____

**1** 빈칸에 주어진 한국어처럼 문법에 맞게 일본어로 써 보세요. (1문제 3점)

❶ 山田さんは　**まじめで　かわいい　人**です。　야마다 씨는 성실하고 귀여운 사람입니다.

　　→ 이 문제를 틀렸을 경우에는 P.140를 다시 한번 확인 학습해 주세요.

❷ **静かな　図書館**ですか。　조용한 도서관입니까?

　　→ 이 문제를 틀렸을 경우에는 P.140를 다시 한번 확인 학습해 주세요.

❸ あの　**公園　は　広い**です。　저 공원은 넓습니다.

　　→ 이 문제를 틀렸을 경우에는 P.143를 다시 한번 확인 학습해 주세요.

❹ ソウルの　**地下鉄　は　速い**ですか。　서울의 지하철은 빠릅니까?

　　→ 이 문제를 틀렸을 경우에는 P.143를 다시 한번 확인 학습해 주세요.

❺ これは　**おいしい　飲み物**です。　이것은 맛있는 음료(수)입니다.

　　→ 이 문제를 틀렸을 경우에는 P.140를 다시 한번 확인 학습해 주세요.

**2** 다음 문장에서 빈칸에 들어갈 말을 써 보세요. (1문제 3점)

❶ わたしは　スポーツ　**が**　下手です。　저는 스포츠를 잘 못합니다.

　　→ 이 문제를 틀렸을 경우에는 P.125를 다시 한번 확인 학습해 주세요.

❷ この　店は　安くて　おいしいです　**から**、人が　多いです。

　　이 가게는 싸고 맛있기 때문에, 사람이 많습니다.　　→ 이 문제를 틀렸을 경우에는 P.141를 다시 한번 확인 학습해 주세요.

❸ あの　デパートは　有名　**で**　立派です。　저 백화점은 유명하고, 훌륭합니다.

　　→ 이 문제를 틀렸을 경우에는 P.140를 다시 한번 확인 학습해 주세요.

❹ 元気　**な**　子どもです。　건강한 아이입니다.

　　→ 이 문제를 틀렸을 경우에는 P.140를 다시 한번 확인 학습해 주세요.

❺ コンビニは　高いです　**が**、便利です。　편의점은 비싸지만, 편리합니다.

　　→ 이 문제를 틀렸을 경우에는 P.95를 다시 한번 확인 학습해 주세요.

**3** 주어진 단어 중에서 가장 적절한 것을 골라 O표 하세요. (1문제 3점)

❶ **A:** (どんな　どの　どう) 部屋ですか。　어떤 방입니까?

　　**B:** 広くて　明るい　部屋です。　넓고 밝은 방입니다.

　　→ 이 문제를 틀렸을 경우에는 P.115를 다시 한번 확인 학습해 주세요.

❷ **A:** (どう　どの　どうして) 日本語が　好きですか。　왜 일본어를 좋아합니까?

　　**B:** おもしろいからです。　재미있기 때문입니다.

　　→ 이 문제를 틀렸을 경우에는 P.147를 다시 한번 확인 학습해 주세요.

❸ **A:** 韓国料理は　(どれ　どの　どう) ですか。　한국요리는 어떻습니까?

　　**B:** 少し　辛いですが、おいしいです。　조금 맵지만, 맛있습니다.

　　→ 이 문제를 틀렸을 경우에는 P.111를 다시 한번 확인 학습해 주세요.

❹ **A:** 山田さんの　えんぴつは　(どれ　どの　どんな) ですか。　야마다 씨의 연필은 어느 것입니까?

　　**B:** この えんぴつです。　이 연필입니다.

　　→ 이 문제를 틀렸을 경우에는 P.58를 다시 한번 확인 학습해 주세요.

❺ **A:** (だれ　どの　どんな) 人が　鈴木さんですか。　어느 사람이 스즈키 씨입니까?

　　**B:** あの　人です。　저 사람입니다.

　　→ 이 문제를 틀렸을 경우에는 P.111를 다시 한번 확인 학습해 주세요.

**4** 주어진 단어로 문장을 완성하고 해석해 보세요. (1문제 4점)

**❶** なん / すき / です / のみものは / か / な

<u>好きな 飲み物は 何ですか。</u>　<u>좋아하는 음료는 무엇입니까?</u>

→ 이 문제를 틀렸을 경우에는 P.140를 다시 한번 확인 학습해 주세요.

**❷** べんり / ソウル / です / の / で / ちかてつは / はやい

<u>ソウルの 地下鉄は 便利で 速いです。</u>　<u>서울의 지하철은 편리하고 빠릅니다.</u>

→ 이 문제를 틀렸을 경우에는 P.140를 다시 한번 확인 학습해 주세요.

**❸** な / ひろくて / へや / しずか / です

<u>広くて 静かな 部屋です。</u>　<u>넓고 조용한 방입니다.</u>

→ 이 문제를 틀렸을 경우에는 P.140를 다시 한번 확인 학습해 주세요.

**❹** じょうず / が / なかむらさんは / です / スポーツ / な / ひと

<u>中村さんは スポーツが 上手な 人です。</u>　<u>나카무라 씨는 스포츠를 잘하는 사람입니다.</u>

→ 이 문제를 틀렸을 경우에는 P.125, 140를 다시 한번 확인 학습해 주세요.

**❺** すきです / この / かるくて / じょうぶだ / パソコンは / から

<u>この パソコンは 軽くて 丈夫だから 好きです。</u>　<u>이 컴퓨터는 가볍고 튼튼하기 때문에 좋아합니다.</u>

→ 이 문제를 틀렸을 경우에는 P.141를 다시 한번 확인 학습해 주세요.

**Test 07**

**5** 다음 단어를 듣고 받아 써 보세요. (1문제 4점)

**❶** じょうずだ　上手だ 잘하다　　**❷** こうえん　公園 공원　　**❸** ちかてつ　地下鉄 지하철

**❹** かんたんだ　簡単だ 간단하다　　**❺** たいへんだ　大変だ 힘들다

→ 이 문제를 틀렸을 경우에는 P.133, 143를 다시 한번 확인 학습해 주세요.

**6** 다음 문장을 듣고 받아 써 보세요. (1문제 5점)

**❶** <u>げんきな こどもです。</u>　元気な 子どもです。 건강한 아이입니다.

→ 이 문제를 틀렸을 경우에는 P.140를 다시 한번 확인 학습해 주세요.

**❷** <u>この りょうりは しんせんで おいしいです。</u>　この 料理は 新鮮で おいしいです。

이 요리는 신선하고 맛있습니다.

→ 이 문제를 틀렸을 경우에는 P.140를 다시 한번 확인 학습해 주세요.

**❸** <u>あの かいしゃは ゆうめいで りっぱです。</u>　あの 会社は 有名で 立派です。

저 회사는 유명하고 훌륭합니다.

→ 이 문제를 틀렸을 경우에는 P.140를 다시 한번 확인 학습해 주세요.

**1** 괄호 안에 들어갈 가장 알맞은 말을 써넣으세요.

**❶** わたしは 学生です。田中さん(　　　) 学生ですか。

**❷** それは 韓国(　　　) パソコンです。

**❸** 好き(　　　) 食べ物は 何ですか。

**❹** プサンは ソウル(　　　) 遠いですか。

**❺** 韓国料理は 辛いです(　　　) おいしいです。

**❻** これは 山田さん(　　　) 本です。

**❼** あの デパートは 有名(　　　) 立派です。

**❽** 銀行は 9時 半(　　　) 4時(　　　)です。

**❾** わたしは スポーツ(　　　) 下手です。

**❿** この 店は 安くて おいしいです(　　　)、人が 多いです。

**⓫** この ケータイは 先生(　　　)です。

**⓬** きょうは 天気(　　　) よく ありません。

**2** 빈칸에 들어갈 가장 알맞은 단어를 써넣으세요.

❶ **A :** あれは ＿＿＿＿ ですか。

**B :** かばんです。

❷ **A :** あ国<sup>くに</sup>は ＿＿＿＿ ですか。

**B :** 中国<sup>ちゅうごく</sup>です。

❸ **A :** これは ＿＿＿＿ の 本<sup>ほん</sup>ですか。

**B :** 英語<sup>えいご</sup>の 本<sup>ほん</sup>です。

❹ **A :** 今<sup>いま</sup>、 ＿＿＿＿ ですか。

**B :** 3時<sup>じ</sup>です。

❺ **A :** それは ＿＿＿＿ の カメラですか。

**B :** わたしの カメラです。

❻ **A :** あ仕事<sup>しごと</sup>は ＿＿＿＿ ですか。

**B :** 会社員<sup>かいしゃいん</sup>です。

❼ **A :** あの 人<sup>ひと</sup>は ＿＿＿＿ ですか。

**B :** 鈴木<sup>すずき</sup>さんです。

**3** 주어진 단어 중에서 가장 적절한 것을 골라 O표 하세요.

❶ **A :** (わたし    あなた)は 日本人<sup>にほんじん</sup>ですか。

**B :** はい、わたしは 日本人<sup>にほんじん</sup>です。

❷ **A :** 田中<sup>たなか</sup>さんは (先生<sup>せんせい</sup>    学生<sup>がくせい</sup>)ですか。

**B :** いいえ、学生<sup>がくせい</sup>です。

❸ **A :** あなたは 山田<sup>やまだ</sup>さんですか。

**B :** はい、(山田<sup>やまだ</sup>さん    山田<sup>やまだ</sup>)です。

❹ **A :** それは (わたし    あなた)の パソコンですか。

**B :** はい、わたしの パソコンです。

❺ **A :** (これ    それ    あれ)は テレビですか。

**B :** いいえ、あれは テレビじゃありません。

❻ **A :** これは 田中<sup>たなか</sup>さんの ケータイですか。

**B :** いいえ、(これ    それ    あれ)は わたしの ケータイじゃありません。

❼ **A :** 鈴木<sup>すずき</sup>さんは (どんな    どの    どう) 人<sup>ひと</sup>ですか。

**B :** 明<sup>あか</sup>るい 人<sup>ひと</sup>です。

❽ **A :** (どう    どの    どうして) 日本語<sup>にほんご</sup>が 好<sup>す</sup>きですか。

**B :** おもしろいからです。

❾ **A :** 韓国語<sup>かんこくご</sup>は (どれ    どの    どう)ですか。

**B :** 少<sup>すこ</sup>し 難<sup>むずか</sup>しいです。

❿ **A :** 山田<sup>やまだ</sup>さんの えんぴつは (どれ    どの    どんな)ですか。

**B :** これです。

⓫ **A :** (だれ    どの    どんな) 人<sup>ひと</sup>が 鈴木<sup>すずき</sup>さんですか。

**B :** あの 人<sup>ひと</sup>です。

⑫ **A :** これは (だれ　なん　どれ)の くつですか。

　　**B :** 木村さんの くつです。

⑬ **A :** 中村さんは 背が たかいですか。

　　**B :** いいえ、背が (ひくい　やすい　ちいさい)です。

⑭ **A :** 木村さんは 英語が じょうずですか。

　　**B :** いいえ、(へた　まじめ　きれい)です。

⑮ **A :** 友だちが おおいですか。

　　**B :** いいえ、(ひろい　ちいさい　すくない)です。

⑯ **A :** きょうは ひまですか。

　　**B :** いいえ、(たのしい　いそがしい　おもしろい)です。

⑰ **A :** 先生の 部屋は しずかですか。

　　**B :** いいえ、(うるさい　くらい　ひくい)です。

⑱ **A :** 怖い 映画が すきですか。

　　**B :** いいえ、(おもしろい　きれい　きらい)です。

⑲ **A :** キムさんの 部屋は ひろいですか。

　　**B :** いいえ、(かるい　くらい　せまい)です。

⑳ **A :** 会社は ちかいですか。

　　**B :** いいえ、(きらい　とおい　いそがしい)です。

㉑ **A :** 吉田さんの 傘は みじかいですか。

　　**B :** いいえ、(あまい　ちいさい　ながい)です。

**총 40문제 X 2.5 = 100점**　　나의 점수 　　점/100점

정답 및 해석 ⋯→ 부록 256~259쪽

# unit 08

# 季節の 中で
### 키 세쯔 노 나카 데

# いつが 一番 好きですか。
### 이 쯔 가   이 찌 방   스 키 데 스 까?

계절 중에서
언제를 가장 좋아합니까?

□ 地下鉄（ち か てつ）と バスと どちらが 便利（べん り）ですか。　지하철과 버스(와) 어느 쪽이 편리합니까?

□ (スキーより) 水泳（すいえい）の 方（ほう）が 上手（じょう ず）です。　(스키보다) 수영 쪽을 잘합니다.

□ 果物（くだもの）の 中（なか）で 何（なに）が 一番（いちばん） 甘（あま）いですか。　과일 중에서 무엇이 가장 답니까?

□ 飛行機（ひ こう き）が 一番（いちばん） 速（はや）いです。　비행기가 가장 빠릅니다.

2시간만에 끝내는
**독학 Plan**

| | 학습 항목 | 학습 시간 | 학습 체크 | | | 학습 메모 |
|---|---|---|---|---|---|---|
| 1 | 동영상 또는 오디오 강의 수강 | 15분 | □1회 | □2회 | □3회 | |
| 2 | 요것만은 꼭꼭 Point (160~161p) | 15분 | □1회 | □2회 | □3회 | |
| 3 | 실전처럼 술술 Speaking (162~165p) | 15분 | □1회 | □2회 | □3회 | |
| 4 | 회화실력 쑥쑥 Conversation (166~167p) | 15분 | □1회 | □2회 | □3회 | |
| 5 | 내 귀에 쏙쏙 Listening (168p) | 15분 | □1회 | □2회 | □3회 | |
| 6 | 듣고 말하기 훈련용 MP3 ◎ S 08_1~3 | 15분 | □1회 | □2회 | □3회 | |
| 7 | 8과 필기시험 (170~173p) | 30분 | □50점 미만 | □51~80점 | □81~100점 | |

| 50점 미만 | Unit 전체 1~2회 반복 학습 |
| 51점~80점 | 틀린 부분 다시 학습 |
| 81점~100점 | 다음 Unit 진행 OK~!! |

~와 ~와 어느 쪽이 ~입니까?

## 01 ~と ~と どちらが ~ですか。

飛行機(ひこうき)と 船(ふね)と どちらが 速(はや)いですか。　　비행기와 배(와) 어느 쪽이 빠릅니까?

スキーと 水泳(すいえい)と どちらが 上手(じょうず)ですか。　　스키와 수영(과) 어느 쪽을 잘합니까?

山(やま)と 海(うみ)と どちらが 好(す)きですか。　　산과 바다(와) 어느 쪽을 좋아합니까?

✦ 2개의 명사를 비교해서 질문할 때 사용됩니다.

✦ [どちら(어느 쪽)]는 사물, 사람, 장소 등에 모두 사용할 수 있습니다.

□ 飛行機(ひこうき) 비행기
□ ~と ~와/과
□ 船(ふね) 배
□ どちら 어느 쪽
□ 速(はや)い 빠르다
□ スキー 스키
□ 水泳(すいえい) 수영
□ 上手(じょうず)だ 잘하다
□ 山(やま) 산
□ 海(うみ) 바다
□ 好(す)きだ 좋아하다

(~보다) ~ 쪽이 ~입니다.

## 02 (~より) ~の 方(ほう)が ~です。

(船(ふね)より) 飛行機(ひこうき)の 方(ほう)が 速(はや)いです。　　(배보다) 비행기 쪽이 빠릅니다.

(水泳(すいえい)より) スキーの 方(ほう)が 上手(じょうず)です。　　(수영보다) 스키 쪽을 잘합니다.

(海(うみ)より) 山(やま)の 方(ほう)が 好(す)きです。　　(바다보다) 산 쪽을 좋아합니다.

✦ 2개의 명사를 비교해서 대답할 때 사용되며, [~より] 쪽이 기준이 되고,
　[~の 方(ほう)が] 쪽이 선택의 답이 됩니다.

✦ [~より]와 [~の 方(ほう)が]는 앞뒤 순서가 바뀔 때도 있지만, 순서에 상관없이
　[~の 方(ほう)が] 쪽이 선택의 답이 됩니다. 기준이 되는 [~より]는 생략할 수 있습니다.

~의 중에서 무엇이/가 가장 ~입니까?
누구
어디
언제

**03** ~の 中<sub>なか</sub>で 何<sub>なに</sub>が 一番<sub>いちばん</sub> ~ですか。
だれ
どこ
いつ

- □ スポーツ 스포츠
- □ ~の 中<sub>なか</sub>で ~의 중에서
- □ 何<sub>なに</sub> 무엇
- □ 一番<sub>いちばん</sub> 가장, 제일
- □ おもしろい 재미있다
- □ 友<sub>とも</sub>だち 친구
- □ だれ 누구
- □ かわいい 귀엽다
- □ 日本<sub>にほん</sub> 일본
- □ どこ 어디
- □ 有名<sub>ゆうめい</sub>だ 유명하다
- □ 季節<sub>きせつ</sub> 계절
- □ いつ 언제

スポーツの 中<sub>なか</sub>で 何<sub>なに</sub>が 一番<sub>いちばん</sub> おもしろいですか。

스포츠 중에서 무엇이 가장 재미있습니까?

友<sub>とも</sub>だちの 中<sub>なか</sub>で だれが 一番<sub>いちばん</sub> かわいいですか。 친구 중에서 누가 가장 귀엽습니까?

日本<sub>にほん</sub>の 中<sub>なか</sub>で どこが 一番<sub>いちばん</sub> 有名<sub>ゆうめい</sub>ですか。 일본 중에서 어디가 가장 유명합니까?

季節<sub>きせつ</sub>の 中<sub>なか</sub>で いつが 一番<sub>いちばん</sub> 好<sub>す</sub>きですか。 계절 중에서 언제를 가장 좋아합니까?

✚ 세 가지 이상의 것을 비교할 때 사용되며, 질문할 때 사물에는 [何<sub>なに</sub>], 사람에는 [だれ], 장소에는 [どこ], 계절이나 시간 등에는 [いつ]를 사용합니다.

✚ 여러 개를 놓고 하는 선택이기 때문에 [どちら(어느 쪽)]라든가 [~の 方<sub>ほう</sub>が(~의 쪽)] 는 사용하지 않고, [一番<sub>いちばん</sub>(제일/가장)]으로 최상급을 표현합니다.

~이/가 가장(제일) ~입니다.

**04** ~が 一番<sub>いちばん</sub> ~です。

- □ 野球<sub>やきゅう</sub> 야구
- □ 東京<sub>とうきょう</sub> 도쿄(동경)
- □ 秋<sub>あき</sub> 가을

野球<sub>やきゅう</sub>が 一番<sub>いちばん</sub> おもしろいです。 야구가 가장 재미있습니다.

吉田<sub>よしだ</sub>さんが 一番<sub>いちばん</sub> かわいいです。 요시다 씨가 가장 귀엽습니다.

東京<sub>とうきょう</sub>が 一番<sub>いちばん</sub> 有名<sub>ゆうめい</sub>です。 도쿄(동경)가 가장 유명합니다.

秋<sub>あき</sub>が 一番<sub>いちばん</sub> 好<sub>す</sub>きです。 가을을 가장 좋아합니다.

**1** 다음 예와 같이 말해 보세요.  ◎ **Unit 08_1**

예 **いちご / もも / おいしい**

A: いちごと ももと どちらが おいしいですか。

B: (いちごより) ももの 方が おいしいです。

❶ 犬 / 猫 / かわいい

❷ ワイン / ビール / 高い

❸ 海 / 山 / 好きだ

❹ 漢字 / ひらがな / 簡単だ

풀이노트 1

◎ S 08_2

(예) A: いちごと ももと どちらが おいしいですか。

딸기와 복숭아(와) 어느 쪽이 맛있습니까?

B: (いちごより) ももの 方が おいしいです。

(딸기보다) 복숭아 쪽이 맛있습니다.

□ いちご 딸기
□ ～と ~와/과
□ もも 복숭아
□ どちらが 어느 쪽이
□ おいしい 맛있다
□ ～より ~보다
□ 犬 개
□ 猫 고양이
□ かわいい 귀엽다
□ ワイン 와인
□ ビール 맥주
□ 高い 비싸다
□ 海 바다
□ 山 산
□ 好きだ 좋아하다
□ 漢字 한자
□ ひらがな 히라가나
□ 簡単だ 간단하다

❶ A: 犬と 猫と どちらが かわいいですか。

개와 고양이(와) 어느 쪽이 귀엽습니까?

B: (犬より) 猫の 方が かわいいです。

(개보다) 고양이 쪽이 귀엽습니다.

❷ A: ワインと ビールと どちらが 高いですか。

와인과 맥주(와) 어느 쪽이 비쌉니까?

B: (ビールより) ワインの 方が 高いです。

(맥주보다) 와인 쪽이 비쌉니다.

❸ A: 海と 山と どちらが 好きですか。

바다와 산(과) 어느 쪽을 좋아합니까?

B: (海より) 山の 方が 好きです。

(바다보다) 산 쪽을 좋아합니다.

❹ A: 漢字と ひらがなと どちらが 簡単ですか。

한자와 히라가나(와) 어느 쪽이 간단합니까?

B: (漢字より) ひらがなの 方が 簡単です。

(한자보다) 히라가나 쪽이 간단합니다.

**2** 다음 예와 같이 말해 보세요.

◎ **Unit 08_2**

예 **外国語 / 上手だ**
<sub>がいこくご</sub> <sub>じょうず</sub>

A: <u>外国語</u>の 中で 何が 一番 <u>上手</u>ですか。
<sub>がいこくご</sub> <sub>なか</sub> <sub>なに</sub> <sub>いちばん</sub> <sub>じょうず</sub>

B: <u>英語</u>が 一番 <u>上手</u>です。
<sub>えいご</sub> <sub>いちばん</sub> <sub>じょうず</sub>

❶ **日本 / 好きだ**
<sub>にほん</sub> <sub>す</sub>

❷ **季節 / 嫌いだ**
<sub>きせつ</sub> <sub>きら</sub>

❸ **果物 / 甘い**
<sub>くだもの</sub> <sub>あま</sub>

❹ **友だち / 背が 高い**
<sub>とも</sub> <sub>せ</sub> <sub>たか</sub>

풀이노트 **2**

S 08_3

예 **A:** 外国語の 中で 何が 一番 上手ですか。

외국어 중에서 무엇을 가장 잘합니까?

**B:** 英語が 一番 上手です。

영어를 가장 잘합니다.

❶ **A:** 日本の 中で どこが 一番 好きですか。

일본 중에서 어디를 가장 좋아합니까?

**B:** 北海道が 一番 好きです。

홋카이도(북해도)를 가장 좋아합니다.

❷ **A:** 季節の 中で いつが 一番 嫌いですか。

계절 중에서 언제를 가장 싫어합니까?

**B:** 夏が 一番 嫌いです。

여름을 가장 싫어합니다.

❸ **A:** 果物の 中で 何が 一番 甘いですか。

과일 중에서 무엇이 가장 답니까?

**B:** ぶどうが 一番 甘いです。

포도가 가장 답니다.

❹ **A:** 友だちの 中で だれが 一番 背が 高いですか。

친구 중에서 누가 가장 키가 큽니까?

**B:** 山田さんが 一番 背が 高いです。

야마다 씨가 가장 키가 큽니다.

□ 外国語 외국어
□ 何 무엇
□ 一番 가장, 제일
□ 上手だ 잘하다, 능숙하다
□ 英語 영어
□ 日本 일본
□ どこ 어디
□ 好きだ 좋아하다
□ 北海道 홋카이도(북해도)
□ 季節 계절
□ いつ 언제
□ 嫌いだ 싫어하다
□ 夏 여름
□ 果物 과일
□ 甘い 달다
□ ぶどう 포도
□ 友だち 친구
□ だれ 누구
□ 背が 高い 키가 크다

◎ Unit 08_3

中村 今日は 風も 強くて、とても 寒いですね。
　　 쿄- 와 카제모 쯔요쿠떼 토떼모 사무이데스네

パク そうですか。
　　 소-데스까?

　　 福岡と ソウルと どちらが 寒いですか。
　　 후쿠오카 또 소우루또 도치라가 사무이데스까?

中村 福岡より ソウルの 方が 寒いです。
　　 후쿠오카 요리 소우루노 호-가 사무이데스

パク 中村さんは 季節の 中で いつが 一番 好きですか。
　　 나카무라 상 와 키세쯔노 나카데 이쯔가 이찌방 스키데스까?

中村 もみじが きれいな 秋が 一番 好きです。
　　 모미지가 키레-나 아키가 이찌방 스키데스

　　 パクさんは いつが 一番 好きですか。
　　 박 상 와 이쯔가 이찌방 스키데스까?

パク 冬が 一番 好きです。
　　 후유가 이찌방 스키데스

나카무라 오늘은 바람도 강하고, 매우 춥네요.
박민수 그렇습니까?
　　　　 후쿠오카와 서울(과) 어느 쪽이 춥습니까?
나카무라 후쿠오카보다 서울 쪽이 춥습니다.
박민수 나카무라 씨는 계절 중에서 언제를 제일 좋아합니까?
나카무라 단풍이 예쁜 가을을 제일 좋아합니다.
　　　　 박(민수) 씨는 언제를 제일 좋아합니까?
박민수 겨울을 제일 좋아합니다.

어휘표현

□今日 오늘　□風 바람　□〜も ~도　□強い 강하다, 세다　□とても 매우, 아주　□寒い 춥다

□〜と ~와/과　□どちら 어느 쪽　□季節 계절　□〜の 中で ~의 중에서　□いつ 언제　□一番 가장, 제일

□好きだ 좋아하다　□もみじ 단풍　□きれいだ 예쁘다, 깨끗하다　□秋 가을　□冬 겨울

166

 독학! Plus+

## 01 [무엇]을 나타내는 [何]의 읽는 방법

① [なん]으로 읽는 경우

a) [何] 뒤에 [た행(た·ち·つ·て·と)]이나 [だ행(だ·ぢ·づ·で·ど)], 또는 [な행(な·に·ぬ·ね·の)]이 오는 경우

これは 何ですか。 이것은 무엇입니까?

それは 何の 本ですか。 그것은 무슨 책입니까?

b) [何] 뒤에 조수사(단위)가 오는 경우

今、何時ですか。 지금, 몇 시입니까?

ノートは 何冊ですか。 노트는 몇 권입니까?

② [なに]로 읽는 경우

[なん]으로 읽는 경우 외에는 대체로 [なに]로 읽는다.

スポーツの 中で 何が 一番 好きですか。 스포츠 중에서 무엇을 가장 좋아합니까?

## 02 계절과 맛을 나타내는 い형용사

① 계절

夏は 暑くて、春は 暖かいです。 여름은 덥고, 봄은 따뜻합니다.

冬は 寒くて、秋は 涼しいです。 겨울은 춥고, 가을은 시원합니다.

② 6가지 맛 표현

甘い 달다 / 苦い 쓰다 / 辛い 맵다 / しょっぱい 짜다 / すっぱい 시다 / しぶい 떫다

## 03 주의해야 할 일본 한자 (2)

자주 사용하기 때문에 꼭 외워둬야 할 한자이지만, 쓰는 방법이 복잡해서 많이 틀리는 한자이기도 합니다.
순서대로 여러 번 쓰면서 외워봅시다.

来る 오다

遊ぶ 놀다

**1** 다음을 듣고 맞는 그림에 O표 하세요.

◎ Unit 08_4

 예

ⓐ

ⓑ

ⓒ

O

① ⓐ

ⓑ

ⓒ

② ⓐ

ⓑ

ⓒ

③ ⓐ

ⓑ

ⓒ

④ ⓐ

ⓑ

ⓒ

⑤ ⓐ

ⓑ

ⓒ

## 季節 계절

春 봄

夏 여름

秋 가을

冬 겨울

## 乗り物 탈것

地下鉄 지하철

バス 버스

タクシー 택시

飛行機 비행기

船 배

自転車 자전거

## スポーツ 스포츠

水泳 수영

山登り 등산

野球 야구

サッカー 축구

テニス 테니스

ゴルフ 골프

スキー 스키

スノーボード 스노보드

ボウリング 볼링

バスケットボール 농구

バレーボール 배구

サーフィン 서핑

## 果物 과일

りんご 사과

いちご 딸기

みかん 귤

ぶどう 포도

もも 복숭아

なし 배

すいか 수박

バナナ 바나나

メロン 멜론

オレンジ 오렌지

## お酒 술

ビール 맥주

ワイン 와인

焼酎 소주

カクテル 칵테일

ウィスキー 위스키

## unit 08 필기시험

제한시간 30분

□ 1회 점수 :     / 100
□ 2회 점수 :     / 100
□ 3회 점수 :     / 100

어휘

**1** 다음 문장에서 빈칸에 주어진 한국어를 일본어로 써 보세요. (1문제 3점)

❶ 上手な スポーツは _____ です.    수영

❷ _____ は 寒いです.    겨울

❸ _____ は 便利ですか.    택시

❹ _____ は おいしいです.    포도

❺ _____ は あまり 好きじゃありません.    술

**2** 다음 문장에서 밑줄 친 단어의 뜻을 한국어로 써 보세요. (1문제 3점)

❶ 好きな <u>くだもの</u>は りんごです. _____

❷ 嫌いな <u>きせつ</u>は 夏です. _____

❸ ねこより <u>いぬ</u>の 方が かわいいです. _____ ,

❹ <u>やまのぼり</u>の 方が 好きです. _____

❺ <u>じてんしゃ</u>は 速いですか. _____

문법

**3** 주어진 단어 중에서 가장 적절한 것을 골라 O표 하세요. (1문제 3점)

❶ 季節の 中で (なに　だれ　いつ　どこ)が 一番 好きですか.

❷ 友だちの 中で (なに　だれ　いつ　どこ)が 一番 背が 高いですか.

❸ 乗り物の 中で (なに　だれ　いつ　どこ)が 一番 便利ですか.

❹ ソウルの 中で (なに　だれ　いつ　どこ)が 一番 有名ですか.

❺ バナナと メロンと (どれ　どの　どちら　どんな)が 高いですか.

**4** 주어진 단어로 문장을 완성하고 해석해 보세요. (1문제 4점)

❶ くだもの / です / いちばん / もも / は / おいしい

_____

❷ かぜ / つよくて / ね / が / きょう / さむい / は / です

_____

❸ いちばん / すき / もみじ / です / きれいな / が / あきが

_____

❹ です / は / サッカー / スポーツ / じょうずな / いちばん

_____

❺ の / おおきい / です / ほう / かばん / あれ / が / いい / より

_____

**5** 다음 단어를 듣고 받아 써 보세요. (1문제 4점)

❶         ❷         ❸

❹         ❺

**6** 다음 문장을 듣고 받아 써 보세요. (1문제 5점)

❶ _____

❷ _____

❸ _____

**1** 다음 문장에서 빈칸에 주어진 한국어를 일본어로 써 보세요. (1문제 3점)

❶ 上手な スポーツは 水泳 です。　잘하는 스포츠는 수영입니다.
　→ 이 문제를 틀렸을 경우에는 P.169를 다시 한번 확인 학습해 주세요.

❷ 冬 は 寒いです。　겨울은 춥습니다.
　→ 이 문제를 틀렸을 경우에는 P.169를 다시 한번 확인 학습해 주세요.

❸ タクシー は 便利ですか。　택시는 편리합니까?
　→ 이 문제를 틀렸을 경우에는 P.169를 다시 한번 확인 학습해 주세요.

❹ ぶどう は おいしいです。　포도는 맛있습니다.
　→ 이 문제를 틀렸을 경우에는 P.169를 다시 한번 확인 학습해 주세요.

❺ お酒 は あまり 好きじゃありません。　술은 그다지 좋아하지 않습니다.
　→ 이 문제를 틀렸을 경우에는 P.169를 다시 한번 확인 학습해 주세요.

**2** 다음 문장에서 밑줄 친 단어의 뜻을 한국어로 써 보세요. (1문제 3점)

❶ 好きな 果物は りんごです。　과일　좋아하는 과일은 사과입니다.
　→ 이 문제를 틀렸을 경우에는 P.169를 다시 한번 확인 학습해 주세요.

❷ 嫌いな 季節は 夏です。　계절　싫어하는 계절은 여름입니다.
　→ 이 문제를 틀렸을 경우에는 P.169를 다시 한번 확인 학습해 주세요.

❸ 猫より 犬の 方が かわいいです。　고양이 , 개　고양이보다 개 쪽이 귀엽습니다.
　→ 이 문제를 틀렸을 경우에는 P.163를 다시 한번 확인 학습해 주세요.

❹ 山登りの 方が 好きです。　등산　등산 쪽을 좋아합니다.
　→ 이 문제를 틀렸을 경우에는 P.169를 다시 한번 확인 학습해 주세요.

❺ 自転車は 速いですか。　자전거　자전거는 빠릅니까?
　→ 이 문제를 틀렸을 경우에는 P.169를 다시 한번 확인 학습해 주세요.

**3** 주어진 단어 중에서 가장 적절한 것을 골라 O표 하세요. (1문제 3점)

❶ 季節の 中で (何　だれ　(いつ)　どこ)が 一番 好きですか。　계절 중에서 언제를 가장 좋아합니까?
　→ 이 문제를 틀렸을 경우에는 P.161를 다시 한번 확인 학습해 주세요.

❷ 友だちの 中で (何　(だれ)　いつ　どこ)が 一番 背が 高いですか。　친구 중에서 누가 가장 키가 큽니까?
　→ 이 문제를 틀렸을 경우에는 P.161를 다시 한번 확인 학습해 주세요.

❸ 乗り物の 中で ((何)　だれ　いつ　どこ)が 一番 便利ですか。　탈 것 중에서 무엇이 가장 편리합니까?
　→ 이 문제를 틀렸을 경우에는 P.161를 다시 한번 확인 학습해 주세요.

❹ ソウルの 中で (何　だれ　いつ　(どこ))が 一番 有名ですか。　서울 중에서 어디가 가장 유명합니까?
　→ 이 문제를 틀렸을 경우에는 P.161를 다시 한번 확인 학습해 주세요.

❺ バナナと メロンと (どれ　どの　(どちら)　どんな)が 高いですか。　바나나와 멜론(과) 어느 쪽이 비쌉니까?
　→ 이 문제를 틀렸을 경우에는 P.160를 다시 한번 확인 학습해 주세요.

**4** 주어진 단어로 문장을 완성하고 해석해 보세요. (1문제 4점)

**❶** くだもの / です / いちばん / もも / は / おいしい

一番 おいしい 果物は ももです।　가장 맛있는 과일은 복숭아입니다.

ももは 一番 おいしい 果物です।　복숭아는 가장 맛있는 과일입니다.

→ 이 문제를 틀렸을 경우에는 P.161를 다시 한번 확인 학습해 주세요.

**❷** かぜ / つよくて / ね / が / きょう / さむい / は / です

今日は 風が 強くて 寒いですね।　오늘은 바람이 강하고 춥네요.

→ 이 문제를 틀렸을 경우에는 P.166를 다시 한번 확인 학습해 주세요.

**❸** いちばん / すき / もみじ / です / きれいな / が / あきが

もみじが きれいな 秋が 一番 好きです।　단풍이 예쁜 가을을 가장 좋아합니다.

→ 이 문제를 틀렸을 경우에는 P.161를 다시 한번 확인 학습해 주세요.

**❹** です / は / サッカー / スポーツ / じょうずな / いちばん

一番 上手な スポーツは サッカーです।　가장 잘하는 스포츠는 축구입니다.

サッカーは 一番 上手な スポーツです।　축구는 가장 잘하는 스포츠입니다.

→ 이 문제를 틀렸을 경우에는 P.161를 다시 한번 확인 학습해 주세요.

**❺** の / おおきい / です / ほう / かばん / あれ / が / いい / より

あれより 大きい かばんの 方が いいです।　저것보다 큰 가방 쪽이 좋습니다.

大きい かばんより あれの 方が いいです।　큰 가방보다 저것 쪽이 좋습니다.

→ 이 문제를 틀렸을 경우에는 P.160를 다시 한번 확인 학습해 주세요.

듣기

◎ Test 08

**5** 다음 단어를 듣고 받아 써 보세요. (1문제 4점)

**❶** ひこうき　飛行機　비행기

**❷** やきゅう　野球　야구

**❸** がいこくご　外国語　외국어

**❹** じてんしゃ　自転車　자전거

**❺** すいえい　水泳　수영　　→ 이 문제를 틀렸을 경우에는 P.165, 169를 다시 한번 확인 학습해 주세요.

**6** 다음 문장을 듣고 받아 써 보세요. (1문제 5점)

**❶** やまより うみの ほうが すきです।　山より 海の 方が 好きです।

산보다 바다 쪽을 좋아합니다.

→ 이 문제를 틀렸을 경우에는 P.160를 다시 한번 확인 학습해 주세요.

**❷** きせつの なかで いつが いちばん きらいですか।　季節の 中で いつが 一番 嫌いですか।

계절 중에서 언제를 가장 싫어합니까?

→ 이 문제를 틀렸을 경우에는 P.161를 다시 한번 확인 학습해 주세요.

**❸** ぶどうと いちごと どちらが あまいですか।　ぶどうと いちごと どちらが 甘いですか।

포도와 딸기(와) 어느 쪽이 답니까?

→ 이 문제를 틀렸을 경우에는 P.160를 다시 한번 확인 학습해 주세요.

# unit 09

동영상 강의 09  오디오 강의 9-1  오디오 강의 9-2

<ruby>紅<rt>こう</rt></ruby><ruby>茶<rt>ちゃ</rt></ruby>ケーキは
코 - 챠 케 - 키 와

いくらですか。
이 쿠 라 데 스 까?

홍차케이크는
얼마입니까?

## 알아두어야 할 학습사항

- ☐ 큰 수 익히기
- ☐ 금액, 조수사(단위) 익히기
- ☐ あの 長<sub>なが</sub>い 傘<sub>かさ</sub>は いくらですか。 저 긴 우산은 얼마입니까?
- ☐ ホットコーヒー 1つ ください。 뜨거운 커피 하나 주세요.

## 2시간만에 끝내는 독학 Plan

| | 학습 항목 | 학습 시간 | 학습 체크 | | | 학습 메모 |
|---|---|---|---|---|---|---|
| 1 | 동영상 또는 오디오 강의 수강 | 15분 | ☐1회 | ☐2회 | ☐3회 | |
| 2 | 요것만은 꼭꼭 Point (176~177p) | 15분 | ☐1회 | ☐2회 | ☐3회 | |
| 3 | 실전처럼 술술 Speaking (178~183p) | 15분 | ☐1회 | ☐2회 | ☐3회 | |
| 4 | 회화실력 쑥쑥 Conversation (184~185p) | 15분 | ☐1회 | ☐2회 | ☐3회 | |
| 5 | 내 귀에 쏙쏙 Listening (186p) | 15분 | ☐1회 | ☐2회 | ☐3회 | |
| 6 | 듣고 말하기 훈련용 MP3 ◉ S 09_1~4 | 15분 | ☐1회 | ☐2회 | ☐3회 | |
| 7 | 9과 필기시험 (188~191p) | 30분 | ☐50점 미만 | ☐51~80점 | ☐81~100점 | |

- 50점 미만 : Unit 전체 1~2회 반복 학습
- 51점~80점 : 틀린 부분 다시 학습
- 81점~100점 : 다음 Unit 진행 OK~!!

## 요것만은 꼭꼭~ | Point |

### 01 숫자 읽기(10~90,000)

| | 10 | 100 | 1,000 | 10,000 |
|---|---|---|---|---|
| 1 | じゅう | ひゃく | せん | いちまん |
| 2 | にじゅう | にひゃく | にせん | にまん |
| 3 | さんじゅう | さんびゃく | さんぜん | さんまん |
| 4 | よんじゅう | よんひゃく | よんせん | よんまん |
| 5 | ごじゅう | ごひゃく | ごせん | ごまん |
| 6 | ろくじゅう | ろっぴゃく | ろくせん | ろくまん |
| 7 | ななじゅう | ななひゃく | ななせん | ななまん |
| 8 | はちじゅう | はっぴゃく | はっせん | はちまん |
| 9 | きゅうじゅう | きゅうひゃく | きゅうせん | きゅうまん |

✦ 10단위는 [10(じゅう)] 앞에, 3과에서 배웠던 [に、さん、よん、ご、ろく、 なな、はち、きゅう]를 순서대로 붙여서 만듭니다.

✦ 100단위의 발음은 기본이 되는 [ひゃく]에 10단위와 동일하게 [に、よん、ご、 なな、きゅう]를 순서대로 붙여서 만듭니다.
단, 300의 [さんびゃく], 600과 800의 [ろっぴゃく、はっぴゃく]는 특별하게 발음되므로, 따로 외워야 합니다. 100단위는 일본어 숫자 중에서 발음도 어렵고 혼동하기 쉬우므로 주의해야 합니다.

✦ 1,000단위와 10,000단위는 기본적인 [1,000(せん)]과 [10,000(まん)] 앞에 [に、 さん、よん、ご、ろく、なな、はち、きゅう]를 순서대로 붙여서 만듭니다.
단, 3,000은 [さんぜん], 8,000은 [はっせん]이 되는 것에 주의해야 합니다.

[10,000]을 한국어에서는 [만]이라고 하지만, 일본어에서는 [일만(いちまん)]으로 발음하는 것에 주의해야 합니다.

~은/는 얼마입니까?

### 02 ~は いくらですか。

- □ この 이
- □ 時計 시계
- □ あの 저
- □ 長い 길다
- □ 傘 우산

この 時計は いくらですか。　　　　이 시계는 얼마입니까?

あの 長い 傘は いくらですか。　　저 긴 우산은 얼마입니까?

176

## 03 ください。

주세요.

おにぎり 3つと サンドイッチ 1つ ください。　　주먹밥 3개와 샌드위치 1개 주세요.

紅茶と コーヒー 1つずつ ください。　　　홍차와 커피 1개씩 주세요.

[~와/과]라는 뜻의 조사 [～と]는 명사 뒤에 붙여서 사용합니다.

- □ おにぎり 주먹밥
- □ ～と ~와/과
- □ サンドイッチ 샌드위치
- □ 紅茶 홍차
- □ コーヒー 커피
- □ ～ずつ ~씩

## 04 금액 및 조수사(단위)

| | 円<br>(엔) | ～つ<br>(~개) | ～枚<br>(~장) | ～本<br>(~자루/병) | ～冊<br>(~권) | ～階<br>(~층) |
|---|---|---|---|---|---|---|
| 1 | いちえん | ひとつ | いちまい | いっぽん | いっさつ | いっかい |
| 2 | にえん | ふたつ | にまい | にほん | にさつ | にかい |
| 3 | さんえん | みっつ | さんまい | さんぼん | さんさつ | さんがい |
| 4 | よえん | よっつ | よんまい | よんほん | よんさつ | よんかい |
| 5 | ごえん | いつつ | ごまい | ごほん | ごさつ | ごかい |
| 6 | ろくえん | むっつ | ろくまい | ろっぽん | ろくさつ | ろっかい |
| 7 | ななえん | ななつ | ななまい | ななほん | ななさつ | ななかい |
| 8 | はちえん | やっつ | はちまい | はっぽん | はっさつ | はちかい<br>はっかい |
| 9 | きゅうえん | ここのつ | きゅうまい | きゅうほん | きゅうさつ | きゅうかい |
| 10 | じゅうえん | とお | じゅうまい | じゅっぽん | じゅっさつ | じゅっかい |
| | いくら<br>(얼마) | いくつ<br>(몇 개) | なんまい<br>(몇 장) | なんぼん<br>(몇 자루<br>/몇 병) | なんさつ<br>(몇 권) | なんがい<br>(몇 층) |

- [～枚]는 프린트, 엽서, 티켓, 우표 등의 종이류 또는 티셔츠, 손수건, CD 등 얇고 평평한 것을 세는 조수사입니다.
- [～本]은 연필, 병, 우산 등 가늘고 긴 물건을 세는 조수사입니다.
- [～冊]는 책이나 노트 등을 세는 조수사입니다.
- [～つ]는 [~장, ~자루, ~병, ~권] 등을 대신해서 사용할 수 있는 유용한 조수사입니다.

ボールペン 1本 ください。　　　볼펜 한 자루 주세요.

ボールペン ひとつ ください。　　볼펜 하나(한 개) 주세요.

- □ ボールペン 볼펜

1 그림의 개수를 확인하고 예와 같이 말해 보세요. ◎ **Unit 09_1**

**チーズバーガー**

예 A: チーズバーガー　ください。

B: いくつですか。

A: みっつ　ください。

❶ ケーキ

❷ ドーナツ

❸ コーラ

❹ ホットコーヒー

**풀이 노트** 1

◎ S 09_2

예 A: チーズバーガー ください。　치즈버거 주세요.

B: いくつですか。　몇 개입니까?

A: みっつ ください。　3개 주세요.

❶ A: ケーキ ください。　케이크 주세요.
B: いくつですか。　몇 개입니까?
A: ふたつ ください。　2개 주세요.

❷ A: ドーナツ ください。　도넛 주세요.
B: いくつですか。　몇 개입니까?
A: むっつ ください。　6개 주세요.

❸ A: コーラ ください。　콜라 주세요.
B: いくつですか。　몇 개입니까?
A: よっつ ください。　4개 주세요.

❹ A: ホットコーヒー ください。　뜨거운 커피 주세요.
B: いくつですか。　몇 개입니까?
A: ひとつ ください。　1개 주세요.

□ チーズバーガー
　　치즈 버거

□ ください　주세요

□ いくつ　몇 개

□ みっつ　3개

□ ケーキ　케이크

□ ふたつ　2개

□ ドーナツ　도넛

□ むっつ　6개

□ コーラ　콜라

□ よっつ　4개

□ ホットコーヒー
　　뜨거운 커피

□ ひとつ　1개

**2** 다음 예와 같이 말해 보세요.　　　　　　　　　　　　　⊚ **Unit 09_2**

예 コーラ / 170円

A: <u>コーラは</u> いくらですか。

B: <u>170 (ひゃくななじゅう) 円</u>です。

❶ サラダ / 620円

❷ めがね / 8,300円

❸ 財布 / 13,000円

❹ 時計 / 26,000円

## 풀이 노트 2

◎ S 09_3

□ コーラ 콜라
□ いくら 얼마
□ サラダ 샐러드
□ めがね 안경
□ 財布 지갑
□ 時計 시계

예 **A:** コーラは いくらですか。 콜라는 얼마입니까?

　 **B:** 170 (ひゃくななじゅう) 円です。 170엔입니다.

❶ **A:** サラダは いくらですか。 샐러드는 얼마입니까?

　 **B:** 620 (ろっぴゃくにじゅう) 円です。 620엔입니다.

❷ **A:** めがねは いくらですか。 안경은 얼마입니까?

　 **B:** 8,300 (はっせんさんびゃく) 円です。 8,300엔입니다.

❸ **A:** 財布は いくらですか。 지갑은 얼마입니까?

　 **B:** 13,000 (いちまんさんぜん) 円です。 13,000엔입니다.

❹ **A:** 時計は いくらですか。 시계는 얼마입니까?

　 **B:** 26,000 (にまんろくせん) 円です。 26,000엔입니다.

**3** 다음 예와 같이 말해 보세요.　　　　　　　　　　　　◎ Unit 09_3

> 예　ボールペン（90円）＋ ノート（230円）
>
> 店員：いらっしゃいませ。
>
> お客：ボールペンは いくらですか。
>
> 店員：90円です。
>
> お客：ノートは いくらですか。
>
> 店員：230円です。
>
> お客：ボールペンと ノート ください。
>
> 店員：はい、全部で 320円です。
>
> お客：じゃ、これで お願いします。
>
> 店員：ありがとうございます。

❶ うどん（670円）＋ てんぷらそば（1,150円）

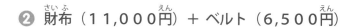

❷ 財布（11,000円）＋ ベルト（6,500円）

## 풀이 노트 3

S 09_4

（예）　店員：いらっしゃいませ。　어서 오세요.

お客：ボールペンは いくらですか。　볼펜은 얼마입니까?

店員：90 (きゅうじゅう) 円です。　90엔입니다.

お客：ノートは いくらですか。　노트는 얼마입니까?

店員：230 (にひゃくさんじゅう) 円です。　230엔입니다.

お客：ボールペンと ノート ください。　볼펜과 노트 주세요.

店員：はい、全部で 320(さんびゃくにじゅう)円です。　예, 전부 해서 320엔입니다.

お客：じゃ、これで お願いします。　그러면, 이것으로 부탁합니다.

店員：ありがとうございます。　감사합니다.

❶　店員：いらっしゃいませ。　어서 오세요.

お客：うどんは いくらですか。　우동은 얼마입니까?

店員：670 (ろっぴゃくななじゅう) 円です。　670엔입니다.

お客：てんぷらそばは いくらですか。　튀김 메밀국수는 얼마입니까?

店員：1,150 (せんひゃくごじゅう) 円です。　1,150엔입니다.

お客：うどんと てんぷらそば ください。　우동과 튀김 메밀국수 주세요.

店員：はい、全部で 1,820(せんはっぴゃくにじゅう)円です。　예, 전부 해서 1,820엔입니다.

お客：じゃ、これで お願いします。　그러면, 이것으로 부탁합니다.

店員：ありがとうございます。　감사합니다.

❷　店員：いらっしゃいませ。　어서 오세요.

お客：財布は いくらですか。　지갑은 얼마입니까?

店員：11,000 (いちまんせん) 円です。　11,000엔입니다.

お客：ベルトは いくらですか。　벨트는 얼마입니까?

店員：6,500 (ろくせんごひゃく) 円です。　6,500엔입니다.

お客：財布と ベルト ください。　지갑과 벨트 주세요.

店員：はい、全部で 17,500(いちまんななせんごひゃく)円です。　예, 전부 해서 17,500엔입니다.

お客：じゃ、これで お願いします。　그러면, 이것으로 부탁합니다.

店員：ありがとうございます。　감사합니다.

---

□ 店員 점원

□ いらっしゃいませ
　어서 오세요

□ お客 손님

□ ボールペン 볼펜

□ いくら 얼마

□ ノート 노트

□ ～と 와/과

□ ください 주세요

□ 全部で 전부 해서

□ じゃ 그러면

□ これで 이것으로

□ お願いします
　부탁합니다

□ ありがとうございます
　감사합니다

□ うどん 우동

□ てんぷらそば
　튀김 메밀국수

□ 財布 지갑

□ ベルト 벨트

## 회화실력 쑥쑥~  | Conversation |

◎ **Unit 09_4**

店員　　いらっしゃいませ。
　　　　이 랏 샤 이 마 세

中村　　すみません。これは　何<sup>なん</sup>ですか。
　　　　스 미 마 셍 코 레 와　 난 데 스 까?

店員　　紅茶<sup>こうちゃ</sup>ケーキです。
　　　　코 쨔 케 키 데 스

中村　　いくらですか。
　　　　이 쿠 라 데 스 까?

店員　　３９０円<sup>えん</sup>です。
　　　　삼바꾸 큐 쥬 엔 데 스

中村　　紅茶<sup>こうちゃ</sup>ケーキと　チーズケーキ、ひとつずつ　ください。
　　　　코 쨔 케 키 또 치 즈 케 키　히또쯔즈쯔 쿠 다 사 이

　　　　それから、ホットコーヒー　ふたつ　ください。
　　　　소 레 까 라　홋 또 코 히 후 타 쯔 쿠 다 사 이

店員　　はい、全部<sup>ぜんぶ</sup>で　１，６００円<sup>えん</sup>です。
　　　　하 이 젬 부 데 센 롭 빠꾸 엔 데 스

中村　　じゃ、これで　お願<sup>ねが</sup>いします。
　　　　쟈 코 레 데 오네가 이 시 마 스

店員　　ありがとうございます。
　　　　아 리 가 또 고 쟈 이 마 스

점　　원　어서 오세요.
나카무라　저기요, 이것은 무엇입니까?
점　　원　홍차케이크입니다.
나카무라　얼마입니까?
점　　원　390엔입니다.
나카무라　홍차케이크와 치즈케이크, 1개씩 주세요.
　　　　　그리고 뜨거운 커피 2개 주세요.
점　　원　예, 전부 해서 1,600엔입니다.
나카무라　그러면 이것으로 부탁합니다.
점　　원　감사합니다.

### 어휘표현

◻店員<sup>てんいん</sup> 점원　◻いらっしゃいませ 어서 오세요　◻これ 이것　◻紅茶<sup>こうちゃ</sup>ケーキ 홍차케이크　◻いくら 얼마　◻チーズケーキ 치즈케이크

◻ひとつ 1개　◻〜ずつ ~씩　◻ください 주세요　◻それから 그리고　◻ホットコーヒー 뜨거운 커피　◻ふたつ 2개

◻全部<sup>ぜんぶ</sup>で 전부 해서　◻じゃ 그러면　◻これで 이것으로　◻お願<sup>ねが</sup>いします 부탁합니다　◻ありがとうございます 감사합니다

## 01 [すみません]의 여러 가지 의미

① 사과를 할 때 '미안합니다'의 의미로 가장 많이 사용합니다.
② 상점 등에 들어가서 사람을 부르거나, 누군가에게 말을 걸거나 할 때, '저기요' 또는 '실례합니다'라는 의미로 사용합니다.
③ 선물 등을 받았을 때 고마우면서도 미안한 마음을 담아 '감사합니다'라는 의미로 사용합니다.

## 02 お願いします (부탁합니다)

① 구체적인 물건을 달라고 할 때, 뭔가를 요청할 때는 [ください(주세요)]보다 정중한 표현으로 [お願いします(부탁합니다)]를 사용할 수 있습니다.
② 사물에 대한 설명 등을 요청하거나 식당 등에서 주문할 때도 사용합니다.

## 03 それから (그리고, 그러고 나서)

일어난 순서에 따라서 두 문장을 나열할 때 사용하는 접속사입니다.

## 04 ～ずつ (~씩)

각각 다른 것을 주문하는데 수량이 같은 경우, 묶어서 말할 때 사용합니다.
コーヒー 1つと 紅茶 1つ ください。 커피 하나와 홍차 하나 주세요.
コーヒーと 紅茶 1つずつ ください。 커피와 홍차 하나씩 주세요.

## 05 참고가 되는 조수사(단위)

사물을 셀 때나 어떤 수량을 표현할 때, 대상에 따라 다른 조수사를 사용합니다. 이때 조수사는 숫자 뒤에 붙입니다.
① 台(대): 텔레비전, 냉장고 등의 기계나 자전거, 자동차 등에 사용합니다.
　　　　1台、2台、3台、4台…
② 回(회): 1회, 2회 등 횟수에 사용합니다.
　　　　1回、2回、3回、4回…
③ 杯(잔): 커피, 술 등 마실 것에 사용합니다.
　　　　1杯、2杯、3杯、4杯…

**1** 다음 ㉖와 같이 맞는 것에는 ○표, 틀린 것에는 X표 하세요. ⊙ Unit 09_5

**2** 다음을 듣고 ㉖와 같이 금액을 써넣으세요. ⊙ Unit 09_6

㉖

 180 円<sup>えん</sup>

 350 円<sup>えん</sup>

❶

 円<sup>えん</sup>

 円<sup>えん</sup>

❷

 円<sup>えん</sup>

 円<sup>えん</sup>

❸

 円<sup>えん</sup>

 円<sup>えん</sup>

정답 및 스크립트 ···▶ 부록 252쪽

## 식사할 때

**Q 퀴즈 : 일본의 식사 예절로 맞는 것은 어느 것일까요?**

❶ 밥그릇을 들고 먹는다.

❷ 음식을 덜 때는 젓가락을 거꾸로 해서 던다.

❸ 소바나 우동 같은 면류는 소리를 내면서 먹으면 안 된다.

❹ 식사 중간에 젓가락은 그릇 위에 걸쳐 놓는다.

 일본에서는 식사할 때 왼손으로는 그릇을, 오른손으로는 젓가락을 드는 것이 기본 매너이다.
그릇을 들 때는 두 손으로 들어올린 후 왼손으로 옮겨 잡는다. 단, 큰 접시나 라면 그릇 같이 무거운 그릇 등은 들고 먹지 않아도 된다.

 여러 명이 먹는 요리는 取り皿라고 하는 개인 접시에 덜어 먹는데, 음식을 덜 때는 개인 젓가락이 아니라, 取り箸라는 별도의 젓가락을 사용한다.
＊ 일본인 중에서도 자신의 젓가락을 사용하는 사람이 있지만, 잘못된 매너이니까 주의하자!

 일본에서는 면류(스파게티 제외)를 먹을 때, 소리를 내면서 먹는 것을 い粋き(멋)으로 여긴다.
특히, 소바나 우동 등은 향기를 음미하면서 먹는 음식이므로 소리를 내면서 공기를 함께 먹으면 제대로 음미할 수 있다. 단, 면류 이외의 음식은 소리를 내지 않도록 주의하자!

 식사 중에 젓가락을 놓을 때는 젓가락 받침에 젓가락 끝이 왼쪽으로 가도록 옆으로 놓는다.
＊ 젓가락 끝이 상대방쪽으로 가도록 놓는 것은 실례이므로 주의하자!
그릇 위에 젓가락을 걸쳐놓는 것은 식사가 끝났다는 의미지만 예절상 좋지 않다는 것도 알아두자.

# 필기시험

어휘

**1** 다음 문장에서 빈칸에 주어진 한국어를 일본어로 써 보세요. (1문제 3점)

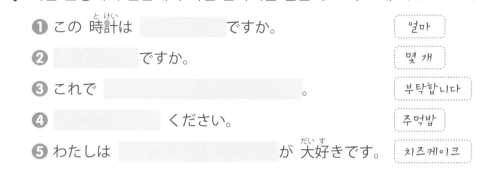

❶ この 時計(とけい)は _____ ですか。　　　얼마

❷ _____ ですか。　　　몇 개

❸ これで _____ 。　　　부탁합니다

❹ _____ ください。　　　주먹밥

❺ わたしは _____ が 大好(だいす)きです。　　　치즈케이크

**2** 다음 문장에서 밑줄 친 단어의 뜻을 한국어로 써 보세요. (1문제 3점)

❶ この 店(みせ)は おきゃくが 多(おお)いです。　_____

❷ あの てんいんは とても 親切(しんせつ)です。　_____

❸ ぜんぶで 1,200円(えん)です。　_____

❹ こうちゃが 好(す)きですか。　_____

❺ ドーナツと コーラ 1つずつ ください。　_____

문법

**3** 주어진 단어 중에서 가장 적절한 것을 골라 O표 하세요. (1문제 3점)

❶ これは (さんひゃく　さんびゃく　さんぴゃく)円(えん)です。

❷ てんぷらは (はっぴゃくごじゅう　はっひゃくごじゅう　はっびゃくごじゅう)円(えん)です。

❸ その かばんは (さんせんろっぴゃく　さんせんろっびゃく　さんぜんろっぴゃく)円(えん)です。

❹ あの 財布(さいふ)は (はっせんななひゃく　はちせんななひゃく　はっせんななぴゃく)円(えん)です。

❺ この 黒(くろ)い ベルトは (いちまんいちせん　いちまんせん　まんいっせん)円(えん)です。

**4** 주어진 한국어 문장을 일본어로(숫자는 히라가나로) 써 보세요. (1문제 4점)

**❶** 샐러드 <u>1개</u> 주세요.

**❷** 아이스 커피 <u>3개</u> 주세요.

**❸** 우동 <u>2개</u> 주세요.

**❹** 펜 <u>3자루</u> 주세요.

**❺** 노트 <u>2권</u> 주세요.

듣기
◎ Test 09

**5** 다음 단어를 듣고 받아 써 보세요. (1문제 4점)

**❶**　　　　　　　　**❷**　　　　　　　　**❸**

**❹**　　　　　　　　**❺**

**6** 다음 문장을 듣고 받아 써 보세요. (1문제 5점)

**❶** _____

**❷** _____

**❸** _____

**1** 다음 문장에서 빈칸에 주어진 한국어를 일본어로 써 보세요. (1문제 3점)

**❶** この 時計は  いくら ですか。 이 시계는 얼마입니까?
→ 이 문제를 틀렸을 경우에는 P.176를 다시 한번 확인 학습해 주세요.

**❷**  いくつ ですか。 몇 개입니까?
→ 이 문제를 틀렸을 경우에는 P.177를 다시 한번 확인 학습해 주세요.

**❸** これで  お願いします 。 이것으로 부탁합니다.
→ 이 문제를 틀렸을 경우에는 P.185를 다시 한번 확인 학습해 주세요.

**❹**  おにぎり  ください。 주먹밥 주세요.
→ 이 문제를 틀렸을 경우에는 P.177를 다시 한번 확인 학습해 주세요.

**❺** わたしは  チーズケーキ が  大好きです 。 저는 치즈케이크를 매우 좋아합니다.
→ 이 문제를 틀렸을 경우에는 P.184를 다시 한번 확인 학습해 주세요.

**2** 다음 문장에서 밑줄 친 단어의 뜻을 한국어로 써 보세요. (1문제 3점)

**❶** この 店は お客が 多いです。  손님   이 가게는 손님이 많습니다.
→ 이 문제를 틀렸을 경우에는 P.183를 다시 한번 확인 학습해 주세요.

**❷** あの 店員は とても 親切です。  점원   저 점원은 매우 친절합니다.
→ 이 문제를 틀렸을 경우에는 P.183를 다시 한번 확인 학습해 주세요.

**❸** 全部で 1,200円です。  전부 해서   전부 해서 1,200엔입니다.
→ 이 문제를 틀렸을 경우에는 P.183를 다시 한번 확인 학습해 주세요.

**❹** 紅茶が 好きですか。  홍차   홍차를 좋아합니까?
→ 이 문제를 틀렸을 경우에는 P.177를 다시 한번 확인 학습해 주세요.

**❺** ドーナツと コーラ 1つずつ ください。  ~씩   도넛과 콜라 1개씩 주세요.
→ 이 문제를 틀렸을 경우에는 P.179를 다시 한번 확인 학습해 주세요.

**3** 주어진 단어 중에서 가장 적절한 것을 골라 O표 하세요. (1문제 3점)

**❶** これは (さんひゃく  さんびゃく  さんぴゃく)円です。 이것은 300엔입니다.
→ 이 문제를 틀렸을 경우에는 P.176를 다시 한번 확인 학습해 주세요.

**❷** てんぷらは (はっぴゃくごじゅう  はっひゃくごじゅう  はっぴゃくごじゅう)円です。 튀김은 850엔입니다.
→ 이 문제를 틀렸을 경우에는 P.176를 다시 한번 확인 학습해 주세요.

**❸** その かばんは (さんせんろっぴゃく  さんせんろっぴゃく  さんぜんろっぴゃく)円です。 그 가방은 3,600엔입니다.
→ 이 문제를 틀렸을 경우에는 P.176를 다시 한번 확인 학습해 주세요.

**❹** あの 財布は (はっせんななひゃく  はちせんななひゃく  はっせんななぴゃく)円です。 저 지갑은 8,700엔입니다.
→ 이 문제를 틀렸을 경우에는 P.176를 다시 한번 확인 학습해 주세요.

**❺** この 黒い ベルトは (いちまんいちせん  いちまんせん  まんいっせん)円です。 이 검은 벨트는 11,000엔입니다.
→ 이 문제를 틀렸을 경우에는 P.176를 다시 한번 확인 학습해 주세요.

**4** 주어진 한국어 문장을 일본어로(숫자는 히라가나로) 써 보세요. (1문제 4점)

**❶** 샐러드 *1개* 주세요.　　　　サラダ ひとつ ください。

→ 이 문제를 틀렸을 경우에는 P.177를 다시 한번 확인 학습해 주세요.

**❷** 아이스 커피 *3개* 주세요.　　　アイスコーヒー みっつ ください。

→ 이 문제를 틀렸을 경우에는 P.177를 다시 한번 확인 학습해 주세요.

**❸** 우동 *2개* 주세요.　　　　　うどん ふたつ ください。

→ 이 문제를 틀렸을 경우에는 P.177를 다시 한번 확인 학습해 주세요.

**❹** 펜 *3자루* 주세요.　　　　　ペン さんぼん ください。

→ 이 문제를 틀렸을 경우에는 P.177를 다시 한번 확인 학습해 주세요.

**❺** 노트 *2권* 주세요.　　　　　ノート にさつ ください。

→ 이 문제를 틀렸을 경우에는 P.177를 다시 한번 확인 학습해 주세요.

듣기

◎ Test 09

**5** 다음 단어를 듣고 받아 써 보세요. (1문제 4점)

**❶** むっつ　여섯/6개　　　**❷** さんびゃく　300　　　**❸** はっぽん　8병/8자루

**❹** ろっぴゃく　600　　　**❺** ふたつ　둘/2개

→ 이 문제를 틀렸을 경우에는 P.176~177를 다시 한번 확인 학습해 주세요.

**6** 다음 문장을 듣고 받아 써 보세요. (1문제 5점)

**❶** チーズケーキ みっつ ください。　치즈케이크 3개 주세요.

→ 이 문제를 틀렸을 경우에는 P.177를 다시 한번 확인 학습해 주세요.

**❷** ぜんぶで さんぜんはっぴゃくにじゅうえんです。　全部で 3,820円です。　전부 해서 3,820엔입니다.

→ 이 문제를 틀렸을 경우에는 P.176, 183를 다시 한번 확인 학습해 주세요.

**❸** これで おねがいします。　これで お願いします。　이것으로 부탁합니다.

→ 이 문제를 틀렸을 경우에는 P.183를 다시 한번 확인 학습해 주세요.

동영상 강의 10  오디오 강의 10-1  오디오 강의 10-2

# この 近くに

코 노 치카 쿠 니

# 本屋が ありますか。

홍 야 가 아 리 마 스 까?

이 근처에
서점이 있습니까?

☐ 위치 명사 익히기

☐ つくえの 上<sup>うえ</sup>に 花<sup>はな</sup>が あります。　책상 위에 꽃이 있습니다.

☐ 教室<sup>きょうしつ</sup>の 中<sup>なか</sup>に 学生<sup>がくせい</sup>が います。　교실 안에 학생이 있습니다.

2시간만에 끝내는
### 독학 Plan

| | 학습 항목 | 학습 시간 | 학습 체크 | | | 학습 메모 |
|---|---|---|---|---|---|---|
| 1 | 동영상 또는 오디오 강의 수강 | 15분 | ☐1회 | ☐2회 | ☐3회 | |
| 2 | 요것만은 꼭꼭 Point (194~195p) | 15분 | ☐1회 | ☐2회 | ☐3회 | |
| 3 | 실전처럼 술술 Speaking (196~199p) | 15분 | ☐1회 | ☐2회 | ☐3회 | |
| 4 | 회화실력 쑥쑥 Conversation (200~201p) | 15분 | ☐1회 | ☐2회 | ☐3회 | |
| 5 | 내 귀에 쏙쏙 Listening (202p) | 15분 | ☐1회 | ☐2회 | ☐3회 | |
| 6 | 듣고 말하기 훈련용 MP3 ◎ S 10_1~3 | 15분 | ☐1회 | ☐2회 | ☐3회 | |
| 7 | 10과 필기시험 (204~207p) | 30분 | ☐50점 미만 | ☐51~80점 | ☐81~100점 | |

> 50점 미만　Unit 전체 1~2회 반복 학습
> 51점~80점　틀린 부분 다시 학습
> 81점~100점　다음 Unit 진행 OK~!!

조사 [〜に]는 [〜에]라는 의미로, [〜に] 앞에는 장소나 위치를 나타내는 명사가 옵니다.

□ テレビ 텔레비전
□ 上(うえ) 위
□ 花(はな) 꽃
□ 駅(えき) 역
□ 近(ちか)く 근처
□ デパート 백화점

**01** ~에 ~이/가 있습니다.

## 〜に 〜が あります。(사물, 식물)

テレビの 上(うえ)に 花(はな)が あります。　　　텔레비전 위에 꽃이 있습니다.

駅(えき)の 近(ちか)くに デパートが あります。　　역 근처에 백화점이 있습니다.

＋ [あります(있습니다)]는 사물과 식물 등 스스로 움직일 수 없는 것에 사용됩니다. 또한, [わたしは ケータイが あります(저는 휴대전화가 있습니다)]와 같이 어떤 물건에 대한 소유의 의미로도 사용할 수 있습니다.

□ 教室(きょうしつ) 교실
□ 中(なか) 안
□ 学生(がくせい) 학생
□ 本(ほん)だな 책장, 책꽂이
□ 前(まえ) 앞
□ 猫(ねこ) 고양이

**02** ~에 ~이/가 있습니다.

## 〜に 〜が います。(사람, 동물)

教室(きょうしつ)の 中(なか)に 学生(がくせい)が います。　　교실 안에 학생이 있습니다.

本(ほん)だなの 前(まえ)に 猫(ねこ)が います。　　책장 앞에 고양이가 있습니다.

＋ [います(있습니다)]는 사람이나 동물 등 스스로 움직일 수 있는 것에 사용합니다.

＋ 한국어의 [있습니다]는 스스로 이동할 수 있는지, 없는지에 상관없이 사용하지만, 일본어는 [あります]와 [います]를 구분해서 사용하는 것에 주의해야 합니다.

[ありません]의 경우 [ケータイが ありません(휴대전화가 없습니다)]와 같이 소유에 대한 부정 표현과 [ケータイじゃありません(휴대전화가 아닙니다)]와 같이 대상 자체에 대한 부정 표현을 혼동하지 않도록 주의해야 합니다.

□ つくえ 책상
□ 上(うえ) 위
□ かばん 가방
□ 何(なに)も 아무것도
□ 部屋(へや) 방
□ 中(なか) 안
□ だれも 아무도, 누구도

**03** 없습니다

## ありません / いません

つくえの 上(うえ)に かばんが ありますか。　　책상 위에 가방이 있습니까?

　いいえ、ありません。　　　　　　　　　아니요, 없습니다.

　いいえ、何(なに)も ありません。　　　　아니요, 아무것도 없습니다.

部屋(へや)の 中(なか)に 田中(たなか)さんが いますか。　방 안에 다나카 씨가 있습니까?

　いいえ、いません。　　　　　　　　　　아니요, 없습니다.

　いいえ、だれも いません。　　　　　　아니요, 아무도 없습니다.

＋ [없습니다]라는 부정 표현을 말할 때 사물, 식물 등에는 [ありません], 사람, 동물 등에는 [いません]을 사용합니다.

## 04 장소를 나타내는 지시어

|  | ~곳(장소) | ~쪽(방향) |
|---|---|---|
| 이 | ここ | こちら |
| 그 | そこ | そちら |
| 저 | あそこ | あちら |
| 어느 | どこ | どちら |

말하는 사람에게 가까운 거리에 있는 장소를 나타낼 때는 [ここ], 상대방에 가까울 때는 [そこ], 양쪽 모두에게 먼 거리에 있는 장소에는 [あそこ], 어디인지 확실하지 않을 때는 [どこ]를 사용합니다.

✚ [~쪽]이라는 방향 표현 [こちら、そちら、あちら、どちら]를 사용하여 장소를 나타내는 경우, [ここ、そこ、あそこ、どこ]보다 조금 더 정중한 형태가 됩니다.

예 お国は どこですか。　나라(고향)는 어디입니까?
　　お国は どちらですか。　나라(고향)는 어디십니까?

## 05 위치

[そば]와 [となり]는 모두 [옆]이라는 의미이지만, [となり]는 사람과 사람, 건물과 건물 등으로 같은 종류가 같은 방향을 향해 옆에 있을 때 사용합니다.

[そば]는 상, 하 또는 좌, 우의 방향에 관계없이 가까운 거리에 있을 때 사용합니다.

1 다음 예와 같이 말해 보세요. ◎ **Unit 10_1**

예 **本 / ベッドの 上**

A: 本が ありますか。　　　B: はい、あります。

A: どこに ありますか。　　B: ベッドの 上に あります。

❶ **財布 / かばんの 中**

---

❷ **本だな / つくえの 右**

---

❸ **犬 / いすの 下**

---

❹ **子ども / ドアの 後ろ**

## 풀이 노트 1

◎ S 10_2

（예） A: 本が ありますか。 책이 있습니까?

B: はい、あります。 예, 있습니다.

A: どこに ありますか。 어디에 있습니까?

B: ベッドの 上に あります。 침대 위에 있습니다.

| | |
|---|---|
| □ 本 책 | |
| □ どこ 어디 | |
| □ ベッド 침대 | |
| □ 上 위 | |
| □ 財布 지갑 | |
| □ かばん 가방 | |
| □ 中 안 | |
| □ 本だな 책장, 책꽂이 | |
| □ つくえ 책상 | |
| □ 右 오른쪽 | |
| □ 犬 개 | |
| □ いす 의자 | |
| □ 下 아래 | |
| □ 子ども 아이 | |
| □ ドア 문 | |
| □ 後ろ 뒤 | |

❶ A: 財布が ありますか。 지갑이 있습니까?

B: はい、あります。 예, 있습니다.

A: どこに ありますか。 어디에 있습니까?

B: かばんの 中に あります。 가방 안에 있습니다.

❷ A: 本だなが ありますか。 책장이 있습니까?

B: はい、あります。 예, 있습니다.

A: どこに ありますか。 어디에 있습니까?

B: つくえの 右に あります。 책상 오른쪽에 있습니다.

❸ A: 犬が いますか。 개가 있습니까?

B: はい、います。 예, 있습니다.

A: どこに いますか。 어디에 있습니까?

B: いすの 下に います。 의자 아래에 있습니다.

❹ A: 子どもが いますか。 아이가 있습니까?

B: はい、います。 예, 있습니다.

A: どこに いますか。 어디에 있습니까?

B: ドアの 後ろに います。 문 뒤에 있습니다.

**2** 다음 ⑩와 같이 말해 보세요.　　　　　　　　◎ **Unit 10_2**

⑩ **公園**
<sup>こうえん</sup>

A: 公園は どこに ありますか。

B: 駅の 近くに あります。

❶ デパート

❷ 銀行
<sup>ぎんこう</sup>

❸ レストラン

❹ 本屋
<sup>ほん や</sup>

❺ 田中さん
<sup>た なか</sup>

❻ 犬
<sup>いぬ</sup>

**풀이 노트** 2

S 10_3

예 A: 公園は どこに ありますか。 공원은 어디에 있습니까?

B: 駅の 近くに あります。 역 근처에 있습니다.

❶ A: デパートは どこに ありますか。 백화점은 어디에 있습니까?

B: 公園の 前に あります。 공원 앞에 있습니다.

❷ A: 銀行は どこに ありますか。 은행은 어디에 있습니까?

B: 本屋と デパートの 間に あります。 서점과 백화점 사이에 있습니다.

❸ A: レストランは どこに ありますか。 레스토랑은 어디에 있습니까?

B: 本屋の 上に あります。 서점 위에 있습니다.

❹ A: 本屋は どこに ありますか。 서점은 어디에 있습니까?

B: 銀行の となりに あります。 은행 옆에 있습니다.

❺ A: 田中さんは どこに いますか。 다나카 씨는 어디에 있습니까?

B: 駅の 外に います。 역 밖에 있습니다.

❻ A: 犬は どこに いますか。 개는 어디에 있습니까?

B: 田中さんの そばに います。 다나카 씨의 옆에 있습니다.

□ 公園 공원
□ どこ 어디
□ ～に ~에
□ 駅 역
□ 近く 근처
□ あります 있습니다
□ デパート 백화점
□ 前 앞
□ 銀行 은행
□ 本屋 서점, 책방
□ 間 사이
□ レストラン 레스토랑
□ 上 위
□ となり 옆
□ います 있습니다
□ 外 밖
□ 犬 개
□ そば 옆

◎ Unit 10_3

中村　すみません。この 近(ちか)くに 本屋(ほんや)が ありますか。
　　　스미마셍　코노 치카쿠니 홍야가 아리마스까?

通行人(つうこうにん)　本屋(ほんや)ですか。
　　　홍야데스까?

　　　あ、銀行(ぎんこう)の となりに ありますよ。
　　　아 깅꼬-노 토나리니 아리마스요

中村　銀行(ぎんこう)の となりですか。
　　　깅꼬-노 토나리데스까?

　　　すみませんが、銀行(ぎんこう)は どこですか。
　　　스미마셍가 깅꼬-와 도꼬데스까?

通行人(つうこうにん)　銀行(ぎんこう)は 駅(えき)の そばに あります。
　　　깅꼬-와 에끼노 소바니 아리마스

　　　デパートの 後(うし)ろです。
　　　데파-토노 우시로데스

中村　そうですか。ありがとうございます。
　　　소-데스까 아리가또-고자이마스

나카무라　실례합니다. 이 근처에 서점이 있습니까?
통행인　서점이요?
　　　아, 은행 옆에 있습니다.
나카무라　은행 옆입니까?
　　　죄송하지만, 은행은 어디입니까?
통행인　은행은 역 옆에 있습니다.
　　　백화점 뒤(쪽)입니다.
나카무라　그렇습니까? 감사합니다.

어휘표현

ㅁ この 이　ㅁ 近(ちか)く 근처　ㅁ 本屋(ほんや) 서점, 책방　ㅁ 銀行(ぎんこう) 은행　ㅁ となり 옆　ㅁ どこ 어디　ㅁ 駅(えき) 역　ㅁ そば 옆
ㅁ デパート 백화점　ㅁ 後(うし)ろ 뒤

 독학! Plus+

## 01 지시어 [こ、そ、あ、ど] 정리

| | ~것(사물) | | ~곳(장소) | ~쪽(방향) |
|---|---|---|---|---|
| 이 | これ | この | ここ | こちら |
| 그 | それ | その | そこ | そちら |
| 저 | あれ | あの | あそこ | あちら |
| 어느 | どれ | どの | どこ | どちら |

[この、その、あの、どの]는 반드시 명사와 함께 사용합니다.

## 02 [よこ(옆)]와 [となり(옆)]

[よこ]와 [となり]는 공통적으로 좌우, 수평선 상에 있는 물체의 위치를 나타낼 때 사용합니다.
[よこ]는 종류와 성질에 관계없이, 또 바로 옆에 있거나 떨어져 있거나 하는 거리에 상관없이 수평선 상에
있는 물체의 위치를 나타낼 때 사용합니다.
[となり]는 같은 종류, 같은 성질의 두 물체가 나란히 옆에 있을 때 사용합니다.

　本屋の よこに 木が あります。( ○ ) 서점 옆에 나무가 있습니다.
　本屋の となりに 木が あります。( X ) 서점 옆에 나무가 있습니다.

[서점]과 [나무]는 같은 성질의 물체가 아니기 때문에 [となり]는 사용할 수 없습니다. [となり]는 사람과
사람, 건물과 건물 등 같은 성질의 물체에만 사용합니다. 특히, 주로 건물이 나란히 있을 때 사용하며 '이웃집'
등으로도 해석합니다. 많이 알려진 일본 애니메이션 [となりの トトロ]를 '이웃집 토토로'라고 번역하는
것도 이러한 이유입니다.

　本屋の となりに 銀行が あります。( ○ ) 서점 옆에 은행이 있습니다.
　山田さんの となりに 先生が います。( ○ ) 야마다 씨 옆에 선생님이 있습니다.

## 03 혼동하기 쉬운 가타카나 연습 (3)

모양이 비슷해서 많이 혼동하는 가타카나이기 때문에 주의해야 합니다.

① [ウ(우)]와 [ワ(와)]

② [ラ(라)]와 [フ(후)]

③ [チ(치)]와 [テ(테)]

④ [ナ(나)]와 [メ(메)]

**1** 다음을 듣고 맞으면 O표, 틀리면 X표 하세요.  Unit 10_4

예          O

**①**               **②**

**③**               **④**

**⑤**               **⑥**

정답 및 스크립트 ···▶ 부록 253쪽

**Q 퀴즈 : 일본의 방문 예절로 맞는 것은 어느 것일까요?**

❶ 늦지 않도록 약속 시간보다 일찍 간다.

20분 일찍!

❷ 집 안에 들어갈때 나가는 방향으로 서서 구두를 벗고 뒤로 들어간다.

❸ 선물을 전달할 때는 현관이 아닌 방에 들어가서 전달한다.

❹ 방석에 앉아서 인사를 한다.

 초대하는 쪽은 준비하느라 바쁘기 때문에 너무 일찍 가는 것은 실례라고 할 수 있다. 초대 시간 정각에 맞추거나, 몇 분 늦게 가는 것이 예의이다.
\* 하지만 10분 이상 늦을 때는 반드시 연락하는 것도 잊지 않도록 하자!

 집안에 들어 갈때 뒤로 돌아서는 것은 실례이다.
바로 서서 신을 벗고, 그 뒤에 완전히 등을 돌리지 않도록 주의하면서 앞코가 바깥을 향하도록 신발의 방향을 바꾼다. 이때, 방해가 되지 않도록 신발을 구석에 정리해 놓는 것이 센스!

 선물[手土産]은 먹을 것이나 마실 것 등이 좋다. 전달할때는 현관이 아닌, 방에 들어가서 인사를 한 후에 건네는 것이 예의이다.
단, 부피가 큰 물건이나, 바로 냉장고에 넣어야 하는 것일 때는 예외라고 할 수 있다.
\* 종이 봉투에 들어 있을 때는 봉투에서 꺼내서 상대방 쪽에 정면이 가도록 전달하자!

 일본식 방에서는 우선 방석 옆의 다다미 위에 앉아서 인사를 하고, 그 후에 방석에 앉아야 한다.
일어 선채로 인사를 하는 것은 실례! 방석 위에 서거나, 맘대로 방석 위치를 바꾸는 것도 실례이다.
또한, 문지방이나 다다미 가장자리, 이음선 등도 밟지 않도록 주의해야 한다.

unit
10 필기시험

⏰ 제한시간 30분

□ 1회 점수 :      / 100
□ 2회 점수 :      / 100
□ 3회 점수 :      / 100

어휘

**1** 다음 문장에서 빈칸에 주어진 한국어를 일본어로 써 보세요. (1문제 3점)

❶ デパートの なかに ＿＿＿＿＿ が ありますか。    서점/책방

❷ ＿＿＿＿＿ の なかに トイレが ありますか。    역

❸ ＿＿＿＿＿ の なかに 本が あります。    책장/책꽂이

❹ ＿＿＿＿＿ の なかに 学生が いますか。    교실

❺ いすの ＿＿＿＿＿ に かばんが あります。    아래

**2** 다음 문장에서 밑줄 친 단어의 뜻을 한국어로 써 보세요. (1문제 3점)

❶ 田中さんの うしろに キムさんが います。 ＿＿＿＿＿

❷ 銀行の となりに デパートが あります。 ＿＿＿＿＿

❸ 図書館の ちかくに 公園が あります。 ＿＿＿＿＿

❹ つくえの みぎに テレビが あります。 ＿＿＿＿＿

❺ コンビニの そとに 犬が います。 ＿＿＿＿＿

문법

**3** 주어진 단어 중에서 가장 적절한 것을 골라 O표 하세요. (1문제 3점)

❶ A: 部屋の 中に (なにが　なにも　だれが　だれも) いますか。
   B: 犬が います。

❷ A: 部屋の 中に (なにが　なにも　だれが　だれも) いますか。
   B: 田中さんが います。

❸ A: テレビの 上に (なにが　なにも　だれが　だれも) ありますか。
   B: 花が あります。

❹ A: つくえの 上に 財布が ありますか。
   B: いいえ、(なにが　なにも　だれが　だれも) ありません。

❺ A: 部屋の 中に 学生が いますか。
   B: いいえ、(なにが　なにも　だれが　だれも) いません。

**4** 주어진 단어로 문장을 완성하고 해석해 보세요. (1문제 4점)

❶ うえ / はな / テレビ / に / が / ありません / の

_____

❷ か / の / つくえ / へや / が / なか / あります / に

_____

❸ ひだり / が / わたし / に / います / やまださん / の

_____

❹ なか / だれ / きょうしつ / も / の / いません / に

_____

❺ くるま / の / あります / コンビニ / に / まえ / が

_____

**5** 다음 단어를 듣고 받아 써 보세요. (1문제 4점)

❶ _____  ❷ _____  ❸ _____

❹ _____  ❺ _____

**6** 다음 문장을 듣고 받아 써 보세요. (1문제 5점)

❶ _____

❷ _____

❸ _____

**1** 다음 문장에서 빈칸에 주어진 한국어를 일본어로 써 보세요. (1문제 3점)

❶ デパートの 中に 本屋 が ありますか。 백화점 안에 서점이 있습니까?

→ 이 문제를 틀렸을 경우에는 P.199를 다시 한번 확인 학습해 주세요.

❷ 駅の 中に トイレが ありますか。 역 안에 화장실이 있습니까?

→ 이 문제를 틀렸을 경우에는 P.194를 다시 한번 확인 학습해 주세요.

❸ 本だなの 中に 本が あります。 책장 안에 책이 있습니다.

→ 이 문제를 틀렸을 경우에는 P.197를 다시 한번 확인 학습해 주세요.

❹ 教室の 中に 学生が いますか。 교실 안에 학생이 있습니까?

→ 이 문제를 틀렸을 경우에는 P.194를 다시 한번 확인 학습해 주세요.

❺ いすの 下に かばんが あります。 의자 아래에 가방이 있습니다.

→ 이 문제를 틀렸을 경우에는 P.195를 다시 한번 확인 학습해 주세요.

**2** 다음 문장에서 밑줄 친 단어의 뜻을 한국어로 써 보세요. (1문제 3점)

❶ 田中さんの 後ろに キムさんが います。 뒤 다나카 씨 뒤에 김 씨가 있습니다.

→ 이 문제를 틀렸을 경우에는 P.195를 다시 한번 확인 학습해 주세요.

❷ 銀行の となりに デパートが あります。 옆 은행 옆에 백화점이 있습니다.

→ 이 문제를 틀렸을 경우에는 P.195를 다시 한번 확인 학습해 주세요.

❸ 図書館の 近くに 公園が あります。 근처 도서관 근처에 공원이 있습니다.

→ 이 문제를 틀렸을 경우에는 P.195를 다시 한번 확인 학습해 주세요.

❹ つくえの 右に テレビが あります。 오른쪽 책상 오른쪽에 텔레비전이 있습니다.

→ 이 문제를 틀렸을 경우에는 P.195를 다시 한번 확인 학습해 주세요.

❺ コンビニの 外に 犬が います。 밖 편의점 밖에 개가 있습니다.

→ 이 문제를 틀렸을 경우에는 P.195를 다시 한번 확인 학습해 주세요.

**3** 주어진 단어 중에서 가장 적절한 것을 골라 O표 하세요. (1문제 3점)

❶ **A:** 部屋の 中に (何が 何も だれが だれも) いますか。 방 안에 무엇이 있습니까?

**B:** 犬が います。 개가 있습니다.

→ 이 문제를 틀렸을 경우에는 P.194를 다시 한번 확인 학습해 주세요.

❷ **A:** 部屋の 中に (何が 何も だれが だれも) いますか。 방 안에 누가 있습니까?

**B:** 田中さんが います。 다나카 씨가 있습니다.

→ 이 문제를 틀렸을 경우에는 P.194를 다시 한번 확인 학습해 주세요.

❸ **A:** テレビの 上に (何が 何も だれが だれも) ありますか。 텔레비전 위에 무엇이 있습니까?

**B:** 花が あります。 꽃이 있습니다.

→ 이 문제를 틀렸을 경우에는 P.194를 다시 한번 확인 학습해 주세요.

❹ **A:** つくえの 上に 財布が ありますか。 책상 위에 지갑이 있습니까?

**B:** いいえ、(何が 何も だれが だれも) ありません。 아니요, 아무것도 없습니다.

→ 이 문제를 틀렸을 경우에는 P.194를 다시 한번 확인 학습해 주세요.

❺ **A:** 部屋の 中に 学生が いますか。 방 안에 학생이 있습니까?

**B:** いいえ、(何が 何も だれが だれも) いません。 아니요, 아무도 없습니다.

→ 이 문제를 틀렸을 경우에는 P.194를 다시 한번 확인 학습해 주세요.

**4** 주어진 단어로 문장을 완성하고 해석해 보세요. (1문제 4점)

**❶** うえ / はな / テレビ / に / が / ありません / の

テレビの 上<sup>うえ</sup>に 花<sup>はな</sup>が ありません.　텔레비전 위에 꽃이 없습니다.

→ 이 문제를 틀렸을 경우에는 P.194~195를 다시 한번 확인 학습해 주세요.

**❷** か / の / つくえ / へや / が / なか / あります / に

部屋<sup>へや</sup>の 中<sup>なか</sup>に つくえが ありますか.　방 안에 책상이 있습니까?

→ 이 문제를 틀렸을 경우에는 P.194~195를 다시 한번 확인 학습해 주세요.

**❸** ひだり / が / わたし / に / います / やまださん / の

わたしの 左<sup>ひだり</sup>に 山田<sup>やまだ</sup>さんが います.　제 왼쪽에 야마다 씨가 있습니다.

山田<sup>やまだ</sup>さんの 左<sup>ひだり</sup>に わたしが います.　야마다 씨 왼쪽에 제가 있습니다.

→ 이 문제를 틀렸을 경우에는 P.194~195를 다시 한번 확인 학습해 주세요.

**❹** なか / だれ / きょうしつ / も / の / いません / に

教室<sup>きょうしつ</sup>の 中<sup>なか</sup>に だれも いません.　교실 안에 아무도 없습니다.

→ 이 문제를 틀렸을 경우에는 P.194~195를 다시 한번 확인 학습해 주세요.

**❺** くるま / の / あります / コンビニ / に / まえ / が

コンビニの 前<sup>まえ</sup>に 車<sup>くるま</sup>が あります.　편의점 앞에 자동차가 있습니다.

→ 이 문제를 틀렸을 경우에는 P.194~195를 다시 한번 확인 학습해 주세요.

車<sup>くるま</sup>の 前<sup>まえ</sup>に コンビニが あります. **(x)** 자동차 앞에 편의점이 있습니다.

※주의: 움직이는 물체를 기준으로 건물 등의 위치를 나타낼 수 없습니다.

**5** 다음 단어를 듣고 받아 써 보세요. (1문제 4점)

**❶** きょうしつ　教室<sup>きょうしつ</sup> 교실　　**❷** ほんだな　本<sup>ほん</sup>だな 책장, 책꽂이　　**❸** うしろ　後<sup>うし</sup>ろ 뒤

**❹** みぎ　右<sup>みぎ</sup> 오른쪽　　**❺** あいだ　間<sup>あいだ</sup> 사이

→ 이 문제를 틀렸을 경우에는 P.194~195, 197를 다시 한번 확인 학습해 주세요.

**6** 다음 문장을 듣고 받아 써 보세요. (1문제 5점)

**❶** いぬは つくえの したに います.　犬<sup>いぬ</sup>は つくえの 下<sup>した</sup>に います. 개는 책상 아래에 있습니다.

→ 이 문제를 틀렸을 경우에는 P.194~195를 다시 한번 확인 학습해 주세요.

**❷** ぎんこうは ほんやと デパートの あいだに あります.　銀行<sup>ぎんこう</sup>は 本屋<sup>ほんや</sup>と デパートの 間<sup>あいだ</sup>に あります.

은행은 서점과 백화점 사이에 있습니다.

→ 이 문제를 틀렸을 경우에는 P.194~195를 다시 한번 확인 학습해 주세요.

**❸** えきは どこに ありますか.　駅<sup>えき</sup>は どこに ありますか. 역은 어디에 있습니까?

→ 이 문제를 틀렸을 경우에는 P.194~195를 다시 한번 확인 학습해 주세요.

unit
11

동영상 강의 11　오디오 강의 11-1　오디오 강의 11-2

としょかん
よく 図書館に
요쿠 토 쇼 칸 니

い
行きますか。
이 키 마 스 까?

☐ 동사 익히기

☐ 조사 익히기

☐ ます형 익히기

☐ 先生(せんせい)と 日本語(にほんご)で 話(はな)します。  선생님과 일본어로 이야기합니다.

☐ 朝(あさ)ごはんを 食(た)べません。  아침밥을 먹지 않습니다.

2시간만에 끝내는
**독학 Plan**

| | 학습 항목 | 학습 시간 | 학습 체크 | | | 학습 메모 |
|---|---|---|---|---|---|---|
| 1 | 동영상 또는 오디오 강의 수강 | 15분 | ☐ 1회 | ☐ 2회 | ☐ 3회 | |
| 2 | 요것만은 꼭꼭 **Point** (210~211p) | 15분 | ☐ 1회 | ☐ 2회 | ☐ 3회 | |
| 3 | 실전처럼 술술 **Speaking** (212~213p) | 15분 | ☐ 1회 | ☐ 2회 | ☐ 3회 | |
| 4 | 회화실력 쑥쑥 **Conversation** (214~215p) | 15분 | ☐ 1회 | ☐ 2회 | ☐ 3회 | |
| 5 | 내 귀에 쏙쏙 **Listening** (216p) | 15분 | ☐ 1회 | ☐ 2회 | ☐ 3회 | |
| 6 | 듣고 말하기 훈련용 MP3 ◎ S 11_1~2 | 15분 | ☐ 1회 | ☐ 2회 | ☐ 3회 | |
| 7 | 11과 필기시험 (220~223p) | 30분 | ☐ 50점 미만 | ☐ 51~80점 | ☐ 81~100점 | |

50점 미만 Unit 전체 1~2회 반복 학습
51점~80점 틀린 부분 다시 학습
81점~100점 다음 Unit 진행 OK~!!

# 01 동사

□ **ある** 있다
□ **降る** (비, 눈 등이) 내리다
□ **撮る** (사진을) 찍다
□ **帰る** (집에) 돌아가다, 돌아오다
□ **入る** 들어오다, 들어가다
□ **切る** 자르다
□ **走る** 달리다
□ **知る** 알다
□ **要る** 필요하다

✛ [동사]는 동작이나 행동을 나타내며, 여러 가지 형태로 활용(변화)을 합니다.

▸ 모든 동사는 어미가 [う단]으로 끝납니다.
즉, 어미가 [う、く、ぐ、す、つ、ぬ、ぶ、む、る]입니다.
[어미]란 단어의 끝 글자를 말하며, 활용에 따라 변화합니다.

▸ 동사의 종류

| 1그룹 동사 | 2그룹 동사 | 3그룹 동사 |

일본어의 동사는 활용하는 규칙에 따라서, 즉 같은 규칙으로 활용하는 동사들을 그룹으로 묶어서 분류합니다. 그러므로 각각의 동사가 어느 그룹에 속하는지 구분하는 방법을 반드시 기억해야 합니다.

▸ 구분 방법

동사를 쉽게 구분하는 방법 중 하나는 [기본형]과 정중한 형태 [ます형]을 같이 외우는 것입니다. 예를 들면, 1그룹 동사 [乗る(타다)], 2그룹 동사 [見る(보다)], 3그룹 동사 [する(하다)]는 모두 [る]로 끝난다는 점이 같지만, 정중한 형태의 ます형으로 활용하면 [乗ります(탑니다)] [見ます(봅니다)] [します(합니다)]와 같이 전혀 다르게 변화하기 때문에 동사를 외울 때 처음부터 같이 외우는 것이 좋습니다.

• 예외 1그룹 동사는 [る] 앞에 [い단] [え단]이 오는 2그룹 동사와 동일한 형태를 하고 있어서 구분이 안 되기 때문에 무조건 외워야 합니다.

• [하다]라는 의미의 [する] 앞에 명사를 붙여서 [운동하다] [공부하다] [산책하다] 등으로 동사를 만들 수 있는데, 이렇게 만들어진 동사는 모두 3그룹으로 분류합니다.

| 1그룹 동사 | ① [る]로 끝나지 않는 동사<br>예 会う、書く、泳ぐ、話す、待つ、死ぬ、遊ぶ、飲む…<br><br>② [る]로 끝나고 바로 앞이 [あ단] [う단] [お단]이 오는 동사<br>예 ある、降る、撮る…<br><br>③ 예외 1그룹 동사<br>예 帰る、入る、切る、走る、知る、要る… |
| --- | --- |
| 2그룹 동사 | [る]로 끝나고 바로 앞이 [い단] [え단]이 오는 동사<br>예 見る、起きる、寝る、食べる… |
| 3그룹 동사 | 来る、する<br>※3그룹에 속한 2개의 동사 [오다], [하다]는 형태상으로 [る]앞에 [う단]에 해당하는 [く]와 [す]가 오기 때문에 1그룹으로 혼동하기 쉬우므로 주의해야 합니다. |

## 02 ～ます(정중형)

| 기본형 | ます<br>～합니다<br>～하겠습니다 | ません<br>～하지 않습니다<br>～하지 않겠습니다 |
|---|---|---|
| 会う | 会います | 会いません |
| 書く | 書きます | 書きません |
| 泳ぐ | 泳ぎます | 泳ぎません |
| 話す | 話します | 話しません |
| 待つ | 待ちます | 待ちません |
| 死ぬ | 死にます | 死にません |
| 遊ぶ | 遊びます | 遊びません |
| 飲む | 飲みます | 飲みません |
| 乗る | 乗ります | 乗りません |
| 見る | 見ます | 見ません |
| 起きる | 起きます | 起きません |
| 寝る | 寝ます | 寝ません |
| 食べる | 食べます | 食べません |
| 来る | 来ます | 来ません |
| する | します | しません |

- **1그룹 동사** 어미 い단+ます (会う ~ 乗る)
- **2그룹 동사** る+ます (見る ~ 食べる)
- **3그룹 동사** (来る, する)

□ 会う 만나다
□ 書く 쓰다
□ 泳ぐ 수영하다
□ 話す 말하다
□ 待つ 기다리다
□ 死ぬ 죽다
□ 遊ぶ 놀다
□ 飲む 마시다
□ 乗る 타다
□ 見る 보다
□ 起きる (잠자리에서) 일어나다
□ 寝る 자다
□ 食べる 먹다
□ 来る 오다
□ する 하다

**1** 다음 예와 같이 말해 보세요.

◎ **Unit 11_1**

예 お<ruby>酒<rt>さけ</rt></ruby>を <ruby>飲<rt>の</rt></ruby>む

A: よく お<ruby>酒<rt>さけ</rt></ruby>を <ruby>飲<rt>の</rt></ruby>みますか。

B: はい、<ruby>飲<rt>の</rt></ruby>みます。

いいえ、<ruby>飲<rt>の</rt></ruby>みません。

❶ <ruby>音楽<rt>おんがく</rt></ruby>を <ruby>聞<rt>き</rt></ruby>く

❷ <ruby>映画<rt>えいが</rt></ruby>を <ruby>見<rt>み</rt></ruby>る

❸ <ruby>散歩<rt>さんぽ</rt></ruby>を する

❹ <ruby>友<rt>とも</rt></ruby>だちに <ruby>会<rt>あ</rt></ruby>う

❺ <ruby>地下鉄<rt>ちかてつ</rt></ruby>に <ruby>乗<rt>の</rt></ruby>る

풀이 노트 1

◎ S 11_2

예 A: よく お酒を 飲みますか。 자주 술을 마십니까?

B: はい、飲みます。 예, 마십니다.

いいえ、飲みません。 아니요, 마시지 않습니다.

□ よく 자주, 잘
□ お酒 술
□ ～を ~을/를
□ 飲む 마시다
□ 音楽 음악
□ 聞く 듣다
□ 映画 영화
□ 見る 보다
□ 散歩 산책
□ する 하다
□ 友だち 친구
□ ～に 会う ~을/를 만나다
□ 地下鉄 지하철
□ ～に 乗る ~을/를 타다

❶ A: よく 音楽を 聞きますか。 자주 음악을 듣습니까?

B: はい、聞きます。 예, 듣습니다.

いいえ、聞きません。 아니요, 듣지 않습니다.

❷ A: よく 映画を 見ますか。 자주 영화를 봅니까?

B: はい、見ます。 예, 봅니다.

いいえ、見ません。 아니요, 보지 않습니다.

❸ A: よく 散歩を しますか。 자주 산책을 합니까?

B: はい、します。 예, 합니다.

いいえ、しません。 아니요, 하지 않습니다.

❹ A: よく 友だちに 会いますか。 자주 친구를 만납니까?

B: はい、会います。 예, 만납니다.

いいえ、会いません。 아니요, 만나지 않습니다.

❺ A: よく 地下鉄に 乗りますか。 자주 지하철을 탑니까?

B: はい、乗ります。 예, 탑니다.

いいえ、乗りません。 아니요, 타지 않습니다.

◎ Unit 11_2

中村 パクさん、休みの日は たいてい 何を しますか。
박 상 야스미노히와 타이테- 나니오 시마스까?

パク うちで 休みますが、ときどき 友だちに 会います。
우치데 야스미마스가 토키도키 토모다찌니 아이마스

中村さんは 何を しますか。
나카무라 상 와 나니오 시마스까?

中村 図書館に 行きます。
토쇼칸니 이키마스

パク よく 図書館に 行きますか。
요쿠 토쇼칸니 이키마스까?

中村 はい、よく 行きます。
하이 요쿠 이키마스

パク 図書館で 何を しますか。
토쇼칸데 나니오 시마스까?

中村 日本の 新聞と 雑誌を 読みます。
니혼노 심붕또 잣시오 요미마스

パク 韓国語の 勉強は しませんか。
캉코쿠고노 벵쿄-와 시마셍 까?

中村 いいえ、韓国語の 勉強も します。
이-에 캉코쿠고노 벵쿄-모 시마스

나카무라 박(민수) 씨, 쉬는 날은 대개 무엇을 합니까?
박민수 집에서 쉽니다만, 때때로 친구를 만납니다.
나카무라 씨는 무엇을 합니까?
나카무라 도서관에 갑니다.
박민수 자주 도서관에 갑니까?
나카무라 예, 자주 갑니다.
박민수 도서관에서 무엇을 합니까?
나카무라 일본 신문과 잡지를 읽습니다.
박민수 한국어 공부는 하지 않습니까?
나카무라 아니요, 한국어 공부도 합니다.

어휘표현 ……………………………………………………………………………………………

□休みの日 쉬는 날, 휴일   □たいてい 대개   □する 하다   □うち 집   □～で ~에서   □休む 쉬다   □ときどき 때때로

□友だち 친구   □～に 会う ~을/를 만나다   □図書館 도서관   □～に ~에   □行く 가다   □よく 자주   □新聞 신문

□～と ~와/과   □雑誌 잡지   □～を ~을/를   □読む 읽다   □韓国語 한국어   □勉強 공부   □～も ~도

214

## 01 주의해야 할 동사 표현

① ～に 会う(~을/를 만나다) / ～に 乗る(~을/를 타다)

[~을/를]로 해석하지만 조사 [~を]를 사용하지 않는 동사 표현이기 때문에 동사를 외울 때 꼭 조사
[～に]와 함께 외우도록 합니다.

友だちに 会います。친구를 만납니다.
地下鉄に 乗ります。지하철을 탑니다.

② 食べる(먹다) / 飲む(마시다)

한국어로 '술을 먹다'는 자연스러운 표현이지만, 일본어로 [お酒を 食べる]는 사용할 수 없습니다.
일본어에서는 씹는 동작의 유무에 따라 [食べる、飲む]를 구별해서 사용하기 때문입니다.
술이나 음료수 등에는 [飲む]를 사용합니다.

お酒を 食べます。( X ) 술을 먹습니다.
お酒を 飲みます。( ○ ) 술을 마십니다.

③ 行く(가다) / 帰る(돌아가다, 돌아오다)

한국어로 '집에 간다'라고 해석한다고 해서 [行く]를 사용해서는 안 됩니다.
'집, 고향, 고국' 등 원래 있던 곳으로 가는 경우는 [帰る]를 사용합니다.

うちへ 行きます。( X ) 집에 갑니다.
うちへ 帰ります。( ○ ) 집에 돌아갑니다.

④ テニスを する(테니스를 치다) / スキーを する (스키를 타다)

한국어로 '테니스를 치다', '스키를 타다'라고 표현하기 때문에 '치다', '타다'에 해당하는 동사를 고민
하는 경우가 많은데, 일본어로 표현할 때는 운동 종목 뒤에 [する]를 붙입니다.

## 02 [ときどき(때때로, 가끔)] [よく(자주, 잘)]

동작의 빈도(횟수)를 나타내는 부사로 동사 또는 명사 앞에 사용합니다.

カラオケへ よく 行きます。 노래방(가라오케)에 자주 갑니다.
よく カラオケへ 行きます。 자주 노래방(가라오케)에 갑니다.

## 03 조사 [～へ(~에, ~로)]

방향을 나타내는 조사로 원래의 발음은 [헤]이지만, 조사로 쓰일 때는 [에]로 발음합니다.

**1** 다음을 듣고 예와 같이 맞는 그림을 골라서 번호를 써넣으세요. ◎ **Unit 11_3**

| 예 | ① | ② | ③ | ④ | ⑤ | ⑥ | ⑦ | ⑧ |
|---|---|---|---|---|---|---|---|---|
| g | | | | | | | | |

정답 및 스크립트 ··· 부록 254쪽

| | | 의미 | 예문 |
|---|---|---|---|
| は | | ~은/는 | わたしは 学生です. 저는 학생입니다. |
| も | | ~도 | 中村さんも 学生です. 나카무라 씨도 학생입니다. |
| の | | 명사 수식 | これは 韓国の 本です. 이것은 한국 책입니다. |
| | | ~의 | それは 先生の ケータイです. 그것은 선생님의 휴대전화입니다. |
| | | ~의 것 | あの パソコンは 山田さんのです. 저 컴퓨터는 야마다 씨의 것입니다. |
| が | | ~이/가 | きょうは 天気が いいです. 오늘은 날씨가 좋습니다. |
| | | ~지만/다만 | 日本語は 難しいですが、おもしろいです. 일본어는 어렵지만, 재미있습니다. |
| から | | ~부터/에서 | テストは 9時からです. 시험은 9시부터입니다. |
| | | ~때문에(이유) | この 店は おいしいから、人が 多いです. 이 가게는 (음식이) 맛있기 때문에, 사람이 많습니다. |
| まで | | ~까지 | 会社は 6時までです. 회사는 6시까지입니다. |
| と | | ~와/과 | 友だちと 遊びます. 친구와 놉니다. |
| を | | ~을/를 | 映画を 見ます. 영화를 봅니다. |
| へ | | ~에(방향) | 学校へ 行きます. 학교에 갑니다. |
| に | | ~에(시간) | 朝、7時に 起きます. 아침, 7시에 일어납니다. |
| | | ~에(장소) | 図書館に 来ます. 도서관에 옵니다. |
| | | ~에게(상대) | 先生に 話します. 선생님에게 이야기합니다. |
| で | | ~에서(장소) | 部屋で 勉強します. 방에서 공부합니다. |
| | | ~로(수단/방법) | バスで 行きます. ドイツ語で 話します. はしで 食べます. 버스로 갑니다. [교통] 독일어로 이야기합니다. [언어] 젓가락으로 먹습니다. [도구] |
| | | ~해서(수량+で) | 全部で いくらですか. 전부 해서 얼마입니까? |

**朝 7 時に 起きる**
あさ じ お

아침 7시에 일어나다

**水を 飲む**
みず の

물을 마시다

**ごはんを 食べる**
た

밥을 먹다

**地下鉄に 乗る**
ちかてつ の

지하철을 타다

**学校へ 行く**
がっこう い

학교에 가다

**勉強を する**
べんきょう

공부를 하다

**先生と 話す**
せんせい はな

선생님과 이야기하다

**図書館に 来る**
としょかん く

도서관에 오다

**本を 読む**
ほん よ

책을 읽다

**レポートを 書く**
か

리포트를 쓰다

**友だちと 遊ぶ**
とも あそ

친구와 놀다

**歌を 歌う**
うた うた

노래를 부르다

**バスを 待つ**
ま

버스를 기다리다

**恋人に 会う**
こいびと あ

애인을 만나다

**映画を 見る**
えいが み

영화를 보다

**うちへ 帰る**
かえ

집에 돌아가(오)다

**電話を かける**
でんわ

전화를 걸다

**音楽を 聞く**
おんがく き

음악을 듣다

**お風呂に 入る**
ふろ はい

목욕을 하다

**夜、遅く 寝る**
よる おそ ね

밤 늦게 자다

## 결혼식에서

**Q 퀴즈 : 일본의 결혼식 참석 예절로 맞는 것은 어느 것일까요?**

**❶** 초대장(청첩장)이 없어도 누구라도 결혼식에 참석할 수 있다.

**❷** 결혼식에 초대 받은 사람은 보통 축의금을 가지고 간다.

**❸** 피로연에서는 반드시 정해진 자리에 앉아야 한다.

**❹** 결혼 축하선물로 식기 등을 선물할때는 일반적인 가족인원을 생각해서 4개 세트로 선물하는 것이 좋다.

 일본의 결혼식에는 초대장<u>없이</u> 참석할 수 없다.
초대장(청첩장)에 참석여부를 알리는 답장용 엽서가 함께 보내지기 때문에 초대장을 받으면 바로 참석여부를 알리는 것이 좋다. 신랑신부가 참석자의 숫자에 맞춰서 요리, 답례품을 준비하기 때문에 미리 참석 여부를 전달해야 함에 유념하자.

 한국과 마찬가지로 일본에도 축의금 문화가 있다.
친구나 동료라면 2~3만엔정도가 기준이라고 할 수 있다. 옛날에는 짝수가 나누어지는 숫자이기 때문에 좋지 않다고 생각했지만, 최근에는 [2]=[부부], [한 쌍]이라고 생각해 2만엔을 포함시켜도 이상하지 않게 되었다고 한다.

 피로연에서는 미리 좌석표에서 자신의 자리를 확인하고 앉도록 한다.
결혼식에서는 앞자리부터 가족, 친척, 친구와 아는 사람순으로 앉지만, 피로연에서는 그 반대이다. 피로연은 말 그대로 [알리는 것]이기 때문에 친구와 아는 사람이 제일 앞에 앉는다. 일본의 피로연은 코스요리를 먹으면서 보통 2~3시간 정도 진행된다.

 [4]는 [死(죽음)]을 연상하기 때문에 선물로 적당하지 않다.
결혼 축하 선물에는 몇 가지 금기사항이 있다. 결혼 선물은 나눌 수 없는 [홀수]가 좋고, [4]는 [死(죽음)], [9]는 [苦(고통)]을 연상시키기 때문에 피하는 것이 좋다.
또한, [칼]이나 [가위]등도 [인연을 끊는다]라는 것을 연상시키기 때문에 금기시하고 있다.

unit
11

필기시험

제한시간
30분

□ 1회 점수 :     / 100
□ 2회 점수 :     / 100
□ 3회 점수 :     / 100

어휘

**1** ⑩처럼 동사의 그룹과 의미, ます형을 써 보세요. (1문제 3점)

> ⑩ 書く ➡ 1그룹 / 쓰다 / 書きます

❶ 見る

❷ する

❸ 入る

❹ 食べる

❺ 飲む

❻ 聞く

❼ 話す

❽ 来る

❾ 起きる

❿ 歌う

문법

**2** ⑩처럼 빈칸에 들어갈 조사를 써 보세요. (1문제 3점)

> ⑩ わたし( は ) 学生です。

❶ 図書館(　　　) 勉強します。

❷ バス(　　　) 待ちます。

❸ お風呂(　　　) 入ります。

❹ 友だち(　　　) 遊びます。

❺ 地下鉄(　　　) 乗ります。

**3** 주어진 단어로 문장을 완성하고 해석해 보세요. (1문제 4점)

❶ を / しんぶん / か / よみます / あさ

_____

❷ でんわ / に / ともだち / を / かけます

_____

❸ から / この / おいしいです / よく / みせ / きます / やすくて / は

_____

❹ へた / あまり / うた / です / が / から / うたいません

_____

❺ あさ / やすみ / おきません / から / はやく / です

_____

**4** 다음 단어를 듣고 받아 써 보세요. (1문제 4점)

❶ _____  ❷ _____  ❸ _____

❹ _____  ❺ _____

Test 11
듣기

**5** 다음 문장을 듣고 받아 써 보세요. (1문제 5점)

❶ _____

❷ _____

❸ _____

**1** 예처럼 동사의 그룹과 의미, ます형을 써 보세요. (1문제 3점)

예 　書く ➡ 1그룹 / 쓰다 / 書きます 씁니다

❶ 見る　2그룹 / 보다 / 見ます　봅니다
→ 이 문제를 틀렸을 경우에는 P.210~211를 다시 한번 확인 학습해 주세요.

❷ する　3그룹 / 하다 / します　합니다
→ 이 문제를 틀렸을 경우에는 P.210~211를 다시 한번 확인 학습해 주세요.

❸ 入る　예외 1그룹 / 들어가다 / 入ります　들어갑니다
→ 이 문제를 틀렸을 경우에는 P.210~211를 다시 한번 확인 학습해 주세요.

❹ 食べる　2그룹 / 먹다 / 食べます　먹습니다
→ 이 문제를 틀렸을 경우에는 P.210~211를 다시 한번 확인 학습해 주세요.

❺ 飲む　1그룹 / 마시다 / 飲みます　마십니다
→ 이 문제를 틀렸을 경우에는 P.210~211를 다시 한번 확인 학습해 주세요.

❻ 聞く　1그룹 / 듣다 / 聞きます　듣습니다
→ 이 문제를 틀렸을 경우에는 P.210~211를 다시 한번 확인 학습해 주세요.

❼ 話す　1그룹 / 말하다, 이야기하다 / 話します　말합니다, 이야기합니다
→ 이 문제를 틀렸을 경우에는 P.210~211를 다시 한번 확인 학습해 주세요.

❽ 来る　3그룹 / 오다 / 来ます　옵니다
→ 이 문제를 틀렸을 경우에는 P.210~211를 다시 한번 확인 학습해 주세요.

❾ 起きる　2그룹 / (잠자리에서) 일어나다 / 起きます　일어납니다
→ 이 문제를 틀렸을 경우에는 P.210~211를 다시 한번 확인 학습해 주세요.

❿ 歌う　1그룹 / 노래 부르다 / 歌います　노래 합니다(부릅니다)
→ 이 문제를 틀렸을 경우에는 P.210~211를 다시 한번 확인 학습해 주세요.

**2** 예처럼 빈칸에 들어갈 조사를 써 보세요. (1문제 3점)

예 　わたし( は ) 学生です。　저는 학생입니다.

❶ 図書館( で ) 勉強します。　도서관에서 공부합니다.
→ 이 문제를 틀렸을 경우에는 P.217를 다시 한번 확인 학습해 주세요.

❷ バス( を ) 待ちます。　버스를 기다립니다.
→ 이 문제를 틀렸을 경우에는 P.218를 다시 한번 확인 학습해 주세요.

❸ お風呂( に ) 入ります。　목욕을 합니다.
→ 이 문제를 틀렸을 경우에는 P.218를 다시 한번 확인 학습해 주세요.

❹ 友だち( と ) 遊びます。　친구와 놉니다.
→ 이 문제를 틀렸을 경우에는 P.218를 다시 한번 확인 학습해 주세요.

❺ 地下鉄( に ) 乗ります。　지하철을 탑니다.
→ 이 문제를 틀렸을 경우에는 P.218를 다시 한번 확인 학습해 주세요.

**3** 주어진 단어로 문장을 완성하고 해석해 보세요. (1문제 4점)

**❶** を / しんぶん / か / よみます / あさ

朝、新聞を 読みますか。　아침에 신문을 읽습니까?

→ 이 문제를 틀렸을 경우에는 P.211, 218를 다시 한번 확인 학습해 주세요.

**❷** でんわ / に / ともだち / を / かけます

友だちに 電話を かけます。　친구에게 전화를 겁니다.

→ 이 문제를 틀렸을 경우에는 P.217~218를 다시 한번 확인 학습해 주세요.

**❸** から / この / おいしいです / よく / みせ / きます / やすくて / は

この 店は 安くて おいしいですから、よく 来ます。

이 가게는 싸고 맛있기 때문에 자주 옵니다.

→ 이 문제를 틀렸을 경우에는 P.141, 211를 다시 한번 확인 학습해 주세요.

**❹** へた / あまり / うた / です / が / から / うたいません

歌が 下手ですから、あまり 歌いません。　노래를 못하기 때문에 그다지 노래를 부르지 않습니다.

→ 이 문제를 틀렸을 경우에는 P.141, 211, 218를 다시 한번 확인 학습해 주세요.

**❺** あさ / やすみ / おきません / から / はやく / です

休みですから、朝 早く 起きません。　휴일이기 때문에, 아침 일찍 일어나지 않습니다.

→ 이 문제를 틀렸을 경우에는 P.141, 211를 다시 한번 확인 학습해 주세요.

**Test 11**

**4** 다음 단어를 듣고 받아 써 보세요. (1문제 4점)

**❶** ともだち　友だち 친구　　**❷** おんがく　音楽 음악　　**❸** べんきょう　勉強 공부

**❹** こいびと　恋人 애인　　**❺** としょかん　図書館 도서관

→ 이 문제를 틀렸을 경우에는 P.218를 다시 한번 확인 학습해 주세요.

**5** 다음 문장을 듣고 받아 써 보세요. (1문제 5점)

**❶** あさごはんを たべません。　朝ごはんを 食べません。　아침밥을 먹지 않습니다.

→ 이 문제를 틀렸을 경우에는 P.211를 다시 한번 확인 학습해 주세요.

**❷** ともだちと にほんごで はなします。　友だちと 日本語で 話します。　친구와 일본어로 이야기합니다.

→ 이 문제를 틀렸을 경우에는 P.211, 217를 다시 한번 확인 학습해 주세요.

**❸** うたが へたですから、うたいません。　歌が 下手ですから、歌いません。

노래를 못하기 때문에, 노래 부르지 않습니다.　→ 이 문제를 틀렸을 경우에는 P.211를 다시 한번 확인 학습해 주세요.

# unit 12

동영상 강의 12　오디오 강의 12-1　오디오 강의 12-2

## 昨日は
キノーわ

## 何を しましたか。
ナニ　オ　시 마 시 따 까?

어제는 무엇을 했습니까?

☐ 동사의 과거 및 과거 부정형 익히기

☐ うちで 本を 読みました。 집에서 책을 읽었습니다.

☐ 映画を 見ませんでした。 영화를 보지 않았습니다.

☐ 一緒に 運動を しませんか。 함께 운동을 하지 않겠습니까?

☐ 少し 休みましょう。 조금 쉽시다.

**2시간만에 끝내는 독학 Plan**

| | 학습 항목 | 학습 시간 | 학습 체크 | | | 학습 메모 |
|---|---|---|---|---|---|---|
| 1 | 동영상 또는 오디오 강의 수강 | 15분 | ☐1회 | ☐2회 | ☐3회 | |
| 2 | 요것만은 꼭꼭 Point (226~227p) | 15분 | ☐1회 | ☐2회 | ☐3회 | |
| 3 | 실전처럼 술술 Speaking (228~231p) | 15분 | ☐1회 | ☐2회 | ☐3회 | |
| 4 | 회화실력 쑥쑥 Conversation (232~233p) | 15분 | ☐1회 | ☐2회 | ☐3회 | |
| 5 | 내 귀에 쏙쏙 Listening (234p) | 15분 | ☐1회 | ☐2회 | ☐3회 | |
| 6 | 듣고 말하기 훈련용 MP3 ◎ S 12_1~3 | 15분 | ☐1회 | ☐2회 | ☐3회 | |
| 7 | 12과 필기시험 (236~239p) | 30분 | ☐50점 미만 | ☐51~80점 | ☐81~100점 | |

50점 미만 Unit 전체 1~2회 반복 학습
51점~80점 틀린 부분 다시 학습
81점~100점 다음 Unit 진행 OK~!!

## 01 ます형의 과거형

□ 買う 사다
□ 聞く 듣다
□ 急ぐ 서두르다
□ 話す 이야기하다
□ 待つ 기다리다
□ 死ぬ 죽다
□ 呼ぶ 부르다
□ 読む 읽다
□ 作る 만들다
□ 見る 보다
□ 食べる 먹다
□ 来る 오다
□ する 하다

| 기본형 | ました<br>~했습니다 | ませんでした<br>~하지 않았습니다 |
|---|---|---|
| **1그룹 동사**<br>어미 い단+ました | 買う | 買いました | 買いませんでした |
| | 聞く | 聞きました | 聞きませんでした |
| | 急ぐ | 急ぎました | 急ぎませんでした |
| | 話す | 話しました | 話しませんでした |
| | 待つ | 待ちました | 待ちませんでした |
| | 死ぬ | 死にました | 死にませんでした |
| | 呼ぶ | 呼びました | 呼びませんでした |
| | 読む | 読みました | 読みませんでした |
| | 作る | 作りました | 作りませんでした |
| **2그룹 동사**<br>る+ました | 見る | 見ました | 見ませんでした |
| | 食べる | 食べました | 食べませんでした |
| **3그룹 동사** | 来る | 来ました | 来ませんでした |
| | する | しました | しませんでした |

✚ 동사의 정중한 표현 [~ます]를 과거형으로 만들 때는 [ます형]과 같은 방법으로 동사의 어미를 변화시키고 [ます] 대신에 [ました] [ませんでした]를 붙여서 만듭니다.

✚ 의문문은 [ます형]과 동일하게 문장의 끝에 [か]를 붙여서 만듭니다.

~하지 않겠습니까?

## 02 　～ませんか。

<sup>いっしょ</sup>一緒に <sup>うんどう</sup>運動しませんか。　　　　　함께 운동하지 않겠습니까?

<sup>いっしょ</sup>一緒に <sup>えいが</sup>映画を <sup>み</sup>見ませんか。　　　함께 영화를 보지 않겠습니까?

<sup>すこ</sup>少し <sup>やす</sup>休みませんか。　　　　　　　　조금 쉬지 않겠습니까?

✚ [～ませんか]는 상대방의 의향을 묻거나 권유할 때 사용하는 표현입니다.

✚ [～ますか]는 단순한 질문으로만 사용되며, 권유의 의미로는 사용할 수 없습니다.

□ <sup>いっしょ</sup>一緒に　함께, 같이
□ <sup>うんどう</sup>運動する　운동하다
□ <sup>えいが</sup>映画　영화
□ ～を　~을/를
□ <sup>み</sup>見る　보다
□ <sup>すこ</sup>少し　조금
□ <sup>やす</sup>休む　쉬다

~합시다.

## 03 　～ましょう。

<sup>にほんご</sup>日本語で <sup>はな</sup>話しましょう。　　　　　일본어로 이야기합시다.

タクシーに <sup>の</sup>乗りましょう。　　　　　　택시를 탑시다.

<sup>きょう</sup>今日は <sup>はや</sup>早く <sup>かえ</sup>帰りましょう。　　　오늘은 일찍 돌아갑시다.

✚ [～ましょう(~합시다)]는 적극적으로 어떤 일을 제안하거나 권유할 때 사용합니다. 또, 제안이나 권유를 받았을 때, 그렇게 하겠다고 대답할 경우에도 사용합니다.

✚ [～ませんか(~하지 않을래요?)]와 [～ましょう(~합시다)]는 모두 상대방에게 어떤 일을 권유할 때 사용하는 표현이지만, [ませんか] 쪽이 [ましょう]보다 상대방의 의향을 더욱 존중하면서 권유하는 표현입니다.

□ <sup>にほんご</sup>日本語　일본어
□ ～で　~로(수단)
□ <sup>はな</sup>話す　이야기하다
□ タクシー　택시
□ ～に <sup>の</sup>乗る　~을/를 타다
□ <sup>きょう</sup>今日　오늘
□ <sup>はや</sup>早く　일찍, 빨리
□ <sup>かえ</sup>帰る　돌아가(오)다

## 실전처럼 술술~ | Speaking |

**1** 다음 예와 같이 말해 보세요.

◎ Unit 12_1

예 学校へ 行く

A: 昨日、学校へ 行きましたか。

B: はい、行きました。

いいえ、行きませんでした。

❶ 早く 起きる

❷ 友だちと 遊ぶ

❸ 宿題を する

❹ 新しい 服を 買う

❺ 料理を 作る

## 풀이 노트 1

◎ S 12_2

（예） A: 昨日、学校へ 行きましたか。　어제 학교에 갔습니까?

B: はい、行きました。　예, 갔습니다.

いいえ、行きませんでした。　아니요, 가지 않았습니다.

❶ A: 昨日、早く 起きましたか。　어제 일찍 일어났습니까?

B: はい、早く 起きました。　예, 일찍 일어났습니다.

いいえ、早く 起きませんでした。　아니요, 일찍 일어나지 않았습니다.

❷ A: 昨日、友だちと 遊びましたか。　어제 친구와 놀았습니까?

B: はい、遊びました。　예, 놀았습니다.

いいえ、遊びませんでした。　아니요, 놀지 않았습니다.

❸ A: 昨日、宿題を しましたか。　어제 숙제를 했습니까?

B: はい、しました。　예, 했습니다.

いいえ、しませんでした。　아니요, 하지 않았습니다.

❹ A: 昨日、新しい 服を 買いましたか。　어제 새 옷을 샀습니까?

B: はい、買いました。　예, 샀습니다.

いいえ、買いませんでした。　아니요, 사지 않았습니다.

❺ A: 昨日、料理を 作りましたか。　어제 요리를 만들었습니까?

B: はい、作りました。　예, 만들었습니다.

いいえ、作りませんでした。　아니요, 만들지 않았습니다.

□ 昨日 어제
□ 学校 학교
□ ～へ ~에
□ 行く 가다
□ 早く 일찍, 빨리
□ 起きる 일어나다
□ 友だち 친구
□ ～と ~와/과
□ 遊ぶ 놀다
□ 宿題 숙제
□ ～を ~을/를
□ する 하다
□ 新しい 새롭다
□ 服 옷
□ 買う 사다
□ 料理 요리
□ 作る 만들다

**2** 다음 예와 같이 말해 보세요.

◎ Unit 12_2

예 運動を する / 忙しい

A: 一緒に 運動を しませんか。

B: いいですね。しましょう。

　　すみません。忙しいですから、ちょっと…。

❶ ごはんを 食べる / 宿題が 多い

❷ 海で 泳ぐ / 天気が 悪い

❸ 歌を 歌う / 歌が 下手だ

❹ 映画を 見る / 仕事が 大変だ

❺ お酒を 飲む / あした、テストだ

## 풀이 노트 2

◎ S 12_3

例 A: 一緒に 運動を しませんか。  함께 운동을 하지 않겠습니까?

B: いいですね。しましょう。 좋네요. 합시다.

すみません。忙しいですから、ちょっと…。
미안합니다. 바빠서 좀….

❶ A: 一緒に ごはんを 食べませんか。  함께 밥을 먹지 않겠습니까?

B: いいですね。食べましょう。 좋네요. 먹읍시다.

すみません。宿題が 多いですから、ちょっと…。
미안합니다. 숙제가 많아서 좀….

❷ A: 一緒に 海で 泳ぎませんか。  함께 바다에서 수영하지 않겠습니까?

B: いいですね。泳ぎましょう。 좋네요. 수영합시다.

すみません。天気が 悪いですから、ちょっと…。
미안합니다. 날씨가 나빠서 좀….

❸ A: 一緒に 歌を 歌いませんか。  함께 노래를 부르지 않겠습니까?

B: いいですね。歌いましょう。 좋네요. 노래 합시다.

すみません。歌が 下手ですから、ちょっと…。
미안합니다. 노래를 못해서 좀….

❹ A: 一緒に 映画を 見ませんか。  함께 영화를 보지 않겠습니까?

B: いいですね。見ましょう。 좋네요. 봅시다.

すみません。仕事が 大変ですから、ちょっと…。
미안합니다. 일이 힘들어서 좀….

❺ A: 一緒に お酒を 飲みませんか。  함께 술을 마시지 않겠습니까?

B: いいですね。飲みましょう。 좋네요. 마십시다.

すみません。あした、テストですから、ちょっと…。
미안합니다. 내일 시험이라서 좀….

---

□ 一緒に 함께, 같이
□ 運動 운동
□ ～を ~을/를
□ する 하다
□ いい 좋다
□ すみません 미안합니다
□ 忙しい 바쁘다
□ ちょっと 조금, 좀
□ ごはん 밥
□ 食べる 먹다
□ 宿題 숙제
□ ～が ~이/가
□ 多い 많다
□ 海 바다
□ ～で ~에서
□ 泳ぐ 수영하다
□ 天気 날씨
□ 悪い 나쁘다
□ 歌 노래
□ 歌う 노래 부르다
□ 下手だ 잘 못하다, 서투르다
□ 映画 영화
□ 見る 보다
□ 仕事 일
□ 大変だ 힘들다
□ お酒 술
□ 飲む 마시다
□ あした 내일
□ テスト 시험

パク 　中村さん、昨日は 何を しましたか。
　　　나카무라 상　키노-와 나니오 시마시따 까?

中村 　天気が よくて、友だちと ソウル公園へ 行きました。
　　　텡키가 요쿠떼　토모다찌또　소우루코-엔에 에　이키마시따

　　　パクさんは 何を しましたか。
　　　박 상와 나니오 시마시따까?

パク 　うちで 本を 読みました。
　　　우치데 홍오 요미마시따

中村 　そうですか。今日は 何を しますか。
　　　소-데스까 쿄-와 나니오 시마스까?

パク 　友だちと 映画を 見ます。
　　　토모다찌또 에-가오 미마스

　　　有名な 映画ですから、中村さんも 一緒に 見ませんか。
　　　유-메-나 에-가데스까라 나카무라 상 모 잇쇼니 미마셍까?

中村 　いいですか。
　　　이-데스까?

パク 　いいですよ。一緒に 行きましょう。
　　　이-데스요 잇쇼니 이키마쇼-

박민수 　나카무라 씨, 어제는 무엇을 했습니까?
나카무라 　날씨가 좋아서, 친구와 서울공원에 갔었습니다.
　　　　　박(민수) 씨는 무엇을 했습니까?
박민수 　집에서 책을 읽었습니다.
나카무라 　그렇습니까? 오늘은 무엇을 합니까?
박민수 　친구와 영화를 볼 겁니다.
　　　　유명한 영화이니까,
　　　　나카무라 씨도 함께 보지 않겠습니까?
나카무라 　괜찮습니까?
박민수 　괜찮지요. 함께 갑시다.

어휘표현 ......................................................................

▫昨日 어제 　▫天気 날씨 　▫いい 좋다 　▫友だち 친구 　▫～と ~와/과 　▫ソウル公園 서울공원 　▫行く 가다
▫うち 집 　▫～で ~에서 　▫本 책 　▫～を ~을/를 　▫読む 읽다 　▫今日 오늘 　▫映画 영화 　▫見る 보다
▫有名だ 유명하다 　▫～から ~이기 때문에 　▫一緒に 함께, 같이

## 01　동사의 [ます/ません] [ました/ませんでした]

일본어에서는 [～ました]로 과거를 표현하고, [～ます]로 과거를 제외한 현재와 가까운 미래를 표현할 수 있습니다.

① 　きのう、学校へ 行きました。　어제 학교에 갔습니다. (과거 긍정)

　　きのう、学校へ 行きませんでした。　어제 학교에 가지 않았습니다. (과거 부정)

② 　毎日、学校へ 行きます。　매일 학교에 갑니다. (현재 긍정)

　　毎日、学校へ 行きません。　매일 학교에 가지 않습니다. (현재 부정)

③ 　あした、学校へ 行きます。　내일 학교에 갈 겁니다. (미래 긍정)

　　あした、学校へ 行きません。　내일 학교에 가지 않을 겁니다. (미래 부정)

## 02　早い / 早く

① [早い]는 '(시간이) 빠르다, 이르다'의 의미로 명사를 수식하거나, 문장을 서술할 때 사용하는 [い형용사]입니다.

　　A: 毎朝、6時に 起きます。　매일 아침 6시에 일어납니다.

　　B: 早いですね。　빠르네요.

② [早く]는 '일찍, 빨리'의 의미로 동사를 수식하는 [부사]입니다.

　　A: 毎朝、6時に 起きます。　매일 아침 6시에 일어납니다.

　　B: 早く 起きますね。　일찍 일어나네요.

## 03　ちょっと

원래의 의미는 '조금 기다려 주세요' 등에서 자주 사용하는 '조금, 잠깐'이지만, 권유나 제안을 받았을 때 직설적으로 [いいえ(아니요)]라고 대답하는 대신에 상대에게 실례가 되지 않도록 '조금 (곤란합니다)'라고 말끝을 흐려서 애매하게 거절할 때 사용합니다.

A: 一緒に 運動を しませんか。　함께 운동을 하지 않을래요?

B: すみません。忙しいですから、ちょっと…。　미안합니다. 바빠서 좀….

## 04　시간을 나타내는 단어

| 그저께 | 어제 | 오늘 | 내일 | 모레 |
|--------|------|------|------|------|
| おととい | きのう | きょう | あした | あさって |

**1** 다음을 듣고 예와 같이 맞는 그림을 골라서 번호를 써넣으세요.  ◎ Unit 12_4

| 예 | ① | ② | ③ | ④ | ⑤ | ⑥ | ⑦ | ⑧ |
|----|----|----|----|----|----|----|----|----|
| ⓕ |   |   |   |   |   |   |   |   |

정답 및 스크립트 ⋯→ 부록 255쪽

◎ Reading 3

私は 毎朝 6時に 起きます。

うちから 会社まで 遠いですから、早く 起きます。

朝ごはんは 食べません。地下鉄で 会社へ 行きます。

私の 会社は にぎやかな ところに あります。

会社の 近くに 大きい デパートが あります。

会社の となりに 銀行も あります。

私は 静かな ところより

にぎやかな ところの 方が 好きです。

店が 多くて、便利だからです。

休みの日は 朝 遅くまで 寝ます。

昨日も 10時に 起きました。

午後 4時に デパートで 中村さんに 会いました。

私は 何も 買いませんでしたが、中村さんは 新しい くつを 買いました。

それから、一緒に 晩ごはんを 食べました。8時に うちへ 帰りました。

☑ 위의 내용과 맞으면 O표, 틀리면 X표를 하세요.

❶ 休みの日も 朝 6時に 起きます。(          )

❷ 昨日、中村さんは 新しい くつを 買いました。(          )

❸ 会社の となりに 大きい デパートが あります。(          )

정답 및 해석 ⋯→ 부록 264쪽

어휘표현 ┈┈┈┈┈┈┈┈┈┈┈┈┈┈┈┈┈┈┈┈┈┈┈┈┈┈┈┈┈┈┈┈┈┈┈┈┈┈┈┈┈┈┈

▫毎朝 매일 아침  ▫~に ~에  ▫起きる 일어나다  ▫~から ~에서/부터, ~이기 때문에  ▫遠い 멀다  ▫早く 일찍  ▫食べる 먹다
▫地下鉄 지하철  ▫~で ~로(수단)  ▫行く 가다  ▫にぎやかだ 번화하다  ▫ところ 곳, 장소  ▫ある 있다  ▫近く 근처
▫となり 옆  ▫銀行 은행  ▫静かだ 조용하다  ▫~より ~보다  ▫~の 方が ~의 쪽이  ▫店 가게  ▫多い 많다
▫便利だ 편리하다  ▫休みの日 휴일, 쉬는 날  ▫遅く 늦게  ▫寝る 자다  ▫昨日 어제  ▫午後 오후  ▫~に 会う ~을/를 만나다
▫何も 아무것도  ▫買う 사다  ▫新しい 새롭다  ▫それから 그리고 나서  ▫一緒に 함께, 같이  ▫晩ごはん 저녁밥  ▫帰る 돌아오다

unit
12
필기시험

□ 1회 점수 :          / 100
□ 2회 점수 :          / 100
□ 3회 점수 :          / 100

제한시간
30분

어휘

**1** 다음 문장에서 빈칸에 주어진 한국어를 일본어로 써 보세요. (1문제 3점)

❶ 新しい くつを ＿＿＿＿＿＿＿。          사지 않았습니다

❷ 料理を ＿＿＿＿＿＿＿＿＿。          만들었습니까?

❸ 海で ＿＿＿＿＿＿＿＿＿。          수영하지 않겠습니까?

❹ 少し ＿＿＿＿＿＿＿＿＿。          서두릅시다

❺ ＿＿＿＿＿＿ ごはんを 食べませんか。          함께/같이

**2** 다음 문장에서 밑줄 친 단어의 뜻을 한국어로 써 보세요. (1문제 3점)

❶ 夜、おそく 寝ます。

❷ きのうは 学校へ 行きませんでした。

❸ 朝、はやく 起きますか。

❹ まいにち、朝ごはんを 食べます。

❺ 田中さんを よびます。

문법

**3** 주어진 조사 중에서 가장 적절한 것을 골라 O표 하세요. (1문제 3점)

❶ 先生( に   を   で   の ) 話します。

❷ プサンまで バス( に   を   で   は ) 行きます。

❸ 図書館で レポート( に   を   で   の ) 書きます。

❹ 朝 ７時( に   を   で   は ) 起きます。

❺ 学校まで 地下鉄( に   を   で   の ) 乗ります。

**4** 주어진 단어로 문장을 완성하고 해석해 보세요. (1문제 4점)

**❶** ねます / よる / か / まいにち / おそく

_____

**❷** か / いっしょに / みません / を / きょう / えいが

_____

**❸** ともだち / あそびません / は / きのう / と / でした

_____

**❹** です / を / べんきょう / いっしょに / テスト / しましょう / から

_____

**❺** は / と / きのう / を / ともだち / のみました / おさけ

_____

**5** 다음 단어를 듣고 받아 써 보세요. (1문제 4점)

**❶**　　　　　　　　**❷**　　　　　　　　**❸**

**❹**　　　　　　　　**❺**

**6** 다음 문장을 듣고 받아 써 보세요. (1문제 5점)

**❶** _____

**❷** _____

**❸** _____

**1** 다음 문장에서 빈칸에 주어진 한국어를 일본어로 써 보세요. (1문제 3점)

❶ 新しい くつを　買いませんでした 。　새 구두를 사지 않았습니다.

　　→ 이 문제를 틀렸을 경우에는 P.226를 다시 한번 확인 학습해 주세요.

❷ 料理を　作りましたか 。　요리를 만들었습니까?

　　→ 이 문제를 틀렸을 경우에는 P.226를 다시 한번 확인 학습해 주세요.

❸ 海で　泳ぎませんか 。　바다에서 수영하지 않겠습니까?

　　→ 이 문제를 틀렸을 경우에는 P.227를 다시 한번 확인 학습해 주세요.

❹ 少し　急ぎましょう 。　조금 서두릅시다.

　　→ 이 문제를 틀렸을 경우에는 P.227를 다시 한번 확인 학습해 주세요.

❺ 一緒に　ごはんを　食べませんか 。　함께 밥을 먹지 않겠습니까?

　　→ 이 문제를 틀렸을 경우에는 P.227를 다시 한번 확인 학습해 주세요.

**2** 다음 문장에서 밑줄 친 단어의 뜻을 한국어로 써 보세요. (1문제 3점)

❶ 夜、遅く 寝ます。　늦게　밤 늦게 잡니다.

　　→ 이 문제를 틀렸을 경우에는 P.218를 다시 한번 확인 학습해 주세요.

❷ 昨日は 学校へ 行きませんでした。　어제　어제는 학교에 가지 않았습니다.

　　→ 이 문제를 틀렸을 경우에는 P.229를 다시 한번 확인 학습해 주세요.

❸ 朝、早く 起きますか。　일찍　아침, 일찍 일어납니까?

　　→ 이 문제를 틀렸을 경우에는 P.233를 다시 한번 확인 학습해 주세요.

❹ 毎日、朝ごはんを 食べます。　매일　매일 아침밥을 먹습니다.

　　→ 이 문제를 틀렸을 경우에는 P.233를 다시 한번 확인 학습해 주세요.

❺ 田中さんを 呼びます。　부릅니다　다나카 씨를 부릅니다(부를 겁니다).

　　→ 이 문제를 틀렸을 경우에는 P.226를 다시 한번 확인 학습해 주세요.

**3** 주어진 조사 중에서 가장 적절한 것을 골라 O표 하세요. (1문제 3점)

❶ 先生(に) を　で　の) 話します。　선생님에게 이야기합니다.

　　→ 이 문제를 틀렸을 경우에는 P.217를 다시 한번 확인 학습해 주세요.

❷ プサンまで バス(に　を　で は) 行きます。　부산까지 버스로 갑니다.

　　→ 이 문제를 틀렸을 경우에는 P.217를 다시 한번 확인 학습해 주세요.

❸ 図書館で レポート(に (を) で　の) 書きます。　도서관에서 리포트를 씁니다.

　　→ 이 문제를 틀렸을 경우에는 P.218를 다시 한번 확인 학습해 주세요.

❹ 朝 7時(に) を　で　は) 起きます。　아침 7시에 일어납니다.

　　→ 이 문제를 틀렸을 경우에는 P.218를 다시 한번 확인 학습해 주세요.

❺ 学校まで 地下鉄(に) を　で　の) 乗ります。　학교까지 지하철을 탑니다.

　　→ 이 문제를 틀렸을 경우에는 P.218를 다시 한번 확인 학습해 주세요.

**4** 주어진 단어로 문장을 완성하고 해석해 보세요. (1문제 4점)

**❶** ねます / よる / か / まいにち / おそく

<u>毎日、夜 遅く 寝ますか。</u>　<u>매일 밤 늦게 잡니까?</u>

→ 이 문제를 틀렸을 경우에는 P.211, 218를 다시 한번 확인 학습해 주세요.

**❷** か / いっしょに / みません / を / きょう / えいが

<u>今日、一緒に 映画を 見ませんか。</u>　<u>오늘 함께 영화를 보지 않겠습니까?</u>

→ 이 문제를 틀렸을 경우에는 P.227를 다시 한번 확인 학습해 주세요.

**❸** ともだち / あそびません / は / きのう / と / でした

<u>昨日は 友だちと 遊びませんでした。</u>　<u>어제는 친구와 놀지 않았습니다.</u>

→ 이 문제를 틀렸을 경우에는 P.226를 다시 한번 확인 학습해 주세요.

**❹** です / を / べんきょう / いっしょに / テスト / しましょう / から

<u>テストですから 一緒に 勉強を しましょう。</u>　<u>시험이니까 함께 공부합시다.</u>

→ 이 문제를 틀렸을 경우에는 P.227를 다시 한번 확인 학습해 주세요.

**❺** は / と / きのう / を / ともだち / のみました / おさけ

<u>昨日は 友だちと お酒を 飲みました。</u>　<u>어제는 친구와 술을 마셨습니다.</u>

→ 이 문제를 틀렸을 경우에는 P.226를 다시 한번 확인 학습해 주세요.

듣기

◉ Test 12

**5** 다음 단어를 듣고 받아 써 보세요. (1문제 4점)

**❶** いっしょに　一緒に 함께, 같이　　**❷** しゅくだい　宿題 숙제　　**❸** うんどう　運動 운동

**❹** しごと　仕事 일　　**❺** ちょっと　조금, 좀

→ 이 문제를 틀렸을 경우에는 P.227, 229, 231를 다시 한번 확인 학습해 주세요.

**6** 다음 문장을 듣고 받아 써 보세요. (1문제 5점)

**❶** <u>きょうは はやく かえりましょう。</u>　今日は 早く 帰りましょう。　오늘은 일찍 돌아갑시다.

→ 이 문제를 틀렸을 경우에는 P.227를 다시 한번 확인 학습해 주세요.

**❷** <u>きのうは あたらしい ふくを かいました。</u>　昨日は 新しい 服を 買いました。　어제는 새 옷을 샀습니다.

→ 이 문제를 틀렸을 경우에는 P.226를 다시 한번 확인 학습해 주세요.

**❸** <u>いっしょに うみで およぎませんか。</u>　一緒に 海で 泳ぎませんか。　함께 바다에서 수영하지 않겠습니까?

→ 이 문제를 틀렸을 경우에는 P.227를 다시 한번 확인 학습해 주세요.

**1** 괄호 안에 들어갈 조사를 써넣으세요.

① 地下鉄(　　　) 会社へ 行きます。

② 昨日は ９時(　　　) 帰りました。

③ 図書館(　　　) 友だち(　　　) 勉強しました。

④ 山田さんは 歌(　　　) 上手です。

⑤ デパート(　　　) くつを 買いました。

⑥ 花屋は どこ(　　　) ありますか。

⑦ 日本人は はし(　　　) ごはん(　　　) 食べます。

⑧ 本屋(　　　) 銀行(　　　) デパート(　　　) 間(　　　) あります。

⑨ 友だち(　　　) 電話を かけます。

⑩ 日本語(　　　) レポートを 書きます。

⑪ バス(　　　) 待ちます。

⑫ 全部(　　　) ２，３００円です。

⑬ 恋人(　　　) 会います。

⑭ 「さようなら」は 韓国語(　　　) 何ですか。

⑮ 友だち(　　　) 遊びます。

⑯ 学校まで 地下鉄(　　　) 乗ります。

⑰ 山(　　　) 海の 方が いいです。

⑱ 今日は 休みです(　　　) 暇です。

⑲ この ケータイは 私(　　　)です。

⑳ 昨日は お風呂(　　　) 入りませんでした。

㉑ 友だち(　　　) 海(　　　) 泳ぎました。

㉒ 仕事は 午前 ９時(　　　) 午後 ６時(　　　)です。

**2** 주어진 대답을 보고 빈칸에 들어갈 단어를 써넣으세요.

❶ **A :** すみません。トイレは 　　　　　 ですか。

　 **B :** あそこです。

❷ **A :** この 赤い かばんは 　　　　　 ですか。

　 **B :** 12,000円です。

❸ **A :** あれは 　　　　　 の チーズですか。

　 **B :** フランスの チーズです。

❹ **A :** 　　　　　 この 店へ よく 来ますか。

　 **B :** 安くて おいしいからです。

❺ **A :** 　　　　　 へ 行きますか。

　 **B :** 東京へ 行きます。

❻ **A :** 　　　　　 と 行きますか。

　 **B :** 友だちと 行きます。

❼ **A :** 　　　　　 で 行きますか。

　 **B :** 飛行機で 行きます。

❽ **A :** 鈴木さんは 　　　　　 人ですか。

　 **B :** 明るくて 親切な 人です。

❾ **A :** ボールペンは 　　　　　 ありますか。

　 **B :** 2本 あります。

❿ **A :** 今日 　　　　　 に うちへ 帰りますか。

　 **B :** 8時に 帰ります。

⓫ **A :** 鈴木さんは 　　　　　 に いますか。

　 **B :** あそこに います。

⓬ **A :** 野球と サッカーと 　　　　　 が おもしろいですか。

　 **B :** 野球の 方が おもしろいです。

⓭ **A :** 教室に 　　　　　 が いますか。

　 **B :** 先生が います。

⑭ A : 韓国料理は _____ ですか。

B : 少し 辛いですが、おいしいです。

⑮ A : これは _____ の かばんですか。

B : 田中さんの かばんです。

⑯ A : 山田さんの ぼうしは _____ ですか。

B : これです。

⑰ A : 銀行の 前に _____ が ありますか。

B : 花屋が あります。

⑱ A : _____ 人が 鈴木さんですか。

B : あの 人です。

⑲ A : ももは _____ 買いましたか。

B : 7つ 買いました。

⑳ A : アルバイトは _____ ですか。

B : 3時間です。

**3** 주어진 단어 중에서 가장 적절한 것을 골라 ○표 하세요.

❶ 季節の 中で (何　だれ　いつ　どこ)が 一番 寒いですか。

❷ 友だちの 中で (何　だれ　いつ　どこ)が 一番 かわいいですか。

❸ 乗り物の 中で (何　だれ　いつ　どこ)が 一番 速いですか。

❹ 韓国の 中で (何　だれ　いつ　どこ)が 一番 人が 多いですか。

❺ 朝は (なにが　　なにを　　なにも) 食べません。

❻ 休みの 日は (どこへ　　どこを　　どこも) 行きますか。

❼ 昨日は 早く (起きません　　起きませんでした)。

❽ 毎日、新聞を (読みます　　読みました)。

총 50문제 X 2 = 100점　　 나의 점수　　점/100점

정답 및 해석 ⋯ 부록 260~262쪽

# 부록

- 내 귀에 쏙쏙 정답 및 스크립트
- 중간·기말고사 문제풀이 및 정답
- 독해력 무럭무럭 정답 및 해석

# Unit 01

**1** 다음을 듣고 어울리는 그림을 연결하세요.　　　◎ **Unit 01_4**

예　A: キムさんは がくせいですか。　김 씨는 학생입니까?

　　B: はい、がくせいです。　예, 학생입니다.

❶ A: やまださんは かいしゃいんですか。　야마다 씨는 회사원입니까?

　 B: いいえ、かいしゃいんじゃありません。ぎんこういんです。

　　　아니요, 회사원이 아닙니다. 은행원입니다.

❷ A: すずきさんは せんせいですか。　스즈키 씨는 선생님입니까?

　 B: いいえ、しゅふです。　아니요, 주부입니다.

❸ A: たなかさんは いしゃですか。　다나카 씨는 의사입니까?

　 B: はい、いしゃです。　예, 의사입니다.

❹ A: アンさんは デザイナーですか。　안 씨는 디자이너입니까?

　 B: いいえ、デザイナーじゃありません。エンジニアです。

　　　아니요, 디자이너가 아닙니다. 엔지니어입니다.

❺ A: さとうさんは モデルですか。　사토 씨는 모델입니까?

　 B: いいえ、デザイナーです。　아니요, 디자이너입니다.

❻ A: ロバートさんは かいしゃいんですか。　로버트 씨는 회사원입니까?

　 B: はい、かいしゃいんです。　예, 회사원입니다.

**단어**

▫ **がくせい** 학생　　▫ **かいしゃいん** 회사원　　▫ **ぎんこういん** 은행원　　▫ **せんせい** 선생님

▫ **しゅふ** 주부　　▫ **いしゃ** 의사　　▫ **デザイナー** 디자이너　　▫ **エンジニア** 엔지니어　　▫ **モデル** 모델

**정답**

예 ⓕ　❶ ⓔ　❷ ⓖ　❸ ⓓ　❹ ⓐ　❺ ⓒ　❻ ⓑ　　　》》》 본문 50쪽

# Unit 02

**1** 다음을 듣고 그림에 맞는 이름을 연결하세요.

⊚ **Unit 02_4**

**예** A: これは せんせいの かばんですか。  이것은 선생님의 가방입니까?

B: はい、せんせいの かばんです。  예, 선생님의 가방입니다.

**❶** A: それは パクさんの さいふですか。  그것은 박 씨의 지갑입니까?

B: いいえ、パクさんの さいふじゃありません。たなかさんのです。

아니요, 박 씨의 지갑이 아닙니다. 다나카 씨의 것입니다.

**❷** A: あれは だれの くつですか。  저것은 누구의 구두입니까?

B: やまださんのです。  야마다 씨의 것입니다.

**❸** A: それは ロバートさんの ぼうしですか。  그것은 로버트 씨의 모자입니까?

B: いいえ、ロバートさんの ぼうしじゃありません。わたしのです。

아니요, 로버트 씨의 모자가 아닙니다. 제 것입니다.

**❹** A: これは さとうさんの めがねですか。  이것은 사토 씨의 안경입니까?

B: はい、さとうさんの めがねです。  예, 사토 씨의 안경입니다.

**❺** A: これは パクさんの つくえですか。  이것은 박 씨의 책상입니까?

B: いいえ、ロバートさんの つくえです。  아니요, 로버트 씨의 책상입니다.

**❻** A: あれは だれの しんぶんですか。  저것은 누구의 신문입니까?

B: パクさんのです。  박 씨의 것입니다.

**단어**

▫これ 이것  ▫せんせい 선생님  ▫かばん 가방  ▫それ 그것  ▫さいふ 지갑  ▫あれ 저것

▫だれ 누구  ▫くつ 구두  ▫ぼうし 모자  ▫めがね 안경  ▫つくえ 책상  ▫しんぶん 신문

**정답**

예 ⓕ  ❶ ⓖ  ❷ ⓐ  ❸ ⓓ  ❹ ⓒ  ❺ ⓔ  ❻ ⓑ

»»» 본문 68쪽

## Unit 03

**1** ⓐ와 같이 올바르게 시간을 말하면 O표, 틀리면 X표 하세요.    ◎ **Unit 03_4**

> ⓐ A: いま、なんじですか。 지금 몇 시입니까?
> B: じゅういちじ にじゅうごふんです。 11시 25분입니다.

> **❶** A: いま、なんじですか。 지금 몇 시입니까?
> B: よん[よ]じ はんです。 4시 반입니다.

> **❷** A: いま、なんじですか。 지금 몇 시입니까?
> B: なな[しち]じ ごふんです。 7시 5분입니다.

> **❸** A: いま、なんじですか。 지금 몇 시입니까?
> B: きゅう[く]じ ごじゅっぷんです。 9시 50분입니다.

**2** 다음을 듣고 ⓐ와 같이 시간을 써넣으세요.    ◎ **Unit 03_5**

> ⓐ A: かいしゃは なんじから なんじまでですか。 회사는 몇 시부터 몇 시까지입니까?
> B: くじから ろくじまでです。 9시부터 6시까지입니다.

> **❶** A: アルバイトは なんじから なんじまでですか。 아르바이트는 몇 시부터 몇 시까지입니까?
> B: ごぜん じゅういちじから ごご よじまでです。 오전 11시부터 오후 4시까지입니다.

> **❷** A: としょかんは なんじから なんじまでですか。 도서관은 몇 시부터 몇 시까지입니까?
> B: あさ しちじから よる じゅうじまでです。 아침 7시부터 밤 10시까지입니다.

> **❸** A: テストは なんじから なんじまでですか。 시험은 몇 시부터 몇 시까지입니까?
> B: さんじ じゅうごふんから ごじ よんじゅうごふんまでです。 3시 15분부터 5시 45분까지입니다.

### 단어

▫ **いま** 지금  ▫ **なんじ** 몇 시  ▫ **かいしゃ** 회사  ▫ **~から** ~에서, ~부터  ▫ **~まで** ~까지
▫ **アルバイト** 아르바이트  ▫ **ごぜん** 오전  ▫ **ごご** 오후  ▫ **としょかん** 도서관  ▫ **あさ** 아침
▫ **よる** 밤  ▫ **テスト** 시험, 테스트

### 정답

**1** ⓐ O ❶ X ❷ X ❸ X                                    »»» 본문 86쪽

**2** ⓐ 9:00 ~ 6:00  ❶ 오전 11:00 ~ 오후 4:00  ❷ 아침 7:00 ~ 밤 10:00  ❸ 3:15 ~ 5:45

# Unit 04

**1** 다음을 듣고 맞으면 O표, 틀리면 X표 하세요.

예 A: この パソコンは 高いですか。 이 컴퓨터는 비쌉니까?

B: はい、高いです。 예, 비쌉니다.

❶ A: きょうは 暑いですか。 오늘은 덥습니까?

B: はい、暑いです。 예, 덥습니다.

❷ A: 会社は 忙しいですか。 회사는 바쁩니까?

B: いいえ、忙しくないです。 아니요, 바쁘지 않습니다.

❸ A: 学校は 近いですか。 학교는 가깝습니까?

B: いいえ、近くありません。遠いです。 아니요, 가깝지 않습니다. 멉니다.

❹ A: 韓国料理は 辛いですか。 한국요리는 맵습니까?

B: はい、少し 辛いです。 예, 조금 맵습니다.

❺ A: 田中さんの ケータイは 新しいですか。 다나카 씨의 휴대전화는 새것입니까?

B: いいえ、古いです。 아니요, 낡았습니다.

❻ A: きょうは 天気が いいですか。 오늘은 날씨가 좋습니까?

B: いいえ、よくありません。悪いです。 아니요, 좋지 않습니다. 나쁩니다.

❼ A: 友だちが 多いですか。 친구가 많습니까?

B: はい、多いです。 예, 많습니다.

❽ A: この 本は おもしろいですか。 이 책은 재미있습니까?

B: はい、おもしろいです。 예, 재미있습니다.

❾ A: 日本語は 難しいですか。 일본어는 어렵습니까?

B: いいえ、難しくないです。易しいです。 아니요, 어렵지 않습니다. 쉽습니다.

**단어**

▫ この 이  ▫ パソコン 컴퓨터  ▫ 高い 비싸다  ▫ きょう 오늘  ▫ 暑い 덥다  ▫ 会社 회사  ▫ 忙しい 바쁘다
▫ 学校 학교  ▫ 近い 가깝다  ▫ 遠い 멀다  ▫ 韓国料理 한국요리  ▫ 辛い 맵다  ▫ 少し 조금  ▫ ケータイ 휴대전화
▫ 新しい 새롭다  ▫ 古い 낡다  ▫ 天気 날씨  ▫ いい 좋다  ▫ 悪い 나쁘다  ▫ 友だち 친구  ▫ 多い 많다
▫ 本 책  ▫ おもしろい 재미있다  ▫ 日本語 일본어  ▫ 難しい 어렵다  ▫ 易しい 쉽다

**정답**

예 O  ❶ X  ❷ X  ❸ O  ❹ O  ❺ X  ❻ X  ❼ O  ❽ O  ❾ X  »»» 본문 102쪽

# Unit 05

**1** 다음을 듣고 맞는 그림 2개를 골라서 O표 하세요.   ◎ **Unit 05_4**

(예) A: どんな かばんですか。 어떤 가방입니까?
B: 大きくて 重い かばんです。 크고 무거운 가방입니다.

❶ A: 田中さんは どんな 人ですか。 다나카 씨는 어떤 사람입니까?
B: 背が 高くて 明るい 人です。 키가 크고 밝은 사람입니다.

❷ A: どんな 部屋ですか。 어떤 방입니까?
B: 広いですが、うるさい 部屋です。 넓지만, 시끄러운 방입니다.

❸ A: あの 料理は どうですか。 저 요리는 어떻습니까?
B: 辛いですが、おいしいです。 맵지만, 맛있습니다.

❹ A: この 映画は どうですか。 이 영화는 어떻습니까?
B: 怖くて おもしろくないです。 무섭고 재미있지 않습니다.

❺ A: その 本は どうですか。 그 책은 어떻습니까?
B: 漢字が 多くて 難しいです。 한자가 많고 어렵습니다.

**단어**

▫どんな 어떤  ▫かばん 가방  ▫大きい 크다  ▫重い 무겁다  ▫人 사람  ▫背が 高い 키가 크다
▫明るい 밝다  ▫部屋 방  ▫広い 넓다  ▫うるさい 시끄럽다  ▫あの 저  ▫料理 요리
▫どうですか 어떻습니까?  ▫辛い 맵다  ▫おいしい 맛있다  ▫この 이  ▫映画 영화  ▫怖い 무섭다
▫おもしろい 재미있다  ▫その 그  ▫本 책  ▫漢字 한자  ▫多い 많다  ▫難しい 어렵다

**정답**

(예) ⓐⓓ  ❶ⓑⓒ  ❷ⓑⓓ  ❸ⓐⓒ  ❹ⓐⓓ  ❺ⓑⓒ    »»» 본문 116쪽

# Unit 06

**1** 다음을 듣고 맞으면 O표, 틀리면 X표 하세요. 

◎ Unit 06_4

例 A: この 料理は 簡単ですか。 이 요리는 간단합니까?

B: はい、とても 簡単です。 예, 아주 간단합니다.

❶ A: その 店は きれいですか。 그 가게는 깨끗합니까?

B: いいえ、あまり きれいじゃありません。 아니요, 별로 깨끗하지 않습니다.

❷ A: 先生の 車は 丈夫ですか。 선생님의 자동차는 튼튼합니까?

B: はい、丈夫です。 예, 튼튼합니다.

❸ A: あの デパートは 有名ですか。 저 백화점은 유명합니까?

B: はい、有名です。 예, 유명합니다.

❹ A: この パソコンは 便利ですか。 이 컴퓨터는 편리합니까?

B: いいえ、便利じゃありません。不便です。 아니요, 편리하지 않습니다. 불편합니다.

❺ A: 田中さんは 親切ですか。 다나카 씨는 친절합니까?

B: はい、とても 親切です。 예, 매우 친절합니다.

❻ A: きょうは 暇ですか。 오늘은 한가합니까?

B: いいえ、暇じゃありません。忙しいです。 아니요, 한가하지 않습니다. 바쁩니다.

❼ A: 山田さんは 歌が 上手ですか。 야마다 씨는 노래를 잘합니까?

B: いいえ、あまり 上手じゃありません。下手です。 아니요, 그다지 잘하지 않습니다. 서투릅니다.

❽ A: ソウルは にぎやかですか。 서울은 번화합니까?

B: はい、とても にぎやかです。 예, 매우 번화합니다.

❾ A: 鈴木さんは スポーツが 好きですか。 스즈키 씨는 스포츠를 좋아합니까?

B: はい、好きです。 예, 좋아합니다.

## 단어

▫料理 요리  ▫簡単だ 간단하다  ▫とても 매우, 아주  ▫店 가게  ▫きれいだ 깨끗하다  ▫あまり 그다지, 별로
▫車 자동차  ▫丈夫だ 튼튼하다  ▫デパート 백화점  ▫有名だ 유명하다  ▫便利だ 편리하다  ▫不便だ 불편하다
▫親切だ 친절하다  ▫きょう 오늘  ▫暇だ 한가하다  ▫忙しい 바쁘다  ▫歌 노래  ▫上手だ 잘하다, 능숙하다
▫下手だ 잘 못하다, 서투르다  ▫にぎやかだ 번화하다  ▫スポーツ 스포츠  ▫好きだ 좋아하다

## 정답

例 X  ❶ O  ❷ X  ❸ O  ❹ X  ❺ O  ❻ O  ❼ O  ❽ X  ❾ X  »»» 본문 132쪽

# Unit 07

**1** 다음을 듣고 맞는 그림 2개를 골라서 O표 하세요.　　⊙ **Unit 07_5**

예 A: どんな レストランですか。　어떤 레스토랑입니까?
　　B: 料理が おいしくて 静かな レストランです。　요리가 맛있고 조용한 레스토랑입니다.

❶ A: どんな パソコンですか。　어떤 컴퓨터입니까?
　　B: 便利で 軽い パソコンです。　편리하고 가벼운 컴퓨터입니다.

❷ A: どんな さしみですか。　어떤 회입니까?
　　B: 新鮮ですが、高い さしみです。　신선하지만, 비싼 회입니다.

❸ A: あの 公園は どうですか。　저 공원은 어떻습니까?
　　B: 広くて きれいです。　넓고 깨끗합니다.

❹ A: 山田さんは どうですか。　야마다 씨는 어떻습니까?
　　B: スポーツが 上手で、まじめな 人です。　스포츠를 잘하고, 성실한 사람입니다.

❺ A: 新しい 仕事は どうですか。　새로운 일은 어떻습니까?
　　B: 大変ですが、おもしろいです。　힘들지만, 재미있습니다.

**단어**

▫どんな 어떤　▫レストラン 레스토랑　▫料理 요리　▫おいしい 맛있다　▫静かだ 조용하다
▫パソコン 컴퓨터　▫便利だ 편리하다　▫軽い 가볍다　▫さしみ 회　▫新鮮だ 신선하다
▫高い 비싸다　▫あの 저　▫公園 공원　▫どうですか 어떻습니까?　▫広い 넓다　▫きれいだ 깨끗하다
▫スポーツ 스포츠　▫上手だ 잘하다, 능숙하다　▫まじめだ 성실하다　▫人 사람　▫新しい 새롭다
▫仕事 일　▫大変だ 힘들다　▫おもしろい 재미있다

**정답**

예 ⓐⓒ　❶ ⓑⓓ　❷ ⓐⓓ　❸ ⓑⓒ　❹ ⓐⓒ　❺ ⓑⓓ　　　»»» 본문 148쪽

# Unit 08

**1** 다음을 듣고 맞는 그림에 O표 하세요.

◎ Unit 08_4

예 A: すいかと ぶどうと どちらが おいしいですか。　수박과 포도(와) 어느 쪽이 맛있습니까?

　　 B: すいかより ぶどうの 方が おいしいです。　수박보다 포도 쪽이 맛있습니다.

❶ A: 地下鉄と バスと どちらが 便利ですか。　지하철과 버스(와) 어느 쪽이 편리합니까?

　　 B: バスより 地下鉄の 方が 便利です。　버스보다 지하철 쪽이 편리합니다.

❷ A: 山登りと 水泳と どちらが おもしろいですか。　등산과 수영(과) 어느 쪽이 재미있습니까?

　　 B: 山登りの 方が おもしろいです。　등산 쪽이 재미있습니다.

❸ A: 季節の 中で いつが 一番 嫌いですか。　계절 중에서 언제를 가장 싫어합니까?

　　 B: 春が 一番 嫌いです。　봄을 가장 싫어합니다.

❹ A: 乗り物の 中で 何が 一番 速いですか。　탈것 중에서 무엇이 가장 빠릅니까?

　　 B: 飛行機が 一番 速いです。　비행기가 가장 빠릅니다.

❺ A: お酒の 中で 何が 一番 好きですか。　술 중에서 무엇을 가장 좋아합니까?

　　 B: ビールが 一番 好きです。　맥주를 가장 좋아합니다.

---

**단어**

▫すいか 수박　　▫〜と ~와/과　　▫ぶどう 포도　　▫どちら 어느 쪽　　▫おいしい 맛있다　　▫〜より ~보다
▫〜の 方が ~의 쪽이　　▫地下鉄 지하철　　▫バス 버스　　▫便利だ 편리하다　　▫山登り 등산　　▫水泳 수영
▫おもしろい 재미있다　　▫季節 계절　　▫〜の 中で ~의 중에서　　▫いつ 언제　　▫一番 가장, 제일
▫嫌いだ 싫어하다　　▫春 봄　　▫乗り物 탈것　　▫何 무엇　　▫速い 빠르다　　▫飛行機 비행기　　▫お酒 술
▫好きだ 좋아하다　　▫ビール 맥주

---

**정답**

예 ⓒ　❶ ⓑ　❷ ⓐ　❸ ⓑ　❹ ⓐ　❺ ⓒ

»»» 본문 168쪽

# Unit 09

**1** 다음 예와 같이 맞는 것에는 O표, 틀린 것에는 X표 하세요.　◉ Unit 09_5

예 コーラ　よっつ　ください。　콜라 4개 주세요.

❶ ドーナツ　むっつ　くたさい。　도넛 6개 주세요.

❷ コーヒー　ひとつ　ください。　커피 1개 주세요.

❸ サンドイッチ　ふたつ　ください。　샌드위치 2개 주세요.

**2** 다음을 듣고 예와 같이 금액을 써넣으세요.　◉ Unit 09_6

예 A: コーヒーは　いくらですか。　커피는 얼마입니까?

　　B: 180（ひゃくはちじゅう）円です。　180엔입니다.

　　A: ケーキは　いくらですか。　케이크는 얼마입니까?

　　B: 350（さんびゃくごじゅう）円です。　350엔입니다.

　　A: コーヒーと　ケーキ　ひとつずつ　ください。　커피와 케이크 1개씩 주세요.

❶ A: おにぎりは　いくらですか。　주먹밥은 얼마입니까?

　　B: 90（きゅうじゅう）円です。　90엔입니다.

　　A: うどんは　いくらですか。　우동은 얼마입니까?

　　B: 690（ろっぴゃくきゅうじゅう）円です。　690엔입니다.

　　A: おにぎり　ふたつと　うどん　ひとつ　ください。　주먹밥 2개와 우동 1개 주세요.

❷ A: あの　長い　傘は　いくらですか。　저 긴 우산은 얼마입니까?

　　B: 3,700（さんぜんななひゃく）円です。　3,700엔입니다.

　　A: この　ぼうしは　いくらですか。　이 모자는 얼마입니까?

　　B: 1,640（せんろっぴゃくよんじゅう）円です。　1,640엔입니다.

　　A: あの　長い　傘と　この　ぼうし　ください。　저 긴 우산과 이 모자 주세요.

❸ A: この　赤い　財布は　いくらですか。　이 빨간 지갑은 얼마입니까?

　　B: 11,800（いちまんせんはっぴゃく）円です。　11,800엔입니다.

　　A: その　黒い　財布は　いくらですか。　그 검은 지갑은 얼마입니까?

　　B: 8,200（はっせんにひゃく）円です。　8,200엔입니다.

　　A: この　赤い　財布　ください。　이 빨간 지갑 주세요.

### 단어

▫コーヒー 커피　▫いくら 얼마　▫ケーキ 케이크　▫～ずつ ~씩　▫ください 주세요　▫おにぎり 주먹밥
▫うどん 우동　▫長い 길다　▫傘 우산　▫ぼうし 모자　▫赤い 빨갛다　▫財布 지갑　▫黒い 검다

### 정답

**1** 예 O　❶ X　❷ X　❸ O

»»» 본문 186쪽

**2** 예 180円　350円　❶ 90円　690円　❷ 3,700円　1,640円　❸ 11,800円　8,200円

## Unit 10

**1** 다음을 듣고 맞으면 O표, 틀리면 X표 하세요.

◎ Unit 10_4

예 A: 財布は どこに ありますか。　지갑은 어디에 있습니까?

B: かばんの 中に あります。　가방 안에 있습니다.

❶ A: 猫は どこに いますか。　고양이는 어디에 있습니까?

B: ベッドの 上に います。　침대 위에 있습니다.

❷ A: 本だなは どこに ありますか。　책장은 어디에 있습니까?

B: つくえと ベッドの 間に あります。　책상과 침대 사이에 있습니다.

❸ A: 花は どこに ありますか。　꽃은 어디에 있습니까?

B: ベッドの そばに あります。　침대 옆에 있습니다.

❹ A: いすは どこに ありますか。　의자는 어디에 있습니까?

B: つくえの 後ろに あります。　책상 뒤에 있습니다.

❺ A: 犬は どこに いますか。　개는 어디에 있습니까?

B: いすの 下に います。　의자 아래에 있습니다.

❻ A: つくえは どこに ありますか。　책상은 어디에 있습니까?
B: 本だなの となりに あります。　책장 옆에 있습니다.

### 단어

▫財布 지갑　▫どこ 어디　▫~に ~에　▫かばん 가방　▫中 안　▫猫 고양이　▫ベッド 침대

▫上 위　▫本だな 책장, 책꽂이　▫つくえ 책상　▫間 사이　▫花 꽃　▫そば 옆　▫いす 의자

▫後ろ 뒤　▫犬 개　▫下 아래　▫となり 옆

### 정답

예 O　❶ X　❷ O　❸ O　❹ X　❺ X　❻ O

»»» 본문 202쪽

# Unit 11

**1** 다음을 듣고 예와 같이 맞는 그림을 골라서 번호를 써넣으세요.　◎ **Unit 11_3**

예　A: よく 映画を 見ますか。　자주 영화를 봅니까?

　　B: はい、見ます。　예, 봅니다.

❶　A: よく 友だちと 遊びますか。　자주 친구와 놉니까?

　　B: はい、遊びます。　예, 놉니다.

❷　A: よく 地下鉄に 乗りますか。　자주 지하철을 탑니까?

　　B: いいえ、乗りません。　아니요, 타지 않습니다.

❸　A: 今日は 図書館で 勉強しますか。　오늘은 도서관에서 공부합니까?

　　B: はい、図書館で 勉強します。　예, 도서관에서 공부합니다.

❹　A: よく 音楽を 聞きますか。　자주 음악을 듣습니까?

　　B: はい、聞きます。　예, 듣습니다.

❺　A: 夜、遅く うちへ 帰りますか。　밤 늦게 집에 돌아갑니까?

　　B: いいえ、早く 帰ります。　아니요, 일찍 돌아갑니다.

❻　A: 先生と 日本語で 話しますか。　선생님과 일본어로 이야기합니까?

　　B: いいえ、日本語で 話しません。　아니요, 일본어로 이야기하지 않습니다.

❼　A: よく 恋人に 電話を かけますか。　자주 애인에게 전화를 겁니까?

　　B: はい、かけます。　예, 겁니다.

❽　A: 今日、お酒を 飲みますか。　오늘 술을 마십니까?

　　B: いいえ、飲みません。　아니요, 마시지 않습니다.

## 단어

□よく 자주, 잘　□映画 영화　□~を ~을/를　□見る 보다　□友だち 친구　□~と ~와/과　□遊ぶ 놀다
□地下鉄 지하철　□~に 乗る ~을(를) 타다　□今日 오늘　□図書館 도서관　□~で ~에서(장소), ~로(수단)
□勉強する 공부하다　□音楽 음악　□聞く 듣다　□夜 밤　□遅く 늦게　□うち 집　□~へ ~에/로
□帰る 돌아가(오)다　□早く 일찍　□先生 선생님　□日本語 일본어　□話す 이야기하다　□恋人 애인
□~に ~에게(대상)　□電話 전화　□かける 걸다　□お酒 술　□飲む 마시다

## 정답

예 ⓖ　❶ ⓐ　❷ ⓓ　❸ ⓗ　❹ ⓑ　❺ ⓘ　❻ ⓔ　❼ ⓒ　❽ ⓕ　»»» 본문 216쪽

# Unit 12

**1** 다음을 듣고 <sub>예</sub>와 같이 맞는 그림을 골라서 번호를 써넣으세요.

◎ Unit 12_4

<sub>예</sub> A: 一緒に ごはんを 食べませんか。 함께 밥을 먹지 않겠습니까?

B: いいですね。食べましょう。 좋네요. 먹읍시다.

❶ A: 昨日、新しい 服を 買いましたか。 어제 새 옷을 샀습니까?

B: いいえ、買いませんでした。 아니요, 사지 않았습니다.

❷ A: 昨日、本を 読みましたか。 어제 책을 읽었습니까?

B: はい、読みました。 예, 읽었습니다.

❸ A: 昨日、早く 起きましたか。 어제 일찍 일어났습니까?

B: いいえ、早く 起きませんでした。 아니요, 일찍 일어나지 않았습니다.

❹ A: 一緒に 海で 泳ぎませんか。 함께 바다에서 수영하지 않겠습니까?

B: すみません。今日は ちょっと…。 미안합니다. 오늘은 좀….

❺ A: 一緒に 料理を 作りませんか。 함께 요리를 만들지 않겠습니까?

B: いいですね。作りましょう。 좋네요. 만듭시다.

❻ A: 昨日、学校へ 行きましたか。 어제 학교에 갔었습니까?

B: いいえ、行きませんでした。 아니요, 가지 않았습니다.

❼ A: 昨日、運動を しましたか。 어제 운동을 했습니까?

B: はい、しました。 예, 했습니다.

❽ A: 一緒に 歌を 歌いませんか。 함께 노래를 부르지 않겠습니까?

B: すみません。歌が 下手ですから、ちょっと…。 미안합니다. 노래를 못해서 좀….

---

**단어**

▫一緒に 함께, 같이　▫ごはん 밥　▫食べる 먹다　▫いいですね 좋네요　▫昨日 어제　▫新しい 새롭다
▫服 옷　▫買う 사다　▫本 책　▫読む 읽다　▫早く 일찍　▫起きる 일어나다　▫海 바다　▫泳ぐ 수영하다
▫すみません 미안합니다　▫今日 오늘　▫ちょっと 좀　▫料理 요리　▫作る 만들다　▫学校 학교
▫行く 가다　▫運動 운동　▫する 하다　▫歌 노래　▫歌う 노래 부르다　▫下手だ 잘 못하다, 서투르다

**정답**

예 ⓕ　❶ ⓒ　❷ ⓘ　❸ ⓖ　❹ ⓑ　❺ ⓓ　❻ ⓐ　❼ ⓗ　❽ ⓔ　»»» 본문 234쪽

**1** 괄호 안에 들어갈 가장 알맞은 말을 써넣으세요.

❶ わたしは 学生です。田中さん( も ) 学生ですか。
저는 학생입니다. 다나카 씨도 학생입니까?

❷ それは 韓国( の ) パソコンです。
그것은 한국 컴퓨터입니다.

❸ 好き( な ) 食べ物は 何ですか。
좋아하는 음식은 무엇입니까?

❹ プサンは ソウル( から ) 遠いですか。
부산은 서울에서 멉니까?

❺ 韓国料理は 辛いです( が ) おいしいです。
한국요리는 맵지만 맛있습니다.

❻ これは 山田さん( の ) 本です。
이것은 야마다 씨의 책입니다.

❼ あの デパートは 有名( で ) 立派です。
저 백화점은 유명하고 훌륭합니다.

❽ 銀行は 9時 半( から ) 4時( まで )です。
은행은 9시 반부터 4시까지입니다.

❾ わたしは スポーツ( が ) 下手です。
저는 스포츠를 잘 못합니다.

❿ この 店は 安くて おいしいです( から )、人が 多いです。
이 가게는 싸고 맛있기 때문에 사람이 많습니다.

⓫ この ケータイは 先生( の )です。
이 휴대전화는 선생님의 것입니다.

⓬ きょうは 天気( が ) よく ありません。
오늘은 날씨가 좋지 않습니다.

**2** 빈칸에 들어갈 가장 알맞은 단어를 써넣으세요.

❶ **A :** あれは 何 ですか。 　저것은 무엇입니까?

　 **B :** かばんです。 　가방입니다.

❷ **A :** あ国は どこ ですか。 　고향은 어디입니까? (나라는 어디입니까?)

　 **B :** 中国です。 　중국입니다.

❸ **A :** これは 何 の 本ですか。 　이것은 무슨 책입니까?

　 **B :** 英語の 本です。 　영어 책입니다.

❹ **A :** 今、 何時 ですか。 　지금 몇 시입니까?

　 **B :** 3時です。 　3시입니다.

❺ **A :** それは だれ の カメラですか。 　그것은 누구의 카메라입니까?

　 **B :** わたしの カメラです。 　제 카메라입니다.

❻ **A :** あ仕事は 何 ですか。 　직업은 무엇입니까?

　 **B :** 会社員です。 　회사원입니다.

❼ **A :** あの 人は だれ ですか。 　저 사람은 누구입니까?

　 **B :** 鈴木さんです。 　스즈키 씨입니다.

**3** 주어진 단어 중에서 가장 적절한 것을 골라 O표 하세요.

**❶ A :** (わたし　**あなた**)は 日本人<sup>にほんじん</sup>ですか。 당신은 일본인입니까?

　**B :** はい、わたしは 日本人<sup>にほんじん</sup>です。 예, 저는 일본인입니다.

**❷ A :** 田中<sup>たなか</sup>さんは (**先生**<sup>せんせい</sup>　学生<sup>がくせい</sup>)ですか。 다나카 씨는 선생님입니까?

　**B :** いいえ、学生<sup>がくせい</sup>です。 아니요, 학생입니다.

**❸ A :** あなたは 山田<sup>やまだ</sup>さんですか。 당신은 야마다 씨입니까?

　**B :** はい、(山田<sup>やまだ</sup>さん　**山田**<sup>やまだ</sup>)です。 예, 야마다입니다.

**❹ A :** それは (わたし　**あなた**)の パソコンですか。 그것은 당신의 컴퓨터입니까?

　**B :** はい、わたしの パソコンです。 예, 제 컴퓨터입니다.

**❺ A :** (これ　それ　**あれ**)は テレビですか。 저것은 텔레비전입니까?

　**B :** いいえ、あれは テレビじゃありません。 아니요, 저것은 텔레비전이 아닙니다.

**❻ A :** これは 田中<sup>たなか</sup>さんの ケータイですか。 이것은 다나카 씨의 휴대전화입니까?

　**B :** いいえ、(これ　**それ**　あれ)は わたしの ケータイじゃありません。
아니요, 그것은 제 휴대전화가 아닙니다.

**❼ A :** 鈴木<sup>すずき</sup>さんは (**どんな**　どの　どう) 人<sup>ひと</sup>ですか。 스즈키 씨는 어떤 사람입니까?

　**B :** 明<sup>あか</sup>るい 人<sup>ひと</sup>です。 밝은 사람입니다.

**❽ A :** (どう　どの　**どうして**) 日本語<sup>にほんご</sup>が 好<sup>す</sup>きですか。 왜(어째서) 일본어를 좋아합니까?

　**B :** おもしろいからです。 재미있기 때문입니다.

**❾ A :** 韓国語<sup>かんこくご</sup>は (どれ　どの　**どう**)ですか。 한국어는 어떻습니까?

　**B :** 少<sup>すこ</sup>し 難<sup>むずか</sup>しいです。 조금 어렵습니다.

**❿ A :** 山田<sup>やまだ</sup>さんの えんぴつは (**どれ**　どの　どんな)ですか。
야마다 씨의 연필은 어느 것입니까?

　**B :** これです。 이것입니다.

⓫ **A :** (だれ （どの） どんな) 人が 鈴木さんですか。 어느 사람이 스즈키 씨입니까?

**B :** あの 人です。 저 사람입니다.

⓬ **A :** これは （だれ 何 どれ)の くつですか。 이것은 누구의 구두입니까?

**B :** 木村さんの くつです。 기무라 씨의 구두입니다.

⓭ **A :** 中村さんは 背が 高いですか。 나카무라 씨는 키가 큽니까?

**B :** いいえ、背が （低い） 安い 小さい)です。 아니요, 키가 작습니다.

⓮ **A :** 木村さんは 英語が 上手ですか。 기무라 씨는 영어를 잘합니까?

**B :** いいえ、（下手） まじめ きれい)です。 아니요, 잘 못합니다.

⓯ **A :** 友だちが 多いですか。 친구가 많습니까?

**B :** いいえ、(広い 小さい 少ない)です。 아니요, 적습니다.

⓰ **A :** きょうは 暇ですか。 오늘은 한가합니까?

**B :** いいえ、(楽しい 忙しい おもしろい)です。 아니요, 바쁩니다.

⓱ **A :** 先生の 部屋は 静かですか。 선생님의 방은 조용합니까?

**B :** いいえ、(うるさい 暗い 低い)です。 아니요, 시끄럽습니다.

⓲ **A :** 怖い 映画が 好きですか。 무서운 영화를 좋아합니까?

**B :** いいえ、(おもしろい きれい 嫌い)です。 아니요, 싫어합니다.

⓳ **A :** キムさんの 部屋は 広いですか。 김 씨의 방은 넓습니까?

**B :** いいえ、(軽い 暗い 狭い)です。 아니요, 좁습니다.

⓴ **A :** 会社は 近いですか。 회사는 가깝습니까?

**B :** いいえ、(嫌い 遠い 忙しい)です。 아니요, 멉니다.

㉑ **A :** 吉田さんの 傘は 短いですか。 요시다 씨의 우산은 짧습니까?

**B :** いいえ、(甘い 小さい 長い)です。 아니요, 깁니다.

**1** 괄호 안에 들어갈 조사를 써넣으세요.

❶ 地下鉄( で ) 会社へ 行きます。  지하철로 회사에 갑니다.

❷ 昨日は ９時( に ) 帰りました。  어제는 9시에 돌아왔(갔)습니다.

❸ 図書館( で ) 友だち( と ) 勉強しました。  도서관에서 친구와 공부했습니다.

❹ 山田さんは 歌( が ) 上手です。  야마다 씨는 노래를 잘합니다.

❺ デパート( で ) くつを 買いました。  백화점에서 구두를 샀습니다.

❻ 花屋は どこ( に ) ありますか。  꽃집은 어디에 있습니까?

❼ 日本人は はし( で ) ごはん( を ) 食べます。  일본인은 젓가락으로 밥을 먹습니다.

❽ 本屋( は ) 銀行( と ) デパート( の ) 間( に ) あります。  서점은 은행과 백화점 사이에 있습니다.

❾ 友だち( に ) 電話を かけます。  친구에게 전화를 겁니다.

❿ 日本語( で ) レポートを 書きます。  일본어로 리포트를 씁니다.

⓫ バス( を ) 待ちます。  버스를 기다립니다.

⓬ 全部( で ) ２，３００円です。  전부 해서 2,300엔입니다.

⓭ 恋人( に ) 会います。  애인을 만납니다.

⓮ 「さようなら」は 韓国語( で ) 何ですか。  [사요나라]는 한국어로 무엇입니까?

⓯ 友だち( と ) 遊びます。  친구와 놉니다.

⓰ 学校まで 地下鉄( に ) 乗ります。  학교까지 지하철을 탑니다.

⓱ 山( より ) 海の 方が いいです。  산보다 바다 쪽이 좋습니다.

⓲ 今日は 休みです( から ) 暇です。  오늘은 휴일이기 때문에 한가합니다.

⓳ この ケータイは 私( の )です。  이 휴대전화는 제 것입니다.

⓴ 昨日は お風呂( に ) 入りませんでした。  어제는 목욕을 하지 않았습니다.

㉑ 友だち( と ) 海( で ) 泳ぎました。  친구와 바다에서 수영했습니다.

㉒ 仕事は 午前 ９時( から ) 午後 ６時( まで )です。  일(업무)은 오전 9시부터 오후 6시까지입니다.

**2** 주어진 대답을 보고 빈칸에 들어갈 단어를 써넣으세요.

❶ **A :** すみません。トイレは **どこ** ですか。 실례합니다. 화장실은 어디입니까?

   **B :** あそこです。 저기입니다.

❷ **A :** この 赤い かばんは **いくら** ですか。 이 빨간 가방은 얼마입니까?

   **B :** １２，０００円です。 12,000엔입니다.

❸ **A :** あれは **どこ** の チーズですか。 저것은 어디 치즈입니까?

   **B :** フランスの チーズです。 프랑스 치즈입니다.

❹ **A :** **どうして** この 店へ よく 来ますか。 왜(어째서) 이 가게에 자주 옵니까?

   **B :** 安くて おいしいからです。 싸고 맛있기 때문입니다.

❺ **A :** **どこ** へ 行きますか。 어디에 갑니까?

   **B :** 東京へ 行きます。 도쿄(동경)에 갑니다.

❻ **A :** **だれ** と 行きますか。 누구와 갑니까?

   **B :** 友だちと 行きます。 친구와 갑니다.

❼ **A :** **何** で 行きますか。 무엇으로 갑니까?

   **B :** 飛行機で 行きます。 비행기로 갑니다.

❽ **A :** 鈴木さんは **どんな** 人ですか。 스즈키 씨는 어떤 사람입니까?

   **B :** 明るくて 親切な 人です。 밝고 친절한 사람입니다.

❾ **A :** ボールペンは **何本** ありますか。 볼펜은 몇 자루 있습니까?

   **B :** ２本 あります。 두 자루 있습니다.

❿ **A :** 今日 **何時** に うちへ 帰りますか。 오늘 몇 시에 집에 돌아갑니까?

   **B :** ８時に 帰ります。 8시에 돌아갑니다.

⓫ **A :** 鈴木さんは **どこ** に いますか。 스즈키 씨는 어디에 있습니까?

   **B :** あそこに います。 저기에 있습니다.

⓬ **A :** 野球と サッカーと **どちら** が おもしろいですか。
   야구와 축구(와) 어느 쪽이 재미있습니까?

   **B :** 野球の 方が おもしろいです。 야구 쪽이 재미있습니다.

⓭ **A :** 教室に **だれ** が いますか。 교실에 누가 있습니까?

   **B :** 先生が います。 선생님이 있습니다.

⑭ A : 韓国料理は　どう　ですか。 한국요리는 어떻습니까?

B : 少し　辛いですが、おいしいです。 조금 맵지만, 맛있습니다.

⑮ A : これは　だれ　の　かばんですか。 이것은 누구의 가방입니까?

B : 田中さんの　かばんです。 다나카 씨의 가방입니다.

⑯ A : 山田さんの　ぼうしは　どれ　ですか。 야마다 씨의 모자는 어느 것입니까?

B : これです。 이것입니다.

⑰ A : 銀行の　前に　何　が　ありますか。 은행 앞에 무엇이 있습니까?

B : 花屋が　あります。 꽃집이 있습니다.

⑱ A : どの　人が　鈴木さんですか。 어느 사람이 스즈키 씨입니까?

B : あの　人です。 저 사람입니다.

⑲ A : ももは　いくつ　買いましたか。 복숭아는 몇 개 샀습니까?

B : 7つ　買いました。 7개 샀습니다.

⑳ A : アルバイトは　何時間　ですか。 아르바이트는 몇 시간입니까?

B : 3 時間です。 3시간입니다.

**3** 주어진 단어 중에서 가장 적절한 것을 골라 O표 하세요.

❶ 季節の　中で（何　だれ　⭕いつ　どこ）が　一番　寒いですか。
계절 중에서 언제가 가장 춥습니까?

❷ 友だちの　中で（何　⭕だれ　いつ　どこ）が　一番　かわいいですか。
친구 중에서 누가 가장 귀엽습니까?

❸ 乗り物の　中で（⭕何　だれ　いつ　どこ）が　一番 速いですか。
탈것 중에서 무엇이 가장 빠릅니까?

❹ 韓国の　中で（何　だれ　いつ　⭕どこ）が　一番　人が　多いですか。
한국에서 어디가 가장 사람이 많습니까?

❺ 朝は（なにが　なにを　⭕なにも）食べません。
아침은 아무것도 먹지 않습니다.

❻ 休みの　日は（⭕どこ　どこを　どこも）行きますか。
휴일은 어디에 갑니까?

❼ 昨日は　早く（起きません　⭕起きませんでした）。 어제는 일찍 일어나지 않았습니다.

❽ 毎日、新聞を（⭕読みます　読みました）。 매일 신문을 읽습니다.

## Reading ①

처음 뵙겠습니다. 나카무라 유미입니다.

저는 일본인입니다. 잘 부탁합니다.

저는 대학생입니다.

지금은 일본 대학교의 학생이 아닙니다.

한국 대학교의 학생입니다.

대학교는 오전 9시부터 오후 1시까지입니다. 4시간입니다.

저것이 우리(저의) 대학교입니다.

집에서 대학교까지 25분입니다.

아르바이트는 오후 6시부터 밤 8시까지입니다.

**정답**

❶ O    ❷ X    ❸ O

»»» 본문 87쪽

## Reading ②

다나카 씨는 한국대학교의 일본어 선생님입니다.

한국대학교는 유명하고 훌륭한 대학교입니다.

학생도 많아서, 항상 북적거립니다.

다나카 씨는 친절하고, 매우 성실한 사람입니다.

대학교의 일은 아침 9시부터 오후 5시까지입니다.

점심시간은 12시부터 1시간 반입니다.

즐거운 직업이지만, 매일 바빠서 힘듭니다.

하지만 다나카 씨는 이 직업을 아주 좋아합니다.

**정답**

❶ O    ❷ X    ❸ X

»»» 본문 149쪽

## Reading ③

저는 매일 아침 6시에 일어납니다.

집에서 회사까지 멀기 때문에 일찍 일어납니다.

아침밥은 먹지 않습니다. 지하철로 회사에 갑니다.

우리(저의) 회사는 번화한 곳에 있습니다.

회사 근처에 큰 백화점이 있습니다.

회사 옆에 은행도 있습니다.

저는 조용한 장소보다 번화한 장소 쪽을 좋아합니다.

가게가 많아서 편리하기 때문입니다.

쉬는 날(휴일)은 아침 늦게까지 잡니다.

어제도 10시에 일어났습니다.

오후 4시에 백화점에서 나카무라 씨를 만났습니다.

저는 아무것도 사지 않았습니다만, 나카무라 씨는 새 구두를 샀습니다.

그러고 나서 함께 저녁밥을 먹었습니다. 8시에 집에 돌아왔습니다.

정답

❶ X    ❷ O    ❸ X

»»» 본문 235쪽

스쿠스쿠 일본어 독학 첫걸음 개정판

# JLPT N5
# 모의고사 1회

# 언어지식 (문자·어휘·문법)

알 림

1. 본 시험은 <스쿠스쿠 독학 일본어 첫걸음 개정판>에서 학습한
   내용을 최종 평가하기 위한 **실전 모의 테스트**입니다.

2. JLPT(일본어능력시험) N5 레벨의 언어지식(문자 · 어휘 · 문법)의
   문제와 같은 형식으로 출제하여 JLPT 실전에도 대비할 수 있도록
   구성하였습니다.

\* 문제 출제 : <스쿠스쿠 독학 일본어 첫걸음 개정판> 저자 하영애

| 名 前 | |
|---|---|

# 언어지식 (문자·어휘)

問題1 _____부분의 단어는 히라가나로 어떻게 쓸까요? 보기의 1·2·3·4 에서 가장 알맞은 것을 하나 고르세요.

1 わたしは 主婦です。
1 しゅふう 2 じゅぶう
3 しゅふ 4 じゅぶ

2 いま、4時20分です。
1 よんじにしゅうふん 2 よんじにじゅっぷん
3 よじにじゅっぷん 4 よじにじゅうふん

3 あの えいがは 怖いですか。
1 こわい 2 くらい
3 つよい 4 ひくい

4 教室に だれが いますか。
1 ぎょうしつ 2 きょうしつ
3 ぎょしつ 4 きょしつ

5 この あかい さいふは 8600円です。
1 はちせんろっぴゃく 2 はっせんろっぴゃく
3 はちせんろくひゃく 4 はっせんろくひゃく

6 おにぎりが 4つ あります。
1 ひとつ 2 ここのつ
3 よっつ 4 むっつ

**7** かのじょは せが <u>低い</u>ですか。

1 たのしい

2 すくない

3 ひくい

4 ながい

**8** ちかくに <u>学校</u>が あります。

1 がっこう

2 がっこお

3 がくこう

4 がくこお

**9** うちへ <u>帰ります</u>。

1 のります

2 はいります

3 かえります

4 つくります

**10** きのうは <u>宿題</u>を しませんでした。

1 しゅっくだい

2 しゅくだい

3 しゅっくたい

4 しゅくたい

**11** せんせいの くるまは <u>丈夫</u>ですか。

1 ちょうぶ

2 じょぶ

3 ちょぶ

4 じょうぶ

**12** コンビニの <u>外</u>に たなかさんが います。

1 なか

2 あいだ

3 となり

4 そと

**問題2** _____부분의 단어는 한자 또는 가타카나로 어떻게 쓸까요? 보기의 1·2·3·4에서 가장 알맞은 것을 하나 고르세요.

**13** かのじょは いしゃです。
1 医著        2 匠者        3 医者        4 匠著

**14** たくしーは べんりですか。
1 クタシー        2 タクシー        3 ケタシー        4 タケシー

**15** からい りょうりが きらいですか。
1 嫌い        2 兼い        3 謙い        4 慊い

**16** あれは やまださんの しんぶんですか。
1 新間        2 新聞        3 新間        4 新門

**17** ふゆは あついですか。
1 秋        2 夏        3 冬        4 春

**18** かれは ふらんすじんですか。
1 ワフンス        2 ワランス        3 ラフンス        4 フランス

**19** コーヒーを のみませんか。
1 飲みませんか                    2 喰みませんか
3 飾みませんか                    4 館みませんか

**20** この えんぴつは みじかいです。
1 軽い        2 暗い        3 強い        4 短い

問題3 (        )안에 무엇을 넣을까요? 보기의 1·2·3·4 에서 가장 알맞은 것을 하나 고르세요.

21  あした テストですから、(        )で べんきょうします。
   1  ほんや        2  ぎんこう        3  えき        4  としょかん

22  この かばんは (        ) おおきいです。
   1  たのしくて    2  かるくて        3  あかるくて    4  うるさくて

23  この こうえんは ひろくて しずかですから、(        ) きます。
   1  あまり        2  すこし          3  よく        4  とても

24  きのうは プールで (        )。
   1  のりました    2  おきました      3  よみました    4  およぎました

25  ここは えきから とおいですから、(        )です。
   1  かんたん      2  げんき          3  しんせつ      4  ふべん

26  やすみのひは (        ) いきますか。
   1  どこへ        2  どこの          3  どこも        4  どこで

27  かいしゃまで バスに (        )。
   1  ききます      2  あいます        3  のります      4  いそぎます

28  ボールペンが  2(        )  あります。
   1  まい          2  ほん            3  さつ          4  かい

29  あした、かれは としょかんに (        )。
   1  まちます      2  よみます        3  かきます      4  います

30  にほんごは かんじが おおくて たいへんです。(        )、おもしろいです。
   1  でも          2  それから        3  あまり        4  たいてい

問題4 _____문장과 대체로 의미가 같은 문장이 있습니다. 보기의 1·2·3·4 에서 가장 알맞은 것을 하나 고르세요.

31　この　へやは　あまり　あかるくないです。
　　1　この　へやは　ひろいです。
　　2　この　へやは　くらいです。
　　3　この　へやは　おおきいです。
　　4　この　へやは　せまいです。

32　にほんごの　ほうが　えいごより　かんたんです。
　　1　えいごは　にほんごより　やさしいです。
　　2　えいごは　にほんごより　むずかしいです。
　　3　えいごは　にほんごより　たのしいです。
　　4　えいごは　にほんごより　おもしろいです。

33　ひとつ　９０円の　ノートが　やっつ　あります。
　　1　３６０円です。
　　2　５４０円です。
　　3　７２０円です。
　　4　８１０円です。

34　ごちそうさまでした。
　　1　ごはんを　たべました。
　　2　かいしゃへ　いきました。
　　3　りょうりを　つくりました。
　　4　べんきょうを　しました。

35　ほんだなの　ひだりに　つくえが　あります。
　　1　つくえの　うしろに　ほんだなが　あります。
　　2　つくえの　あいだに　ほんだなが　あります。
　　3　つくえの　うえに　ほんだなが　あります。
　　4　つくえの　みぎに　ほんだなが　あります。

# 언어지식 (문법)

問題1 (          )안에 무엇을 넣을까요? 보기의 1·2·3·4 에서 가장 알맞은 것을 하나 고르세요.

1  わたしは かいしゃいんです。たなかさん(          ) かいしゃいんですか。
　　1  も　　　　　　　2  は　　　　　　　3  が　　　　　　　4  に

2  にほんご(          ) レポートを かきます。
　　1  と　　　　　　　2  が　　　　　　　3  に　　　　　　　4  で

3  ソウルは とても (          ) ところです。
　　1  にぎやかだ　　2  にぎやか　　　3  にぎやかな　　4  にひやかで

4  ちかてつ(          ) まちます。
　　1  に　　　　　　　2  を　　　　　　　3  の　　　　　　　4  へ

5  テストは なんじ(          )ですか。
　　1  に　　　　　　　2  は　　　　　　　3  まで　　　　　　4  より

6  きょうは あまり (          )ありません。
　　1  さむい　　　　2  さむいく　　　3  さむいで　　　4  さむく

7  ぜんぶ(          ) ２３００円です。
　　1  で　　　　　　　2  と　　　　　　　3  に　　　　　　　4  を

8  きょうは (          )、ひまです。
　　1  やすみから　　2  やすみだから　3  やすみでから　4  やすみのから

9  A：(          ) いちごが すきですか。
　　B：おいしいからです。
　　1  どの　　　　　　2  どうして　　　3  どちら　　　　4  どれ

10  わたしは スポーツ（　　　　）へたです。
　　　1　を　　　　　　　2　で　　　　　　　3　が　　　　　　　4　に

11  A：ももは （　　　　　）かいましたか。
　　　B：7つ かいました。
　　　1　なんまい　　　　2　なんぼん　　　　3　いくつ　　　　　4　いくら

12  あの デパートは （　　　　　）りっぱです。
　　　1　ゆうめくて　　　2　ゆうめで　　　　3　ゆうめいくて　　4　ゆうめいで

13  きのうは おふろ（　　　　　）はいりませんでした。
　　　1　を　　　　　　　2　に　　　　　　　3　へ　　　　　　　4　で

14  A：にほんごは （　　　　　）ですか。
　　　B：おもしろいですが、すこし むずかしいです。
　　　1　どんな　　　　　2　どの　　　　　　3　どれ　　　　　　4　どう

15  こいびと（　　　　　）でんわを かけませんでした。
　　　1　に　　　　　　　2　で　　　　　　　3　へ　　　　　　　4　の

**問題2** ___★___ 부분에 들어갈 것은 무엇일까요? 보기의 1·2·3·4 에서 가장 알맞은 것을 하나 고르세요.

16　なかむらさん _____ _____ _★_ _____ ですか。
　　1　は　　　　　2　の　　　　　3　なん　　　　4　おしごと

17　この _____ _____ _★_ _____ ですか。
　　1　ケータイは　2　の　　　　　3　だれ　　　　4　しろい

18　きのうは _____ _____ _★_ _____ みませんでした。
　　1　おおくて　　2　しごと　　　3　えいがを　　4　が

19　すいえいより _____ _____ _★_ _____ たいへんですか。
　　1　が　　　　　2　ほう　　　　3　の　　　　　4　やまのぼり

20　ひこうきと _____ _____ _★_ _____ はやいですか。
　　1　と　　　　　2　が　　　　　3　ふね　　　　4　どちら

스쿠스쿠 일본어 독학 첫걸음 개정판

# JLPT N5
## 모의고사 2회

# 언어지식 (문자·어휘·문법)

---

알 림

1. 본 시험은 <스쿠스쿠 독학 일본어 첫걸음 개정판>에서 학습한
   내용을 최종 평가하기 위한 **실전 모의 테스트**입니다.

2. JLPT(일본어능력시험) N5 레벨의 언어지식(문자·어휘·문법)의
   문제와 같은 형식으로 출제하여 JLPT 실전에도 대비할 수 있도록
   구성하였습니다.

* 문제 출제 : <스쿠스쿠 독학 일본어 첫걸음 개정판> 저자 하영애

---

| 名 前 | |
|---|---|

# 언어지식 (문자·어휘)

問題 1 _____부분의 단어는 히라가나로 어떻게 쓸까요? 보기의 1·2·3·4 에서 가장 알맞은
것을 하나 고르세요.

1 かれは 銀行員です。
1 きんごいん          2 ぎんこいん
3 きんこういん         4 ぎんこういん

2 この 赤い さいふは やまださんの さいふです。
1 しろい              2 あおい
3 あかい              4 くろい

3 あの くろい ぼうしは 3800円です。
1 さんせんはちひゃく      2 さんせんはっぴゃく
3 さんぜんはちひゃく      4 さんぜんはっぴゃく

4 ここは わたしの 大学です。
1 たいかく             2 だいかく
3 たいがく             4 だいがく

5 せんせいの 左に やまださんが います。
1 ひだり              2 みぎ
3 そと                4 となり

6 ドーナツ 6つ ください。
1 ふたつ              2 むっつ
3 いつつ              4 よっつ

7 あそこの 図書館は ひろいです。
1 としょかん  2 としょうかん
3 とうしょかん  4 とうしょうかん

8 きのうは ９じに 寝ました。
1 おきました  2 いきました
3 ねました  4 きました

9 自転車で いきます。
1 じてんしゃ  2 じでんしゃ
3 じでんちゃ  4 じてんちゃ

10 いま、７時４０分です。
1 しちじよんしゅうふん  2 しちじよんじゅっぷん
3 ななじよんじゅっぷん  4 ななじよんじゅうふん

11 あの デパートは とても 有名です。
1 ゆうめ  2 ゆうめい
3 ゆめい  4 ゆめ

12 あした、一緒に べんきょうを しませんか。
1 いちしょうに  2 いちしょに
3 いっしょうに  4 いっしょに

**問題2** _____ 부분의 단어는 한자 또는 가타카나로 어떻게 쓸까요? 보기의 1·2·3·4 에서 가장 알맞은 것을 하나 고르세요.

13 <u>よる</u>、テレビを みますか。
1 朝        2 夕        3 夜        4 昼

14 やまださんは <u>すぽーつ</u>が じょうずですか。
1 スポーツ    2 スポーシ    3 ヌポーツ    4 ヌポーシ

15 <u>ざっし</u>は どこに ありますか。
1 雑紙       2 雑詞       3 雑誌       4 雑辞

16 <u>きせつ</u>の なかで いつが いちばん さむいですか。
1 李簡       2 李節       3 季簡       4 季節

17 わたしの へやは <u>せまい</u>です。
1 広い       2 甘い       3 辛い       4 狭い

18 これは だれの <u>ぱそこん</u>ですか。
1 パソユン    2 パソコン    3 パンユソ    4 パンコソ

19 あした、たなかさんも <u>よびますか</u>。
1 遊びますか    2 呼びますか    3 待びますか    4 乗びますか

20 この しごとは <u>かんたん</u>ですか。
1 簡単       2 簡箪       3 間箪       4 間単

問題3 (      )안에 무엇을 넣을까요? 보기의 1·2·3·4 에서 가장 알맞은 것을 하나 고르세요.

21  きのうは (      )で ふくを かいました。
　　1　デパート　　　2　レストラン　　3　カラオケ　　　4　プール

22  この みせの りょうりは (      ) おいしいです。
　　1　しんせつで　　2　しずかで　　　3　しんせんで　　4　じょうぶで

23  ノートは (      ) ありますか。
　　1　なんまい　　　2　なんさつ　　　3　なんぼん　　　4　なんがい

24  やすみのひは (      ) なにを しますか。
　　1　とても　　　　2　すこし　　　　3　あまり　　　　4　たいてい

25  せんせいに でんわを (      )。
　　1　いきました　　2　やすみました　3　かけました　　4　はいりました

26  ちかてつより ひこうきの ほうが (      )です。
　　1　くろい　　　　2　あまい　　　　3　はやい　　　　4　からい

27  きょうは せんせいと にほんごで (      )。
　　1　いきました　　2　かえりました　3　はなしました　4　のみました

28  あさは (      ) たべません。
　　1　なにが　　　　2　なにを　　　　3　なにで　　　　4　なにも

29  きのうは ともだちと カラオケで うたを うたいました。
　　(      ) いっしょに ごはんを たべました。
　　1　いつも　　　　2　それから　　　3　でも　　　　　4　よく

30  この くるまは (      )ですか。
　　1　じょうぶ　　　2　まじめ　　　　3　たいへん　　　4　にぎやか

問題 4 _____ 문장과 대체로 의미가 같은 문장이 있습니다. 보기의 1·2·3·4 에서 가장 알맞은 것을 하나 고르세요.

31  わたしの ケータイは ふるいです。
　　1　わたしの ケータイは ちいさくないです。
　　2　わたしの ケータイは たかくないです。
　　3　わたしの ケータイは ひくくないです。
　　4　わたしの ケータイは あたらしくないです。

32  きょうは ひまではありません。
　　1　きょうは あかるいです。
　　2　きょうは あついです。
　　3　きょうは いそがしいです。
　　4　きょうは くらいです。

33  ６８０円の うどん ひとつと ９０円の おにぎり みっつ ください。
　　1　８６０円です。
　　2　９５０円です。
　　3　１０４０円です。
　　4　１１３０円です。

34  ただいま。
　　1　ともだちと あそびました。
　　2　ごはんを たべました。
　　3　はやく おきました。
　　4　うちへ かえりました。

35  ひるやすみは １１じはんから １じかんはんです。
　　1　ひるやすみは １２時までです。
　　2　ひるやすみは １２時３０分までです。
　　3　ひるやすみは １時までです。
　　4　ひるやすみは １時３０分までです。

# 언어지식 (문법)

問題1 (              )안에 무엇을 넣을까요? 보기의 1·2·3·4 에서 가장 알맞은 것을 하나 고르세요.

1  この じしょは たなかさん(              )ですか。
  1  の          2  を          3  と          4  に

2  ソウルこうえんで ともだち(              ) あいます。
  1  で          2  に          3  へ          4  を

3  まいにち おんがく(              ) ききます。
  1  を          2  に          3  が          4  と

4  なかむらさんは (              ) ひとです。
  1  ハンサムだ      2  ハンサムで      3  ハンサムな      4  ハンサム

5  A：この くろい めがねは (              )ですか。
  B：12000円です。
  1  いくつ         2  どんな         3  いくら         4  なん

6  わたしは うんどうが (              )ありません。
  1  きらい         2  きらいじゃ      3  きらく         4  きらいく

7  にほんじんは はし(              ) ごはんを たべます。
  1  は          2  が          3  に          4  で

8  A：やまださんは (              ) ひとですか。
  B：おもしろい ひとです。
  1  どの          2  どれ          3  どんな          4  どう

9 ここは おいしい （　　　　）、ひとが おおいです。
1 みせから　　　　2 みせだから　　　3 みせのから　　　4 みせでから

10 りんごは 5つ（　　　　）700円です。
1 と　　　　　　　2 に　　　　　　　3 へ　　　　　　　4 で

11 この へやは （　　　　）ひろいですね。
1 あかるくて　　　2 あかるい　　　　3 あかるいで　　　4 あかるいくて

12 「おはようございます」は かんこくご（　　　　）なんですか。
1 へ　　　　　　　2 に　　　　　　　3 の　　　　　　　4 で

13 ぎんこうは デパート（　　　　）ほんやの あいだに あります。
1 と　　　　　　　2 の　　　　　　　3 を　　　　　　　4 から

14 A：これは （　　　　）の かばんですか。
B：たなかさんの かばんです。
1 なん　　　　　　2 どこ　　　　　　3 だれ　　　　　　4 いつ

15 きのうは ともだち（　　　　）あそびました。
1 に　　　　　　　2 と　　　　　　　3 の　　　　　　　4 で

問題2 　___★___ 부분에 들어갈 것은 무엇일까요? 보기의 1·2·3·4 에서 가장 알맞은 것을 하나 고르세요.

16 これは ＿＿＿ ＿＿＿ ＿★＿ ＿＿＿ ほんです。

　　1　が　　　　　　2　おおくて　　　3　むずかしい　　4　かんじ


17 やまださんは ＿＿＿ ＿＿＿ ＿★＿ ＿＿＿ です。

　　1　ひと　　　　　2　たかくて　　　3　おもしろい　　4　せが


18 あの レストランは ＿＿＿ ＿＿＿ ＿★＿ ＿＿＿ おいしいです。

　　1　です　　　　　2　たかい　　　　3　すこし　　　　4　が


19 えき ＿＿＿ ＿＿＿ ＿★＿ ＿＿＿ が あります。

　　1　ちかく　　　　2　こうえん　　　3　の　　　　　　4　に


20 あさは ＿＿＿ ＿＿＿ ＿★＿ ＿＿＿ たべません。

　　1　を　　　　　　2　ごはん　　　　3　から　　　　　4　いそがしい

스쿠스쿠 일본어 독학 첫걸음 개정판 [실전 모의 테스트]

# 정답 및
# 문제 풀이 해설

▣ 문제 해설 : 〈스쿠스쿠 일본어 독학 첫걸음 개정판〉 저자 하영애

## 모의고사 1회 정답

### 언어지식 (문자 · 어휘)

**問題 1**

[1] 3 [2] 3 [3] 1 [4] 2 [5] 2 [6] 3 [7] 3 [8] 1 [9] 3 [10] 2 [11] 4 [12] 4

**問題 2**

[13] 3 [14] 2 [15] 1 [16] 2 [17] 3 [18] 4 [19] 1 [20] 4

**問題 3**

[21] 4 [22] 2 [23] 3 [24] 4 [25] 4 [26] 1 [27] 3 [28] 2 [29] 4 [30] 1

**問題 4**

[31] 2 [32] 2 [33] 3 [34] 1 [35] 4

### 언어지식 (문법)

**問題 1**

[1] 1 [2] 4 [3] 3 [4] 2 [5] 3 [6] 4 [7] 1 [8] 2 [9] 2 [10] 3
[11] 3 [12] 4 [13] 2 [14] 4 [15] 1

**問題 2**

[16] 1 [17] 3 [18] 1 [19] 2 [20] 4

**문제 1** _____부분의 단어는 히라가나로 어떻게 쓸까요? 보기의 1·2·3·4에서 가장 알맞은 것을 하나 고르세요.

1　わたしは 主婦です。

　　1　しゅふう　　　　　2　じゅぶう　　　　　3　しゅふ　　　　　4　じゅぶ

정답　③ 저는 주부입니다.　　　　　　　　　　한자　私は主婦です。

어휘　わたし 저, 나　〜は ~은, ~는　主婦 주부　〜です ~입니다

해설　(1) 한국어와 비슷한 발음을 가진 어휘들은 모국어인 한국어의 영향을 받기 쉬우므로 조금 더 주의해서 정확한 일본어 발음에 신경 써야 합니다.
(2) 한자 읽기 문제는 장음이 있는지 여부와 탁음에 관해 묻는 문항들이 많기 때문에 장음과 탁음에 유의해서 정확하게 외워야 합니다. [しゅふ]는 어느 쪽에도 장음이 없으므로 [しゅふう]나 [しゅうふ]와 같이 장음을 넣어서 발음하지 않도록 주의해야 합니다.

--------------------------------------------------------------------

2　いま、4時20分です。

　　1　よんじにしゅうふん　　　　　　　　2　よんじにじゅっぷん

　　3　よじにじゅっぷん　　　　　　　　　4　よじにじゅうふん

정답　③ 지금, 4시 20분입니다.　　　　　　　한자　今、4時20分です。

어휘　いま 지금　4時 4시　20分 20분

해설　(1) 숫자 [4]는 읽는 방법으로 [よん]과 [し] 2가지가 있기 때문에 용도에 따라서 구별해서 사용합니다. 특히, [よん]도 [し]도 아닌 [よ]로 읽는 특별한 경우는 반드시 따로 외워야 합니다.
4時 4시 / 4円 4엔 / 4人 4인(4명) / 4年 4년
(2) 10분 단위는 [じゅう(10)]에 [ふん(분)]을 그대로 붙이는 것이 아니라 [じゅっぷん]으로 변형되는 것에 주의해야 합니다.

--------------------------------------------------------------------

3　あの えいがは 怖いですか。

　　1　こわい　　　　　2　くらい　　　　　3　つよい　　　　　4　ひくい

정답　① 저 영화는 무섭습니까?　　　　　　　한자　あの映画は怖いですか。

어휘　あの 저　えいが 영화　怖い 무섭다　暗い 어둡다　強い 강하다　低い 낮다

해설　지시어 [あの]는 말하는 사람과 듣는 사람 모두에게 멀리 떨어져 있을 때 사용하며, [あの] 단독으로는 사용할 수 없고 명사와 함께 사용합니다.

--------------------------------------------------------------------

4　教室に だれが いますか。

　　1　ぎょうしつ　　　　　2　きょうしつ　　　　　3　ぎょしつ　　　　　4　きょしつ

정답　② 교실에 누가 있습니까?　　　　　　　한자　教室に誰がいますか。

어휘　教室 교실　〜に ~에(장소)　だれ 누구　いますか 있습니까?

해설　(1) 탁음을 넣은 [ぎょうしつ]와 많이 혼동하기 때문에 탁점의 유무에 주의해서 외워야 합니다.
(2) 조사 [〜に]는 [~에]라는 의미로 장소를 나타낼 때 사용합니다.
(3) [います]는 사람이나 동물이 있을 때 사용합니다. 기본형은 [いる]로 2그룹 동사이기 때문에 [ます형]으로 활용할 때는 [る]를 빼고 [ます]를 붙여서 [います]를 만듭니다. [없습니다]라는 부정형을 만들 때는 같은 원리로 [る]를 빼고 [ません]을 붙여서 [いません]을 만듭니다.

5 この あかい さいふは ８６００円です。

1 はちせんろっぴゃく  2 はっせんろっぴゃく
3 はちせんろくひゃく  4 はっせんろくひゃく

**정답** ② 이 빨간 지갑은 8600엔입니다.  **한자** この赤い財布は８６００円です。

**어휘** この 이  あかい 빨갛다  さいふ 지갑

**해설** (1) [この]는 말하는 사람에게 가까울 때 사용합니다.
(2) [い형용사]로 명사를 수식할 때는 기본형을 그대로 사용합니다.
(3) [はっせん(8,000)] [ろっぴゃく(600)]와 같이 [천] 또는 [백] 등의 단위에 따라 발음이 변형되는 숫자들은 반드시 외워두어야 합니다.

---

6 おにぎりが ４つ あります。

1 ひとつ  2 ここのつ  3 よっつ  4 むっつ

**정답** ③ 주먹밥이 4개 있습니다.

**어휘** おにぎり 주먹밥  ～が ~이, ~가  ひとつ 하나(1개)  ここのつ 아홉(9개)  よっつ 넷(4개)
むっつ 여섯(6개)  あります 있습니다

**해설** (1) [～つ(~개)]는 수량을 나타내는 가장 기본적인 조수사이기 때문에 반드시 외워야 합니다.
(2) [あります]는 식물, 또는 사물이 있을 때 사용합니다. 기본형은 [ある]로 1그룹 동사이기 때문에 [ます형]으로 활용할 때는 끝의 [る]를 [い단]인 [り]로 바꾼 다음에 [ます]를 붙여서 [あります]를 만듭니다.

---

7 かのじょは せが 低いですか。

1 たのしい  2 すくない  3 ひくい  4 ながい

**정답** ③ 그녀는 키가 작습니까?  **한자** 彼女は背が低いですか。

**어휘** かのじょ 그녀  せ 키  楽しい 즐겁다  少ない 적다  低い 낮다  長い 길다

**해설** (1) [低い]는 높다, 낮다의 높낮이를 나타내는 형용사이지만, [背]와 결합한 [背が 低い]는 [키가 낮다]로 해석하지 않고 [키가 작다]로 해석합니다. 마찬가지로 반대말인 [背が 高い]는 [키가 높다]가 아니라 [키가 크다]로 해석합니다.
(2) [かのじょ(그녀)]에서 [じょ]뒤에 장음이 없는 것에 유의하고 [かの]를 [かぬ]로 틀리게 발음하는 경우가 많기 때문에 주의해야 합니다.

---

8 ちかくに 学校が あります。

1 がっこう  2 がっこお  3 がくこう  4 がくこお

**정답** ① 근처에 학교가 있습니다.  **한자** 近くに学校があります。

**어휘** ちかく 근처  ～に ~에(장소)  学校 학교  ～が ~이, ~가  あります 있습니다

**해설** (1) [学校]의 [学]은 '학생(学生)', '대학(大学)'처럼 [がく]로 발음하거나, [学校]처럼 [がっ]으로 발음하기도 하므로 단어를 외울 때 정확하게 외우도록 합시다.
(2) [校]는 발음할 때 장음 법칙에 따라 [お단] 뒤에 오는 [う]는 [う]로 발음하지 않고 앞의 모음 그대로 한 박자 길게 발음하기 때문에 표기할 때 틀리지 않도록 유의해야 합니다.

9 うちへ 帰ります。

1 のります    2 はいります    3 かえります    4 つくります

정답 ③ 집에 갑니다.

어휘 うち 집   ～へ ~에, ~로(방향)   帰る 돌아가다, 돌아오다

해설 (1) [～へ]는 방향을 나타내는 조사입니다. 조사일 때는 [え]로 발음합니다. 장소를 나타내는 명사와 함께 쓰면서 [가다] [오다] [돌아가다] 등의 동사들을 뒤에 붙여 그 장소를 향해서 움직임을 나타낼 때 사용합니다.

(2) [집에 가다]는 [うちへ 行く]로 문장을 만들어서는 안 됩니다. 원래 있던 장소로 되돌아가는 경우는 [돌아가다, 돌아오다]의 [帰る]를 사용해서 [うちへ 帰る]로 문장을 만들고 해석할 때는 [집에 돌아가다]가 아니라 [집에 가다]라고 합니다.

(3) [帰る]는 [る] 앞에 글자가 [え]로 2그룹의 형태를 하고 있지만, 1그룹 동사의 활용을 하는 예외 1그룹 동사입니다. 2그룹 동사와 혼동하지 않도록 반드시 따로 외워야 합니다.

------------------------------------------------------------

10 きのうは 宿題を しませんでした。

1 しゅっくだい    2 しゅくだい    3 しゅっくたい    4 しゅくたい

정답 ② 어제는 숙제를 하지 않았습니다.    한자 昨日は宿題をしませんでした。

어휘 きのう 어제   宿題 숙제   ～を ~을, ~를   する 하다

해설 (1) [宿題]는 촉음(작은 つ)을 넣은 [しゅっくだい]와 혼동하는 경우가 의외로 많기 때문에 유의해서 정확히 외우도록 합시다.

(2) [する]는 [る] 앞에 글자가 [う단]인 [す]이기 때문에 1그룹으로 혼동하기 쉽지만, 불규칙적으로 활용하는 3그룹 동사입니다. 3그룹 동사는 [する(하다)] [来る(오다)] 2개뿐이므로 반드시 외워둡시다.

------------------------------------------------------------

11 せんせいの くるまは 丈夫ですか。

1 ちょうぶ    2 じょぶ    3 ちょぶ    4 じょうぶ

정답 ④ 선생님의 자동차는 튼튼합니까?    한자 先生の車は丈夫ですか。

어휘 せんせい 선생님   ～の ~의   くるま 자동차   丈夫だ 튼튼하다

해설 (1) [丈夫だ]는 장음이 없는 [じょぶだ]와 많이 혼동하기 때문에 정확하게 발음하도록 하고, 비슷한 발음의 [じょうずだ(잘하다, 능숙하다)]와 혼동하지 않도록 주의해야 합니다.

(2) [せんせいの くるま]는 [명사の 명사]의 형태 중에서 앞에 있는 명사(선생님)가 뒤에 오는 명사(자동차)의 소유자임을 나타내는 형태로 [~의]라고 해석합니다.

------------------------------------------------------------

12 コンビニの 外に たなかさんが います。

1 なか    2 あいだ    3 となり    4 そと

정답 ④ 편의점 밖에 다나카 씨가 있습니다.    한자 コンビニの外に田中さんがいます。

어휘 コンビニ 편의점   ～の ~의   外 밖   ～に ~에(장소)   ～が ~이, ~가   います 있습니다   中 안   間 사이   となり 옆

해설 (1) [コンビニの 外]는 [편의점 밖]처럼 한국어로는 [の]를 해석하지 않는 경우가 많기 때문에 일본어에서 [の]를 빼고 문장을 쓰는 실수를 하는 경우가 많지만, 일본어에서는 반드시 명사(편의점)와 명사(밖) 사이에는 [の]를 넣어야 하는 것에 주의해야 합니다.

(2) [外]와 같은 위치 명사를 외울 때는 [안/밖] [앞/뒤] [위/아래] 등으로 서로 반대의 의미를 가진 단어를 묶어서 외우면 편리합니다.

**문제 2** _____부분의 단어는 한자 또는 가타카나로 어떻게 쓸까요? 보기의 1·2·3·4에서 가장 알맞은 것을 하나 고르세요.

---

13  かのじょは いしゃです。

1  医著          2  匠者          3  医者          4  匠著

정답 ③ 그녀는 의사입니다.          한자 かのじょは医者です。

어휘 かのじょ 그녀    医者 의사

해설 한자는 비슷한 글자가 많기 때문에 열심히 보면서 단어를 외워도 구별하기 어렵습니다. 단어를 외울 때, 한자는 반드시 쓰면서 외우도록 합시다.

---

14  たくしーは べんりですか。

1  クタシー (くたしー)          2  タクシー (たくしー)

3  ケタシー (けたしー)          4  タケシー (たけしー)

정답 ② 택시는 편리합니까?          한자 タクシーは便利ですか。

어휘 タクシー 택시    便利だ 편리하다

해설 (1) 가타카나는 주로 외래어를 표기할 때 사용하므로 글자를 [アイウエオ] 순서대로 외우는 것보다 단어로 외우는 것이 효과적입니다.

가타카나 중에서 [タ(た)] [ク(く)] [ケ(け)]처럼 비슷한 모양으로 혼동하기 쉬운 글자들은 비교하면서 외우는 것이 좋습니다.

(2) [タクシー]에서 [ー]은 장음을 나타내기 때문에 글자와 동일하게 한 박자로 길게 발음해야 합니다.

---

15  からい りょうりが きらいですか。

1  嫌い          2  兼い          3  謙い          4  傔い

정답 ① 매운 요리를 싫어합니까?          한자 辛い料理が嫌いですか。

어휘 辛い 맵다    料理 요리    ～が 嫌いだ ~을(를) 싫어하다

해설 (1) [嫌いだ]에서 [嫌]은 비슷한 한자가 많기 때문에 주의해야 합니다.

(2) [좋아하다] [싫어하다]와 같이 기호를 나타내는 단어 앞에 [~을/를]이 올 때는 [~을/를]의 의미인 조사 [を] 대신에 [が]를 붙입니다.

(3) [い형용사]로 명사를 수식할 때는 기본형을 그대로 사용하며 의미는 [~이다]에서 [~인/한]으로 변화하기 때문에 [辛い＋料理]는 [맵다+요리]에서 [매운 요리]가 됩니다.

---

16  あれは やまださんの しんぶんですか。

1  新問          2  新聞          3  新聞          4  新門

정답 ② 저것은 야마다 씨의 신문입니까?          한자 あれは山田さんの新聞ですか。

어휘 あれ 저것    ～の ~의    新聞 신문

해설 (1) [신문]에서 [문]의 한자는 비슷한 형태의 한자가 많아서 혼동하기 쉽기 때문에 [신문을 통해 새로운 것을 들어서 알게 된다]라는 의미라고 생각하면서 외워봅시다. 기본이 되는 [門]에 무언가를 듣기 위해서 필요한 [귀]의 한자 [耳]가 있는 [聞]을 선택하면 됩니다.

(2) [あれ(저것)]는 말하는 사람과 듣는 사람(상대방) 모두에게 멀리 떨어져 있는 사물을 가리킬 때 사용합니다.

17 ふゆは あついですか。

1 秋　　　　　　2 夏　　　　　　3 冬　　　　　　4 春

정답 ③ 겨울은 덥습니까?　　　　　　한자 冬は暑いですか。

어휘 冬 겨울　暑い 덥다　秋 가을　夏 여름　春 봄

해설 [봄] [여름] [가을] [겨울]과 같은 계절을 나타내는 명사는 반드시 한자와 함께 외워둡시다.

-------------------------------------------------------------------

18 かれは ふらんすじんですか。

1 ワフンス (わふんす)　　　　　　2 ワランス (わらんす)
3 ラフンス (らふんす)　　　　　　4 フランス (ふらんす)

정답 ④ 그는 프랑스인입니까?　　　　　　한자 かれはフランス人ですか。

어휘 かれ 그, 그 남자　フランス人 프랑스인

해설 [フランス]처럼 혼동하기 쉬운 글자들이 많은 단어는 각각의 글자들을 비교하면서 외우는 것이 효과적입니다.
[フ(ふ)]는 [ラ(ら)]와, [ン(ん)]은 [ソ(そ)]와, [ス(す)]는 [ヌ(ぬ)]와 비교해서 다른 점을 확인하면서 외워둡시다.

-------------------------------------------------------------------

19 コーヒーを のみませんか。

1 飲みませんか　　2 喰みませんか　　3 飾みませんか　　4 館みませんか

정답 ① 커피를 마시지 않겠습니까?　　　　　　한자 コーヒーを飲みませんか。

어휘 コーヒー 커피　～を ~을, ~를　飲む 마시다

해설 (1) [～ませんか]는 제안하거나 권유할 때 사용하는 문형입니다.
(2) [飲む]에서 왼쪽에 있는 한자가 [食]이 아닌 [食]인 것에 유의합시다.

-------------------------------------------------------------------

20 この えんぴつは みじかいです。

1 軽い　　　　　　2 暗い　　　　　　3 強い　　　　　　4 短い

정답 ④ 이 연필은 짧습니다.　　　　　　한자 このえんぴつは短いです。

어휘 この 이　えんぴつ 연필　短い 짧다　軽い 가볍다　暗い 어둡다　強い 강하다

**문제 3** ( ) 안에 무엇을 넣을까요? 보기의 1·2·3·4에서 가장 알맞은 것을 하나 고르세요.

---

21 あした テストですから、( )で べんきょうします。

1 ほんや 　　　　　 2 ぎんこう 　　　　　 3 えき 　　　　　 4 としょかん

정답 ④ 내일 시험이기 때문에 (도서관)에서 공부합니다.　　　한자 明日テストですから、図書館で勉強します。

어휘 明日 내일 テスト 시험, 테스트 〜から ~이기 때문에 図書館 도서관 〜で ~에서(장소)
勉強する 공부하다 本屋 서점, 책방 銀行 은행 駅 역

해설 (1) 3번 문제 유형은 문장 전체를 읽고 해석해서 ( ) 안에 들어갈 어휘를 찾는 문제로, 〈보기〉에 주어지는 각각의
어휘들의 의미를 알고 있어야 하는 문제입니다. 명사, 형용사, 동사, 부사, 의문사 등의 다양한 어휘 문제가 출제됩니다.
(2) 완전한 문장인 [明日 テストです(내일 시험입니다)] 뒤에 [〜から]를 붙이면 [내일 시험이기 때문에]라는
이유를 나타냅니다. 명사 뒤에 [〜から]가 붙은 [~부터, ~에서]의 의미와는 구별해야 합니다.
(3) 조사 [〜で]의 다양한 의미 중에서 장소를 나타내는 [〜で]를 도서관 뒤에 붙여서 공부를 하는 장소가 도서관
이라는 것을 나타냅니다.

---

22 この かばんは ( ) おおきいです。

1 たのしくて 　　　　 2 かるくて 　　　　 3 あかるくて 　　　　 4 うるさくて

정답 ② 이 가방은 (가볍고) 큽니다.　　　한자 このかばんは軽くて大きいです。

어휘 この 이 かばん 가방 軽い 가볍다 大きい 크다 楽しい 즐겁다 明るい 밝다 うるさい 시끄럽다

해설 [い형용사]의 연결형은 [어간+くて]입니다.

---

23 この こうえんは ひろくて しずかですから、( ) きます。

1 あまり 　　　　　 2 すこし 　　　　　 3 よく 　　　　　 4 とても

정답 ③ 이 공원은 넓고 조용하기 때문에 (자주) 옵니다.　　　한자 この公園は広くて静かですから、よく来ます。

어휘 この 이 公園 공원 広い 넓다 静かだ 조용하다 〜から ~이기 때문에 よく 자주, 잘 来る 오다
あまり 그다지, 별로 少し 조금 とても 매우

해설 (1) 형용사나 동사를 수식하는 부사를 찾는 문제입니다. [あまり]처럼 거의 부정형에만 사용하는 부사가 있기 때
문에 각 부사의 특징을 파악해서 외워야 합니다.
(2) [来る]는 불규칙적으로 활용하는 3그룹 동사이므로 활용형 자체를 외우는 편이 좋습니다. [ます형]의 경우는
기본형과는 전혀 상관이 없이 [きます]로 활용합니다.

---

24 きのうは プールで ( )。

1 のりました 　　　 2 おきました 　　　 3 よみました 　　　 4 およぎました

정답 ④ 어제는 풀장에서 (수영했습니다).　　　한자 昨日はプールで泳ぎました。

어휘 昨日 어제 プール 풀장 〜で ~에서(장소) 泳ぐ 수영하다, 헤엄치다 乗る 타다
起きる (잠자리에서) 일어나다 読む 읽다

---

**25** ここは えきから とおいですから、(　　　)です。

　　1　かんたん　　　　2　げんき　　　　3　しんせつ　　　　4　ふべん

정답 ④ 여기는 역에서 멀기 때문에 (불편)합니다.　　한자 ここは駅から遠いですから、不便です。

어휘 ここ 여기　駅 역　〜から 1) ~에서/부터, 2) ~이기 때문에　遠い 멀다　不便だ 불편하다　簡単だ 간단하다　元気だ 건강하다　親切だ 친절하다

해설 [から]의 두 가지 용법이 모두 있는 문장으로, 첫 번째는 명사 [駅]에 붙어서 [역에서, 역부터]라는 시작·출발점을 나타냅니다. 두 번째는 い형용사 문장 [遠いです]에 붙어서 [멀기 때문에]라는 이유를 나타냅니다.

---

**26** やすみのひは (　　　) いきますか。

　　1　どこへ　　　　2　どこの　　　　3　どこも　　　　4　どこで

정답 ① 쉬는 날은 (어디에) 갑니까?　　한자 休みの日はどこへ行きますか。

어휘 休みの日 쉬는 날, 휴일　行く 가다　どこへ 어디에　どこの 어디의　どこも 어디(에)도　どこで 어디에서

해설 뒤의 [行く]라는 동사와 어울리는 조사가 있는 의문사를 찾는 문제입니다.
(1) [どこへ]는 방향을 나타내는 조사 [〜へ]이므로 [오다, 가다, 돌아가다] 등의 동사를 붙여서 [어느 곳]을 향한 움직임을 나타냅니다.
(2) [どこの]는 조사 [〜の]이므로 [책] [요리] 등의 명사를 붙여서 [어디 책] [어디 요리] 등으로 명사를 수식하는 형태가 됩니다.
(3) [どこも]는 [어느 곳도]라는 의미가 되기 때문에 뒤에 부정문이 옵니다.
(4) [どこで]는 장소의 조사 [〜で]와 접속한 형태이기 때문에 [공부하다] [먹다] [만나다] 등의 동작이 이루어지는 장소를 나타내게 됩니다.

---

**27** かいしゃまで バスに (　　　)。

　　1　ききます　　　　2　あいます　　　　3　のります　　　　4　いそぎます

정답 ③ 회사까지 버스를 (탑니다).　　한자 会社までバスに乗ります。

어휘 会社 회사　〜まで ~까지　バス 버스　〜に 乗る ~을(를) 타다　聞く 듣다　会う 만나다　急ぐ 서두르다

해설 동사 중에는 반드시 조사와 함께 외워야 하는 동사들이 있습니다.
[버스를 타다]의 [타다]라는 동사도 [~을/를]로 해석하지만, 조사 [~を]를 사용하지 않고 [〜に]를 사용하기 때문에 [〜に 乗る]로 외워야 합니다.

---

**28** ボールペンが 2(　　　) あります。

　　1　まい　　　　2　ほん　　　　3　さつ　　　　4　かい

정답 ② 볼펜이 2(자루) 있습니다.　　한자 ボールペンが2本あります。

어휘 ボールペン 볼펜　本 자루　あります 있습니다　枚 장　冊 권　階 층

해설 [자루]에 해당하는 조수사를 찾는 문제입니다.
(1) [枚]는 티셔츠나 종이류 등의 얇고 평평한 물건에 붙여서 사용합니다.
(2) [本]은 우산, 연필, 병 등의 가늘고 긴 물건에 붙여서 사용합니다.
(3) [冊]는 책, 노트 등에 붙여서 사용합니다.
(4) [階]는 건물의 몇 층인지를 나타내는 조수사입니다.

29 あした、かれは としょかんに (　　　　)。

　　1　まちます　　　　　2　よみます　　　　　3　かきます　　　　　4　います

정답 ④ 내일 그는 도서관에 (있습니다).　　　　　한자 明日かれは図書館にいます。

어휘 明日 내일　かれ 그, 그 남자　図書館 도서관　～に ~에(장소)　います 있습니다　待つ 기다리다
　　読む 읽다　書く 쓰다

해설 〈보기〉로 주어진 [기다리다] [읽다] [쓰다]는 도서관 뒤에 조사 [で]가 붙어서 [도서관에서 ~]일 때는 [도서관에서 ~를 기다리다] [도서관에서 ~를 읽다] [도서관에서 ~를 쓰다] 등으로 자연스러운 문장을 만들 수 있습니다.

---------------------------------------------------------------------------------

30 にほんごは かんじが おおくて たいへんです。(　　　　)、おもしろいです。

　　1　でも　　　　　　　2　それから　　　　　3　あまり　　　　　　4　たいてい

정답 ① 일본어는 한자가 많아서 힘듭니다. (하지만), 재미있습니다.

한자 日本語は漢字が多くて大変です。でも、おもしろいです。

어휘 日本語 일본어　漢字 한자　多い 많다　大変だ 힘들다　でも 하지만, 그러나
　　それから 그리고, 그러고 나서　あまり 그다지, 별로　たいてい 대개

해설 [でも]는 앞 문장과 뒤의 문장이 반대의 의미를 가지고 있을 때 사용하는 접속사입니다.

**문제 4** ＿＿＿＿＿ 문장과 대체로 의미가 같은 문장이 있습니다. 보기의 1·2·3·4에서 가장 알맞은 것을 하나 고르세요.

31 この へやは あまり あかるくないです。

1 この へやは ひろいです。　　　　2 この へやは くらいです。
3 この へやは おおきいです。　　　4 この へやは せまいです。

정답 ②

해석 이 방은 그다지 밝지 않습니다.

1 이 방은 넓습니다.

2 이 방은 어둡습니다.

3 이 방은 큽니다.

4 이 방은 좁습니다.

한자 この部屋はあまり明るくないです。

この部屋は広いです。

この部屋は暗いです。

この部屋は大きいです。

この部屋は狭いです。

어휘 この 이　部屋 방　あまり そだ지, 별로　明るい 밝다　広い 넓다　暗い 어둡다　大きい 크다　狭い 좁다

해설 [밝지 않다]와 같은 의미인 [어둡다]를 찾는 문제입니다. 위의 문제에서 알 수 있듯이 형용사는 반대의 의미, 유사한 의미 등의 단어를 함께 외우는 것이 시험 문제를 풀거나 회화를 할 때 적용하기 쉽습니다.

--------------------------------------------------------------------

32 にほんごの ほうが えいごより かんたんです。

1 えいごは にほんごより やさしいです。　　2 えいごは にほんごより むずかしいです。
3 えいごは にほんごより たのしいです。　　4 えいごは にほんごより おもしろいです。

정답 ②

해석 일본어 쪽이 영어보다 간단합니다.

1 영어는 일본어보다 쉽습니다.

2 영어는 일본어보다 어렵습니다.

3 영어는 일본어보다 즐겁습니다.

4 영어는 일본어보다 재미있습니다.

한자 日本語の方が英語より簡単です。

英語は日本語より易しいです。

英語は日本語より難しいです。

英語は日本語より楽しいです。

英語は日本語よりおもしろいです。

어휘 日本語 일본어　～の 方が ~(의) 쪽이　英語 영어　～より 보다　簡単だ 간단하다　易しい 쉽다　難しい 어렵다　楽しい 즐겁다　おもしろい 재미있다

해설 [～の 方が ～より]의 문형에 해당하는 문장에서 비교의 기준과 대상을 변경해서 동일한 의미가 되는 문장은 [영어가 일본어보다 어렵다]가 됩니다.

--------------------------------------------------------------------

33 ひとつ ９０円の ノートが やっつ あります。

1 ３６０円です。　　2 ５４０円です。　　3 ７２０円です。　　4 ８１０円です。

정답 ③

해석 하나 90엔인 노트가 8개 있습니다.

1 360엔입니다.

2 540엔입니다.

3 720엔입니다.

4 810엔입니다.

한자 ひとつ９０円のノートがやっつあります。

さんびゃくろくじゅう円です。

ごひゃくよんじゅう円です。

ななひゃくにじゅう円です。

はっぴゃくじゅう円です。

> **어휘** ひとつ 하나(1개)  ノート 노트  やっつ 여덟(8개)  あります 있습니다
>
> **해설** [やっつ]라는 수량을 알고 있는지 확인하는 문제입니다. 조수사에서 가장 기본적인 [~つ(~개)]는 반드시 외워둡시다.

---

**34** ごちそうさまでした。

1 ごはんを たべました。

2 かいしゃへ いきました。

3 りょうりを つくりました。

4 べんきょうを しました。

> **정답** ①

> **해석** 잘 먹었습니다.
>
> 1 밥을 먹었습니다.
>
> 2 회사에 갔습니다.
>
> 3 요리를 만들었습니다.
>
> 4 공부를 했습니다.
>
> **한자** ごはんを食べました。
>
> 会社へ行きました。
>
> 料理を作りました。
>
> 勉強をしました。

> **어휘** ごはん 밥  ～を ~을, ~를  食べる 먹다  会社 회사  行く 가다  料理 요리  作る 만들다  勉強 공부  する 하다

> **해설** 식사 후의 인사말인 [ごちそうさまでした]와 함께 식사하기 전의 인사말인 [いただきます(잘 먹겠습니다)]도 외워둡시다.

---

**35** ほんだなの ひだりに つくえが あります。

1 つくえの うしろに ほんだなが あります。

2 つくえの あいだに ほんだなが あります。

3 つくえの うえに ほんだなが あります。

4 つくえの みぎに ほんだなが あります。

> **정답** ④

> **해석** 책장 왼쪽에 책상이 있습니다.
>
> 1 책상 뒤에 책장이 있습니다.
>
> 2 책상 사이에 책장이 있습니다.
>
> 3 책상 위에 책장이 있습니다.
>
> 4 책상 오른쪽에 책장이 있습니다.
>
> **한자** 本だなの左につくえがあります。
>
> つくえの後ろに本だながあります。
>
> つくえの間に本だながあります。
>
> つくえの上に本だながあります。
>
> つくえの右に本だながあります。

> **어휘** 本だな 책장, 책꽂이  左 왼쪽  ～に ~에(장소)  つくえ 책상  あります 있습니다

> **해설** 위치 명사를 외울 때 [위/아래] [앞/뒤] [오른쪽/왼쪽] 등으로 서로 반대의 의미를 가진 단어를 묶어서 외우면 이런 유형의 문제를 풀 때 도움이 됩니다.

**문제 1** ( ) 안에 무엇을 넣을까요? 보기의 1 · 2 · 3 · 4에서 가장 알맞은 것을 하나 고르세요.

1　わたしは　かいしゃいんです。たなかさん(　　　　) かいしゃいんですか。

　　1　も　　　　　　　2　は　　　　　　　3　が　　　　　　　4　に

정답 ① 저는 회사원입니다. 다나카 씨(도) 회사원입니까?　한자 私は会社員です。田中さんも会社員ですか。

어휘 私 저, 나　会社員 회사원　〜も ~도

해설 주제가 되는 내용이 앞에서 서술한 내용과 같은 경우에 [〜も(~도)]를 사용합니다.

------------------------------------------------------------

2　にほんご(　　　　) レポートを　かきます。

　　1　と　　　　　　　2　が　　　　　　　3　に　　　　　　　4　で

정답 ④ 일본어(로) 리포트를 씁니다.　　　　　　　한자 日本語でレポートを書きます。

어휘 日本語 일본어　〜で ~로(수단, 방법)　レポート 리포트　書く 쓰다　〜と ~와, ~과　〜が ~이, ~가
　　〜に ~에, ~에게

해설 리포트를 쓸 때 일본어라는 '수단'을 사용해서 쓰기 때문에 [で]를 선택합니다.

------------------------------------------------------------

3　ソウルは　とても (　　　　) ところです。

　　1　にぎやかだ　　　　2　にぎやか　　　　3　にぎやかな　　　　4　にぎやかで

정답 ③ 서울은 매우 (번화한) 곳입니다.

어휘 ソウル 서울　とても 매우, 아주　にぎやかだ 번화하다　ところ 곳, 장소

해설 [な형용사]가 명사를 수식할 때는 [어간+な]의 형태입니다. [な형용사]에서의 어간은 [だ]를 제외한 [にぎやか]
이므로 여기에 [な]를 붙인 [にぎやかな]가 되며, 의미는 [번화한]이 됩니다.

------------------------------------------------------------

4　ちかてつ(　　　　) まちます。

　　1　に　　　　　　　2　を　　　　　　　3　の　　　　　　　4　へ

정답 ② 지하철(을) 기다립니다.　　　　　　　　　한자 地下鉄を待ちます。

어휘 地下鉄 지하철　〜を ~을, ~를　待つ 기다리다　〜に ~에, ~에게　〜の ~의　〜へ ~로(방향)

------------------------------------------------------------

5　テストは　なんじ(　　　　)ですか。

　　1　に　　　　　　　2　は　　　　　　　3　まで　　　　　　　4　より

정답 ③ 시험은 몇 시(까지)입니까?　　　　　　　한자 テストは何時まdetですか。

어휘 テスト 시험, 테스트　何時 몇 시　〜まで ~까지　〜より ~보다

해설 [まで]는 [~까지]라는 뜻으로 시간, 장소 등의 끝나는 지점을 나타냅니다.

------------------------------------------------------------

---

6 きょうは あまり (          )ありません。

1 さむい          2 さむいく          3 さむいで          4 さむく

정답 ④ 오늘은 그다지 (춥지) 않습니다.          한자 今日はあまり寒くありません。

어휘 今日 오늘  あまり 그다지, 별로  寒い 춥다

해설 [い형용사]의 부정형은 [어간 + くありません]입니다.

[어간]이란 활용할 때 변하지 않는 부분으로, [い형용사]에서의 어간은 [い]를 제외한 나머지 부분이 됩니다.

---

7 ぜんぶ(          ) ２３００円です。

1 で          2 と          3 に          4 を

정답 ① 전부 (해서) 2300엔입니다.          한자 全部で２３００円です。

어휘 全部 전부  ～で ~해서  ～と ~와, ~과  ～に ~에  ～を ~을, ~를

해설 조사 [～で]는 다양한 의미를 가지고 있습니다. 그중에서도 숫자, 또는 숫자와 유사한 명사 뒤에 [で]를 붙이면 [~해서]라고 해석합니다.

---

8 きょうは (          )、ひまです。

1 やすみから          2 やすみだから          3 やすみでから          4 やすみのから

정답 ② 오늘은 (휴일이기 때문에), 한가합니다.          한자 今日は休みだから、暇です。

어휘 今日 오늘  休み 휴일  ～から ~이기 때문에  暇だ 한가하다

해설 명사 뒤에 [～から]를 붙여서 [~이기 때문에]라는 의미의 문장을 만들 때는 반드시 [명사] 뒤에 [だ] 또는 [です]를 붙여서 완전한 문장을 만든 후에 [～から]를 붙여야 합니다. 그러므로 [휴일이기 때문에]라는 문장은 [休みだ(휴일이다)から] [休みです(휴일입니다)から]가 됩니다.

명사 뒤에 [～から]를 그대로 붙이면 [~부터, ~에서]라는 시작의 의미를 나타냅니다. 그러므로 [休みから]는 [휴일부터]라는 전혀 다른 의미가 됩니다.

---

9 A : (          ) いちごが すきですか。
　 B : おいしいからです。

1 どの          2 どうして          3 どちら          4 どれ

정답 ② A: (어째서) 딸기를 좋아합니까?          한자 A: どうしていちごが好きですか。
　　 B: 맛있기 때문입니다.          　　　 B: おいしいからです。

어휘 どうして 어째서, 왜  いちご 딸기  ～が 好きだ ~을(를) 좋아하다  おいしい 맛있다
　　 ～からです ~이기 때문입니다  どの 어느  どちら 어느 쪽  どれ 어느 것

해설 (1) 이유를 묻는 [どうして]로 시작하는 질문에 대답할 때는 반드시 문장 끝이 [～からです]가 됩니다.

(2) [おいしい]와 같은 [い형용사]는 [기본형]에 [～からです]를 붙입니다.

문장 중간에서 이유를 나타내는 [～から]는 보통체와 정중체 2가지 모두에 붙일 수 있습니다.

おいしいから、好きです。(O)

おいしいですから、好きです。(O)

그러나 문장 끝에 오는 [～からです]는 보통체의 문장에만 붙일 수 있습니다.

おいしいからです。(O)

おいしいですからです。(X)

---

10 わたしは スポーツ(　　　) へたです。

　　1　を　　　　　　　2　で　　　　　　　3　が　　　　　　　4　に

정답 ③ 저는 스포츠(를) 못합니다.　　　　　　한자 私はスポーツが下手です。

어휘 私 저, 나　スポーツ 스포츠　～が 下手だ ~을(를) 못하다, 서투르다　～を ~을, ~를　～で ~에서
　　～に ~에, ~에게

해설 [잘하다] [못하다]와 같이 능력을 나타내는 단어 앞에 [~을/를]이 올 때는 [~을/를]의 의미인 조사 [を] 대신에
　　[が]를 붙입니다.

---

11 A: ももは (　　　) かいましたか。

　　B: 7つ かいました。

　　1　なんまい　　　　　2　なんぼん　　　　　3　いくつ　　　　　　4　いくら

정답 ③ A: 복숭아는 (몇 개) 샀습니까?　　　　한자 A: ももはいくつ買いましたか。
　　B: 7개 샀습니다.　　　　　　　　　　　　　B: ななつ買いました。

어휘 もも 복숭아　いくつ 몇 개　買う 사다　ななつ 7개　何枚 몇 장　何本 몇 병, 몇 자루　いくら 얼마

---

12 あの デパートは (　　　) りっぱです。

　　1　ゆうめくて　　　　2　ゆうめで　　　　　3　ゆうめいくて　　　4　ゆうめいで

정답 ④ 저 백화점은 (유명하고) 훌륭합니다.　　　　한자 あのデパートは有名で立派です。

어휘 あの 저　デパート 백화점　有名だ 유명하다　立派だ 훌륭하다

해설 형용사와 형용사를 연결할 때 [な형용사]는 [어간+で]의 형태로 만들고, 의미는 [~하고/~해서]가 됩니다.

---

13 きのうは おふろ(　　　) はいりませんでした。

　　1　を　　　　　　　2　に　　　　　　　3　へ　　　　　　　4　で

정답 ② 어제는 목욕(을) 하지 않았습니다.　　　　한자 昨日はお風呂に入りませんでした。

어휘 お風呂に 入る 목욕을 하다　～を ~을, ~를　～へ ~로(방향)　～で ~에서

해설 [お風呂]는 욕실이고 [～に 入る]는 [~에 들어가다]이므로 직역을 하면 [욕실에 들어가다]지만, 문장 전체를 묶어서
　　[목욕(을) 하다]로 사용합니다.
　　이와 같이 일본어 동사 중에는 문장 전체를 묶어서 사용하거나 조사와 함께 외워야 하는 것들이 있습니다. 조사와
　　함께 외워야 하는 대표적인 동사인 [～に 会う] [～に 乗る]는 [~을 만나다] [~을 타다]로 해석하지만 [~을/를]
　　에 해당하는 [～を] 대신 반드시 [～に]를 사용합니다.

14 A : にほんごは (　　　　) ですか。

B : おもしろいですが、 すこし むずかしいです。

1　どんな　　　　　　2　どの　　　　　　3　どれ　　　　　　4　どう

정답 ④ A: 일본어는 (어떻)습니까?　　　　　　한자 A: 日本語はどうですか。

B: 재미있습니다만, 조금 어렵습니다.　　　　　　　B: おもしろいですが、少し難しいです。

어휘 日本語 일본어　どうですか 어떻습니까?　おもしろい 재미있다　少し 조금　難しい 어렵다
どんな 어떤　どの 어느　どれ 어느 것

해설 (1) [〜どうですか]는 상대방이 경험한 일이나, 방문했던 장소 또는 만났던 사람이나 사물에 대한 의견을 물어볼
때 사용합니다.

(2) 문장과 문장 사이에 들어가는 [〜が]는 [~지만, ~다만]의 의미로 앞, 뒤의 문장이 서로 반대의 의미를 나타낼
때 사용합니다.

-------------------------------------------------------------------------------

15 こいびと(　　　　) でんわを かけませんでした。

1　に　　　　　　　　2　で　　　　　　　　3　へ　　　　　　　　4　の

정답 ① 애인(에게) 전화를 걸지 않았습니다.　　　　　　한자 恋人に電話をかけませんでした。

어휘 恋人 애인　〜に ~에게(상대, 대상)　電話 전화　かける 걸다

해설 조사 [〜に]의 다양한 쓰임 중에서 어떤 행동을 하게 되는 대상을 나타낼 때 [~에게]의 의미로 사용합니다.

**문제 2**　　★　부분에 들어갈 것은 무엇일까요? 보기의 1·2·3·4에서 가장 알맞은 것을 하나 고르세요.

16　なかむらさん ＿＿＿ ＿＿＿ ★ ＿＿＿ ですか。

　　　1　は　　　　　　2　の　　　　　　3　なん　　　　　4　おしごと

정답 ① 나카무라 씨 의 직업 은 무엇 입니까?　　　한자 中村さん の お仕事 は 何 ですか。

어휘 お仕事 직업　何ですか 무엇입니까?

해설 (1) 이런 유형의 문제는 한 번에 완전한 문장을 만드는 것은 어렵기 때문에, 우선 〈보기〉에 주어진 각각의 단어 뜻으로 한국어 문장을 유추한 후에 일본어로 문장을 완성해서 주어진 부분에 들어갈 답을 찾도록 합니다.
(2) [직업] 또는 [일]의 의미인 [仕事]를 상대방이나 제3자에게 사용할 때는 [お]를 붙여서 존경을 나타냅니다. 본인의 직업에는 붙이지 않습니다.

---

17　この ＿＿＿ ＿＿＿ ★ ＿＿＿ ですか。

　　　1　ケータイは　　　2　の　　　　　　3　だれ　　　　　4　しろい

정답 ③ 이 하얀 휴대전화는 누구 의 것 입니까?　　한자 この 白い ケータイは だれ の ですか。

어휘 この 이　白い 하얗다　ケータイ 휴대전화　だれ 누구　〜の ~의 것

해설 생략이 없는 완전한 문장 [이 하얀 휴대전화는 누구의 하얀 휴대전화입니까?]에서 [白い ケータイ(하얀 휴대전화)] 와 같이 뒤에 오는 명사가 문맥상 무엇인지 분명한 경우는 뒤의 [하얀 휴대전화]를 생략하고 [だれ のですか(누구의 것입니까?)]로 사용할 수 있습니다.
단, 뒤에 오는 명사가 사람인 경우는 생략할 수 없습니다.

---

18　きのうは ＿＿＿ ＿＿＿ ★ ＿＿＿ みませんでした。

　　　1　おおくて　　　2　しごと　　　　3　えいがを　　　4　が

정답 ① 어제는 일 이 많아서 영화를 보지 못했습니다.　한자 昨日は 仕事 が 多くて 映画を 見ませんでした。

어휘 昨日 어제　仕事 일　多い 많다　映画 영화　見る 보다

---

19　すいえいより ＿＿＿ ＿＿＿ ★ ＿＿＿ たいへんですか。

　　　1　が　　　　　　2　ほう　　　　　3　の　　　　　4　やまのぼり

정답 ② 수영보다 등산 (의) 쪽 이 힘듭니까?　　한자 水泳より 山登り の 方 が 大変ですか。

어휘 水泳 수영　〜より ~보다　山登り 등산　〜の 方が ~(의) 쪽이　大変だ 힘들다

해설 두 가지를 비교해서 대답할 때 사용되는 문형으로 [〜より]가 붙은 쪽이 기준이 되고 [〜の 方が] 쪽이 선택의 답이 됩니다. [〜より]와 [〜の 方が]는 앞, 뒤 순서를 변경해서 사용할 수 있습니다. 대답할 때는 기준이 되는 [〜より] 쪽을 생략하기도 합니다.

---

20　ひこうきと ＿＿＿ ＿＿＿ ★ ＿＿＿ はやいですか。

　　　1　と　　　　　　2　が　　　　　3　ふね　　　　　4　どちら

정답 ④ 비행기와 배 와 어느 쪽 이 빠릅니까?　　한자 飛行機と 船 と どちら が 速いですか。

어휘 飛行機 비행기　〜と ~와, ~과　船 배　どちら 어느 쪽　速い 빠르다

해설 두 가지를 비교해서 질문할 때 사용하는 문형입니다.

## 언어지식 (문자 · 어휘)

問題 1

1 4　2 3　3 4　4 4　5 1　6 2　7 1　8 3　9 1　10 2　11 2　12 4

問題 2

13 3　14 1　15 3　16 4　17 4　18 2　19 2　20 1

問題 3

21 1　22 3　23 2　24 4　25 3　26 3　27 3　28 4　29 2　30 1

問題 4

31 4　32 3　33 2　34 4　35 3

## 언어지식 (문법)

問題 1

1 1　2 2　3 1　4 3　5 3　6 2　7 4　8 3　9 2　10 4
11 1　12 4　13 1　14 3　15 2

問題 2

16 2　17 3　18 1　19 4　20 2

**문제 1** _____부분의 단어는 히라가나로 어떻게 쓸까요? 보기의 1·2·3·4에서 가장 알맞은 것을 하나 고르세요.

1 かれは 銀行員です.

   1 きんごいん      2 ぎんこいん      3 きんこういん      4 ぎんこういん

정답 ④ 그는 은행원입니다.          한자 彼は銀行員です.

어휘 かれ 그, 그 남자  ~は ~은, ~는  銀行員 은행원

해설 (1) [ぎんこういん]은 장음이 없는 [ぎんこいん]과 가장 많이 혼동하기 때문에 정확하게 발음하면서 외우는 것이 중요합니다.

(2) 한자 읽기 문제는 장음이 있는지 여부와 탁음에 관해 묻는 문항들이 많기 때문에 장음과 탁음에 유의해서 정확하게 외워야 합니다.

---

2 この 赤い さいふは やまださんの さいふです.

   1 しろい      2 あおい      3 あかい      4 くろい

정답 ③ 이 빨간 지갑은 야마다 씨의 지갑입니다.     한자 この赤い財布は山田さんの財布です.

어휘 この 이  赤い 빨갛다  さいふ 지갑  ~の ~의  白い 하얗다  青い 파랗다  黒い 까맣다

해설 (1) 지시어 [この]는 말하는 사람 쪽에 가까울 때 사용하며, [この] 단독으로는 사용할 수 없고 명사와 함께 사용합니다.

(2) [い형용사]가 명사를 수식할 때 [기본형] 그대로 사용합니다.

---

3 あの くろい ぼうしは ３８００円です.

   1 さんせんはちひゃく         2 さんせんはっぴゃく

   3 さんぜんはちひゃく         4 さんぜんはっぴゃく

정답 ④ 저 검은 모자는 3800엔입니다.     한자 あの黒い帽子は３８００円です.

어휘 あの 저  黒い 검다, 까맣다  帽子 모자

해설 (1) [あの]는 말하는 사람과 상대방 모두에게 멀리 있을 때 사용합니다.

(2) [い형용사]로 명사를 수식할 때는 기본형을 그대로 사용합니다.

(3) [さんぜん(3,000)] [はっぴゃく(800)]와 같이 [천] 또는 [백] 등의 단위에 따라 발음이 변형되는 숫자들은 반드시 외워두어야 합니다.

---

4 ここは わたしの 大学です.

   1 たいかく      2 だいかく      3 たいがく      4 だいがく

정답 ④ 여기는 저의(제가 다니는) 대학입니다.     한자 ここは私の大学です.

어휘 ここ 여기, 이곳  私 저, 나  大学 대학

해설 한자 [大]는 [たい]로도 [だい]로도 읽기 때문에 단어를 외울 때 발음에 주의해서 외우는 것이 좋습니다.

· [たい]의 발음: [大変だ(힘들다)] [大切だ(소중하다, 중요하다)] 등

· [だい]의 발음: [大学生(대학생)] [大丈夫だ(괜찮다)] 등

5　せんせいの 左に やまださんが います。

　　　1　ひだり　　　　　　2　みぎ　　　　　　3　そと　　　　　　4　となり

정답 ① 선생님 왼쪽에 야마다 씨가 있습니다.　　　　한자 先生の左に山田さんがいます。

어휘 先生 선생님　左 왼쪽　〜に ~에(장소)　います 있습니다　右 오른쪽　外 밖　隣 옆

해설 (1) [先生の 左]는 [선생님 왼쪽]처럼 한국어로는 [の]를 해석하지 않는 경우가 많기 때문에 일본어에서 [の]를 빼고
　　문장을 쓰는 실수를 하기 쉽지만, 일본어에서는 반드시 명사와 명사 사이에 [の]를 넣어야 하는 것에 주의해야 합니다.
　　(2) [います]는 스스로 움직일 수 있는 사람, 또는 동물에 사용합니다. 기본형은 [いる]이고, 2그룹 동사이기 때문에
　　[ます형]으로 활용할 때는 끝의 [る]를 제외하고 [ます]를 붙여서 [います]를 만듭니다.

-------------------------------------------------------------------------------

6　ドーナツ 6つ ください。

　　　1　ふたつ　　　　　　2　むっつ　　　　　　3　いつつ　　　　　　4　よっつ

정답 ② 도넛 6개 주세요.

어휘 ドーナツ 도넛　むっつ 여섯(6개)　ください 주세요　ふたつ 둘(2개)　いつつ 다섯(5개)　よっつ 넷(4개)

해설 [〜つ(~개)]는 수량을 나타내는 가장 기본적인 조수사이기 때문에 반드시 외워야 합니다.

-------------------------------------------------------------------------------

7　あそこの 図書館は ひろいです。

　　　1　としょかん　　　　2　としょうかん　　　3　とうしょかん　　　4　とうしょうかん

정답 ① 저기의(에 있는) 도서관은 넓습니다.　　　　한자 あそこの図書館は広いです。

어휘 あそこ 저기, 저곳　図書館 도서관　広い 넓다

해설 [図書館]은 장음 문제로 가장 많이 혼동하는 단어 중 하나입니다. 특히, [としょうかん]으로 많이 혼동하지만,
　　장음이 없는 [としょかん]임에 주의해야 합니다.

-------------------------------------------------------------------------------

8　きのうは 9じに 寝ました。

　　　1　おきました　　　　2　いきました　　　3　ねました　　　　4　きました

정답 ③ 어제는 9시에 잤습니다.　　　　한자 昨日は9時に寝ました。

어휘 昨日 어제　9時 9시　〜に ~에(시간)　寝る 자다

해설 (1) [寝る]는 2그룹 동사이기 때문에 [ます형]으로 활용할 때는 끝의 [る]를 제외하고 [ます]를 붙여서 [寝ます]를
　　만듭니다. 과거형으로 만들기 위해서는 [ます]대신에 [ました]를 붙여서 [寝ました]를 만듭니다.
　　(2) [9시] 뒤에는 시간을 나타내는 조사 [〜に]를 붙입니다.
　　(3) 숫자 [9]는 읽는 방법이 [きゅう] 또는 [く]로 2가지 있기 때문에 구별해서 사용해야 합니다.
　　[く時(9시)]와 [く月(9월)]의 숫자 [9]는 [きゅう]로는 사용할 수 없고 반드시 [く]로 읽어야 합니다.
　　그러나 [きゅう歳(9세)]와 [きゅう回(9회)] 등의 경우는 [きゅう]로만 읽기 때문에 주의해야 합니다.

**9** <u>自転車</u>で いきます。

1 じてんしゃ　　　2 じでんしゃ　　　3 じでんちゃ　　　4 じてんちゃ

정답 ① <u>자전거</u>로 갑니다.　　　한자 <u>自転車</u>で行きます。

어휘 自転車 자전거　〜で ~로(수단, 방법)　行く 가다

--------------------------------------------------------------------

**10** いま、<u>7時40分</u>です。

1 しちじよんしゅうふん　　　　　　2 しちじよんじゅっぷん

3 ななじよんじゅっぷん　　　　　　4 ななじよんじゅうふん

정답 ② 지금, <u>7시 40분</u>입니다.　　　한자 今、7時40分です。

어휘 今 지금　〜時 ~시　分 ~분

해설 (1) 숫자 [7]은 [なな]와 [しち]로 읽는 방법이 두 가지이기 때문에, 용도에 따라서 구별해서 사용합니다. 쓰임별로는 [なな] 쪽이 주를 이루지만 [しちじ(7시)] [しちがつ(7월)]와 같이 [なな]는 사용할 수 없고 반드시 [しち]를 사용해야 하는 단어들도 있습니다.

(2) 10분 단위는 [じゅう(10)]에 [ふん(분)]을 그대로 붙이는 것이 아니라 [じゅっぷん]으로 변형되는 것에 주의해야 합니다.

--------------------------------------------------------------------

**11** あの デパートは とても <u>有名</u>です。

1 ゆうめ　　　　　2 ゆうめい　　　　　3 ゆめい　　　　　4 ゆめ

정답 ② 저 백화점은 아주 <u>유명</u>합니다.　　　한자 あのデパートはとても有名です。

어휘 あの 저　デパート 백화점　とても 아주, 매우　有名だ 유명하다

해설 (1) [ゆう]처럼 [う단] 글자 뒤에 [う]가 오면 뒤의 글자 [う]의 발음은 생략되고 앞에 오는 글자 [ゆ]를 길게 발음합니다.

(2) [めい]처럼 [え단] 글자 뒤에 [い]가 오면 뒤의 글자 [い]의 발음은 생략되고 앞에 오는 글자 [め]를 길게 발음합니다. 앞뒤 글자 모두 장음이 있어서 들리는 소리는 [ゆ][め]뿐이지만, 실제로는 [ゆーめー] 총 4박자로 발음해야 하는 것에 주의해야 합니다.

--------------------------------------------------------------------

**12** あした、<u>一緒に</u> べんきょうを しませんか。

1 いちしょうに　　　2 いちしょに　　　3 いっしょうに　　　4 いっしょに

정답 ④ 내일, <u>함께</u> 공부를 하지 않겠습니까?　　　한자 明日、一緒に勉強をしませんか。

어휘 明日 내일　一緒に 함께, 같이　勉強 공부　〜を ~을, ~를　する 하다

해설 (1) [いっしょに]는 장음이 없지만, 뒤쪽에 장음을 넣은 [いっしょうに]로 가장 많이 혼동하기 때문에 주의해야 합니다.

(2) [べんきょう]는 장음이 없는 [べんきょ]로 발음하지 않도록 주의해야 합니다.

(3) [〜ませんか]는 제안하거나 권유할 때 사용하는 문형입니다.

**문제 2** _____ 부분의 단어는 한자 또는 가타카나로 어떻게 쓸까요? 보기의 1·2·3·4에서 가장 알맞은 것을 하나 고르세요.

---

**13** <u>よる</u>、テレビを みますか。

1  朝　　　　　　2  夕　　　　　　3  夜　　　　　　4  昼

정답 ③ 밤(에) 텔레비전을 봅니까?　　　　한자 夜、テレビを見ますか。

어휘 夜 밤　テレビ 텔레비전　～を ~을, ~를　見る 보다　朝 아침　夕 저녁　昼 낮

해설 때를 나타내는 명사 [朝(아침)] [昼(낮)] [夕(저녁)] [夜(밤)]는 함께 외워둡시다.

---

**14** やまださんは <u>すぽーつ</u>が じょうずですか。

1  スポーツ (すぽーつ)　　　　　2  スポーシ (すぽーし)

3  ヌポーツ (ぬぽーつ)　　　　　4  ヌポーシ (ぬぽーし)

정답 ① 야마다 씨는 <u>스포츠</u>를 잘합니까?　　　한자 山田さんはスポーツが上手ですか。

어휘 スポーツ 스포츠　～が 上手だ ~을(를) 잘하다

해설 (1) 가타카나를 정확하게 읽을 수 있는지 확인하는 문제입니다. [スポーツ]처럼 혼동하기 쉬운 글자들이 많은 단어는 각각의 글자들을 비교하면서 외우는 것이 효과적입니다.
[ス(す)]는 [ヌ(ぬ)]와, [ツ(つ)]는 [シ(し)]와 비교해서 다른 점을 확인하고 외워둡시다. 또한, 장음 부분의 표기법도 주의해서 외우는 것이 좋습니다.
(2) [上手だ(잘하다/능숙하다)] [下手だ(못하다/서투르다)]와 같이 능력을 나타내는 단어 앞에 [~을/를]이 올 때는 조사 [を] 대신에 [が]를 붙입니다.

---

**15** <u>ざっし</u>は どこに ありますか。

1  雑紙　　　　　2  雑詞　　　　　3  雑誌　　　　　4  雑辞

정답 ③ <u>잡지</u>는 어디에 있습니까?　　　한자 雑誌はどこにありますか。

어휘 雑誌 잡지　～は ~은, ~는　どこ 어디　～に ~에(장소)　ある 있다

해설 (1) 비슷한 한자들과 혼동하지 않도록 단어를 외울 때 한자를 많이 써 보는 것이 좋습니다.
(2) [ある]는 스스로 움직일 수 없는 사물이나 식물에 사용하는 1그룹 동사입니다. 1그룹 동사의 [ます형]은 어미를 [い단]으로 바꾸고 [ます]를 붙이기 때문에 [ある]의 [ます형]은 어미 [る]를 [い단]인 [り]로 바꾸고 [ます]를 붙인 [あります]가 됩니다.

---

**16** <u>きせつ</u>の なかで いつが いちばん さむいですか。

1  李簡　　　　　2  李節　　　　　3  季簡　　　　　4  季節

정답 ④ <u>계절</u> 중에서 언제가 가장 춥습니까?　　　한자 季節の中でいつが一番寒いですか。

어휘 季節 계절　～の 中で ~(의) 중에서　いつ 언제　一番 가장, 제일　寒い 춥다

해설 [~の 中で ~が 一番 ~ですか(~ 중에서 ~이 가장 ~입니까?)]로 여러 개를 비교해서 질문할 때 사용되는 문형입니다.

17 わたしの へやは せまいです。

1 広い      2 甘い      3 辛い      4 狭い

정답 ④ 제 방은 좁습니다.      한자 私の部屋は狭いです。

어휘 私 저, 나 部屋 방 狭い 좁다 広い 넓다 甘い 달다 辛い 맵다

--------------------------------------------------------------------

18 これは だれの ぱそこんですか。

1 パソユン (ぱそゆん)      2 パソコン (ぱそこん)

3 パンユソ (ぱんゆそ)      4 パンコソ (ぱんこそ)

정답 ② 이것은 누구의 컴퓨터입니까?      한자 これは誰のパソコンですか。

어휘 これ 이것 だれ 누구 パソコン 컴퓨터

해설 (1) [パソコン]은 가타카나 중에서 글자의 모양이 비슷해서 가장 많이 틀리는 [ソ(そ)] [ン(ん)]이 있는 단어입니다. 쓰는 방법도 중요하기 때문에 [unit 02]의 독학 plus에서 다시 확인해 봅시다.
(2) 가타카나에서 [コ(こ)]와 [ユ(ゆ)], [ス(す)]와 [ヌ(ぬ)], [ク(く)]와 [ケ(け)]처럼 글자를 쓸 때 주의하지 않으면 전혀 다른 글자가 되는 경우가 있기 때문에 주의해야 합니다.

--------------------------------------------------------------------

19 あした、たなかさんも よびますか。

1 遊びますか      2 呼びますか      3 待びますか      4 乗びますか

정답 ② 내일 다나카 씨도 부릅니까?      한자 明日、田中さんも呼びますか。

어휘 明日 내일 ～も ~도 呼ぶ 부르다 遊ぶ 놀다

--------------------------------------------------------------------

20 この しごとは かんたんですか。

1 簡単      2 簡箪      3 間箪      4 間単

정답 ① 이 일은 간단합니까?      한자 この仕事は簡単ですか。

어휘 この 이 仕事 일 簡単だ 간단하다

문제 3 (       ) 안에 무엇을 넣을까요? 보기의 1·2·3·4에서 가장 알맞은 것을 하나 고르세요.

21  きのうは (       )で ふくを かいました。

1  デパート          2  レストラン          3  カラオケ          4  プール

정답 ① 어제는 (백화점)에서 옷을 샀습니다.          한자 昨日はデパートで服を買いました。

어휘 昨日 어제  デパート 백화점  ～で ~에서(장소)  服 옷  買う 사다  レストラン 레스토랑
카라오케 가라오케, 노래방  プール 풀장

해설 3번 문제 유형은 문장 전체를 읽고 해석해서 (      ) 안에 들어갈 어휘를 찾는 문제로, 〈보기〉에 주어지는 각각의 어휘
들의 의미를 알고 있어야 하는 문제입니다. 명사, 형용사, 동사, 부사, 의문사 등의 다양한 어휘 문제가 나오기 때문에
어휘를 많이 알수록 유리합니다. 열심히 어휘를 외우도록 합시다.

--------------------------------------------------------------------------------

22  この みせの りょうりは (       ) おいしいです。

1  しんせつで          2  しずかで          3  しんせんで          4  じょうぶで

정답 ③ 이 가게의 요리는 (신선하고) 맛있습니다.          한자 この店の料理は新鮮でおいしいです。

어휘 この 이  店 가게  料理 요리  新鮮だ 신선하다  おいしい 맛있다  親切だ 친절하다  静かだ 조용하다
丈夫だ 튼튼하다

해설 형용사와 형용사를 연결할 때 [な형용사]는 [어간+で]의 형태로 만들고, 의미는 [~하고, ~해서]가 됩니다.

--------------------------------------------------------------------------------

23  ノートは (       ) ありますか。

1  なんまい          2  なんさつ          3  なんぼん          4  なんがい

정답 ② 노트는 (몇 권) 있습니까?          한자 ノートは何冊ありますか。

어휘 ノート 노트  何冊 몇 권  ある 있다  何枚 몇 장  何本 몇 자루  何階 몇 층

해설 [권]에 해당하는 조수사를 찾는 문제입니다.
(1) [冊]는 책, 노트 등에 붙여서 사용합니다.
(2) [枚]는 티셔츠나 종이류 등의 얇고 평평한 물건에 붙여서 사용합니다.
(3) [本]은 우산, 연필, 병 등의 가늘고 긴 물건에 붙여서 사용합니다.
(4) [階]는 건물의 몇 층인지를 나타내는 조수사입니다.

--------------------------------------------------------------------------------

24  やすみのひは (       ) なにを しますか。

1  とても          2  すこし          3  あまり          4  たいてい

정답 ④ 쉬는 날은 (대개) 무엇을 합니까?          한자 休みの日はたいてい何をしますか。

어휘 休みの日 쉬는 날, 휴일  たいてい 대개  何 무엇  する 하다  とても 매우, 아주  少し 조금
あまり 그다지, 별로

해설 부사를 찾는 문제입니다. [あまり]처럼 주로 부정문에 사용하는 부사도 있기 때문에, 각 부사의 특징을 파악해서
외워야 합니다.

25 せんせいに でんわを (　　　　)。

　1　いきました　　　　2　やすみました　　　　3　かけました　　　　4　はいりました

정답 ③ 선생님에게 전화를 (걸었습니다).　　　　한자 先生に電話をかけました。

어휘 先生 선생님　〜に ~에게(상대, 대상)　電話 전화　かける 걸다　行く 가다　休む 쉬다　入る 들어가다

----

26 ちかてつより ひこうきの ほうが (　　　　)です。

　1　くろい　　　　2　あまい　　　　3　はやい　　　　4　からい

정답 ③ 지하철보다 비행기 쪽이 (빠름)니다.　　　　한자 地下鉄より飛行機の方が速いです。

어휘 地下鉄 지하철　〜より ~보다　飛行機 비행기　〜の 方が ~(의) 쪽이　速い 빠르다　黒い 검다, 까맣다
甘い 달다　辛い 맵다

해설 2개를 비교해서 대답할 때 사용되는 문형으로, [〜より]가 붙은 쪽이 기준이 되고 [〜の 方が] 쪽이 선택의 답이
됩니다. [〜より]와 [〜の 方が]는 앞뒤 순서를 변경해서 사용하기도 하고, 대답할 때는 기준이 되는 [〜より]
쪽을 생략하기도 합니다.

----

27 きょうは せんせいと にほんごで (　　　　)。

　1　いきました　　　　2　かえりました　　　　3　はなしました　　　　4　のみました

정답 ③ 오늘은 선생님과 일본어로 (이야기했습니다).　　　　한자 今日は先生と日本語で話しました。

어휘 今日 오늘　先生 선생님　〜と ~와, ~과　日本語 일본어　〜で ~로(수단)
話す 말하다, 이야기하다　行く 가다　帰る 돌아가(오)다　飲む 마시다

----

28 あさは (　　　　) たべません。

　1　なにが　　　　2　なにを　　　　3　なにで　　　　4　なにも

정답 ④ 아침은 (아무것도) 먹지 않습니다.　　　　한자 朝は何も食べません。

어휘 朝 아침　何も 무엇도, 아무것도　食べる 먹다　何が 무엇이　何を 무엇을　何で 무엇으로

해설 [食べません(먹지 않습니다)]이라는 부정형과 어울리는 단어를 찾는 문제입니다.

(1) [何も(무엇도, 아무것도)]의 뒤에는 부정형의 문장만 붙일 수 있습니다.
何も 食べません。아무것도 먹지 않습니다. / 何も ありません。아무것도 없습니다.

(2) [何が(무엇이)]의 뒤에는 [있다/없다] 등의 존재를 나타내는 동사와
[맛있다, 어렵다, 갖고 싶다] 등의 い형용사, [유명하다, 편리하다] 등의 な형용사 등을 사용한 문장이 옵니다.
何が ありますか。무엇이 있습니까? (동사)
何が おいしいですか。무엇이 맛있습니까? (い형용사) / 何が 有名ですか。무엇이 유명합니까? (な형용사)

(3) [何を(무엇을)]의 뒤에는 [먹다, 기다리다, 읽다, 만들다, 보다, 하다] 등의 일반적인 동사가 옵니다.
何を 見ますか。무엇을 봅니까? / 何を 作りますか。무엇을 만듭니까?

(4) 조사 [〜で]가 붙은 [何で(무엇으로)]는 뒤에 오는 동사의 수단이나 방법을 묻는 문장이 옵니다.
　A : 何で 食べますか。무엇으로 먹습니까?　　　B : はしで 食べます。젓가락으로 먹습니다.
　A : 何で 行きますか。무엇으로 갑니까?　　　B : 地下鉄で 行きます。지하철로 갑니다.

**29** きのうは ともだちと カラオケで うたを うたいました。(　　　) いっしょに ごはんを たべました。

　　1　いつも　　　　　2　それから　　　　　3　でも　　　　　4　よく

정답 ② 어제는 친구와 노래방에서 노래를 불렀습니다. (그리고 나서) 함께 밥을 먹었습니다.

한자 昨日は友だちとカラオケで歌を歌いました。それから一緒にごはんを食べました。

어휘 昨日 어제　友だち 친구　～と ~와, ~과　カラオケ 가라오케, 노래방　歌 노래　歌う 노래 부르다
　　それから 그리고, 그러고 나서　一緒に 함께, 같이　ごはん 밥　食べる 먹다　いつも 항상, 언제나
　　でも 하지만　よく 자주, 잘

해설 [それから]는 앞에서 서술한 내용에 계속해서 그다음 일이 일어날 때, 두 문장을 연결해 주는 접속사입니다.

--------------------------------------------------------------------------------

**30** この くるまは (　　　)ですか。

　　1　じょうぶ　　　　　2　まじめ　　　　　3　たいへん　　　　　4　にぎやか

정답 ① 이 자동차는 (튼튼)합니까?　　　　한자 この車は丈夫ですか。

어휘 この 이　車 자동차　丈夫だ 튼튼하다　まじめだ 성실하다　大変だ 힘들다　にぎやかだ 번화하다

**문제 4** _____ 문장과 대체로 의미가 같은 문장이 있습니다. 보기의 1·2·3·4에서 가장 알맞은 것을 하나 고르세요.

31 わたしの ケータイは ふるいです。

1 わたしの ケータイは ちいさくないです。　　2 わたしの ケータイは たかくないです。

3 わたしの ケータイは ひくくないです。　　4 わたしの ケータイは あたらしくないです。

정답 ④

해석 제 휴대전화는 낡았습니다.

1 제 휴대전화는 작지 않습니다.

2 제 휴대전화는 비싸지 않습니다.

3 제 휴대전화는 낮지 않습니다.

4 제 휴대전화는 새롭지 않습니다.

한자 私のケータイは古いです。

私のケータイは小さくないです。

私のケータイは高くないです。

私のケータイは低くないです。

私のケータイは新しくないです。

어휘 私 저, 나　ケータイ 휴대전화　古い 낡다　小さい 작다　高い 비싸다　低い 낮다　新しい 새롭다

해설 [낡았다]와 같은 의미인 [새롭지 않다]를 찾는 문제입니다. 위의 문제에서 알 수 있듯이 형용사는 반대의 의미, 유사한 의미 등의 단어를 함께 외우는 것이 시험 문제를 풀거나 회화를 할 때 효과적으로 사용할 수 있습니다.

--------------------------------------------------------------------------------

32 きょうは ひまではありません。

1 きょうは あかるいです。　　2 きょうは あついです。

3 きょうは いそがしいです。　　4 きょうは くらいです。

정답 ③

해석 오늘은 한가하지 않습니다.

1 오늘은 밝습니다.

2 오늘은 덥습니다.

3 오늘은 바쁩니다.

4 오늘은 어둡습니다.

한자 今日は暇ではありません。

今日は明るいです。

今日は暑いです。

今日は忙しいです。

今日は暗いです。

어휘 今日 오늘　暇だ 한가하다　明るい 밝다　暑い 덥다　忙しい 바쁘다　暗い 어둡다

해설 [한가하지 않다]와 같은 의미인 [바쁘다]를 찾는 문제입니다.

--------------------------------------------------------------------------------

33 ６８０円の うどん ひとつと ９０円の おにぎり みっつ ください。

1 ８６０円です。　　2 ９５０円です。　　3 １０４０円です。　　4 １１３０円です。

정답 ②

해석 680엔짜리 우동 하나와 90엔짜리 주먹밥 세 개 주세요.

1 860엔입니다.

2 950엔입니다.

3 1040엔입니다.

4 1130엔입니다.

한자 680円のうどんひとつと90円のおにぎりみっつください。

はっぴゃくろくじゅう円です。

きゅうひゃくごじゅう円です。

せんよんじゅう円です。

せんひゃくさんじゅう円です。

어휘 うどん 우동　ひとつ 하나(1개)　おにぎり 주먹밥　みっつ 셋(3개)　ください 주세요

해설 가장 기본이 되는 [〜つ(〜개)]는 다른 여러 조수사를 대신해서도 사용할 수 있기 때문에 반드시 외워야 합니다.

34  ただいま。

1  ともだちと あそびました。        2  ごはんを たべました。

3  はやく おきました。              4  うちへ かえりました。

정답 ④

해석 다녀왔습니다.

1 친구와 놀았습니다.              한자 友だちと 遊びました。

2 밥을 먹었습니다.                    ごはんを 食べました。

3 일찍 일어났습니다.                  早く 起きました。

4 집에 돌아왔습니다.                  うちへ 帰りました。

어휘 友だち 친구  ～と ~와, ~과  遊ぶ 놀다  ごはん 밥  食べる 먹다  早く 일찍  起きる 일어나다
うち 집  ～へ ~에  帰る 돌아가(오)다

해설 [ただいま(다녀왔습니다)]는 귀가할 때 집으로 들어오는 사람이 사용하는 인사말입니다. 안에서 맞이해주는 인사말
[お帰りなさい(어서 오세요)]도 함께 외우는 것이 실제 회화에서 유용하게 사용할 수 있습니다.

----------------------------------------------------------------------------------------

35  ひるやすみは 11じはんから 1じかんはんです。

1  ひるやすみは 12時までです。      2  ひるやすみは 12時30分までです。

3  ひるやすみは 1時までです。        4  ひるやすみは 1時30分までです。

정답 ③

해석 점심시간은 11시 반부터 1시간 반입니다.        한자 昼休みは 11時半から 1時間半です。

1 점심시간은 12시까지입니다.                  昼休みは 12時までです。

2 점심시간은 12시 30분까지입니다.            昼休みは 12時30分までです。

3 점심시간은 1시까지입니다.                    昼休みは 1時までです。

4 점심시간은 1시 30분까지입니다.              昼休みは 1時30分までです。

어휘 昼休み 점심시간  半 반  ～から ~부터  時間 시간  ～まで ~까지

**문제 1** (      ) 안에 무엇을 넣을까요? 보기의 1 · 2 · 3 · 4에서 가장 알맞은 것을 하나 고르세요.

**1** この じしょは たなかさん(      )ですか。

　　1　の　　　　　　2　を　　　　　　3　と　　　　　　4　に

정답 ① 이 사전은 다나카 씨(의 것)입니까?　　　　　한자 この辞書は田中さんのですか。

어휘 この 이　辞書 사전　〜の ~의, ~의 것　〜を ~을, ~를　〜と ~와, ~과　〜に ~에

해설 [この辞書は田中さんの辞書ですか。(이 사전은 다나카 씨의 사전입니까?)]라는 문장에서 같은 명사 [사전]이 앞뒤로 나올 때, 뒤에 있는 [사전]을 생략해서 [この辞書は田中さんのですか。(이 사전은 다나카 씨의 것입니까?)]로 만들 수 있습니다. 단, 중복되는 명사가 사람인 경우는 생략할 수 없습니다.

------------------------------------------------------------

**2** ソウルこうえんで ともだち(      )あいます。

　　1　で　　　　　　2　に　　　　　　3　へ　　　　　　4　を

정답 ② 서울공원에서 친구(를) 만납니다.　　　　　한자 ソウル公園で友だちに会います。

어휘 ソウル公園 서울공원　〜で ~에서　友だち 친구　〜に 〜을(를) 만나다　〜へ ~에, ~로(방향)
〜を ~을, ~를

해설 (1) [〜に 会う]는 [~을(를) 만나다]로 해석하지만 [~을/를]에 해당하는 조사 [〜を] 대신 [〜に]를 사용하기 때문에 반드시 조사와 함께 외워야 합니다.
(2) 일본어에서는 명사와 명사 사이에 반드시 조사 [の]를 넣어야 하지만, [ソウル公園]과 같이 공원 이름이 '서울'인 고유명사에는 [の]를 넣지 않습니다. [の]를 넣은 [ソウルの公園]은 [서울에 있는 공원]이라는 의미가 됩니다.

------------------------------------------------------------

**3** まいにち おんがく(      ) ききます。

　　1　を　　　　　　2　に　　　　　　3　が　　　　　　4　と

정답 ① 매일 음악(을) 듣습니다.　　　　　한자 毎日音楽を聞きます。

어휘 毎日 매일　音楽 음악　〜を ~을, ~를　聞く 듣다　〜に ~에　〜が ~이, ~가　〜と ~와, ~과

------------------------------------------------------------

**4** なかむらさんは (      ) ひとです。

　　1　ハンサムだ　　　2　ハンサムで　　　3　ハンサムな　　　4　ハンサム

정답 ③ 나카무라 씨는 (핸섬한) 사람입니다.　　　　　한자 中村さんはハンサムな人です。

어휘 ハンサムだ 핸섬하다, 잘생겼다　人 사람

해설 [な형용사]가 명사를 수식할 때는 [어간+な+명사]의 형태가 되기 때문에 [ハンサムな人(핸섬한 사람)]가 됩니다.

------------------------------------------------------------

**5** A: この くろい めがねは (      )ですか。
　　B: １２０００円です。

　　1　いくつ　　　　　2　どんな　　　　　3　いくら　　　　　4　なん

정답 ③ A: 이 검은 안경은 (얼마)입니까?　　　　　한자 A: この黒いめがねはいくらですか。
　　　　B: 12,000엔입니다.　　　　　　　　　　　　　　　B: いちまんにせん円です。

어휘 この 이　黒い 검다, 까맣다　めがね 안경　いくら 얼마　いくつ 몇 개　どんな 어떤　なん 무엇

해설 일본어에서 숫자 [만]은 반드시 [いち]를 붙인 [いちまん]으로 읽기 때문에 주의해야 합니다.

6 わたしは うんどうが (　　　)ありません。

1 きらい　　　　2 きらいじゃ　　　　3 きらく　　　　4 きらいく

정답 ② 저는 운동을 (싫어하지) 않습니다.　　　한자 私は運動が嫌いじゃありません。

어휘 私 저, 나　運動 운동　～が 嫌いだ ~을(를) 싫어하다

해설 (1) [な형용사]를 부정형으로 만드는 방법은 [어간 + じゃ(では)ありません]이므로 [きらいじゃありません]이 됩니다.
(2) [好きだ(좋아하다)] [嫌いだ(싫어하다)]와 같이 기호를 나타내는 단어 앞에 [~을/를]이 올 때는 조사 [を] 대신에 [が]를 붙입니다.

--------------------------------------------------------------------

7 にほんじんは はし(　　　) ごはんを たべます。

1 は　　　　2 が　　　　3 に　　　　4 で

정답 ④ 일본인은 젓가락(으로) 밥을 먹습니다.　　　한자 日本人ははしでごはんを食べます。

어휘 日本人 일본인　はし 젓가락　～で ~로(수단, 방법)　ごはん 밥　食べる 먹다　～は ~은, ~는
～が ~이, ~가　～に ~에, ~에게

해설 밥을 먹을 때 사용하는 수단으로 젓가락을 사용한다는 것을 나타내기 위해 조사 [で]를 붙입니다.

--------------------------------------------------------------------

8 A : やまださんは (　　　) ひとですか。
B : おもしろい ひとです。

1 どの　　　　2 どれ　　　　3 どんな　　　　4 どう

정답 ③ A: 야마다 씨는 (어떤) 사람입니까?　　　한자 A: 山田さんはどんな人ですか。
B: 재미있는 사람입니다.　　　　　　　　　　　　B: おもしろい人です。

어휘 どんな 어떤　人 사람　おもしろい 재미있다　どの 어느　どれ 어느 것　どう 어떻게

해설 [どんな]는 명사 앞에 붙여서 그 명사에 대한 형태나 성질 등의 설명을 요청할 때 사용합니다.

--------------------------------------------------------------------

9 ここは おいしい(　　　)、ひとが おおいです。

1 みせから　　　　2 みせだから　　　　3 みせのから　　　　4 みせでから

정답 ② 여기는 맛있는 (가게이기 때문에) 사람이 많습니다.　　한자 ここはおいしい店だから、人が多いです。

어휘 ここ 여기, 이곳　おいしい 맛있다　店 가게　～から ~이기 때문에　人 사람　～が ~이, ~가　多い 많다

해설 [店]라는 단어에 [から]를 붙여서 이유를 나타낼 때, 명사 그 자체에 바로 [から]를 붙일 수 없습니다. 이유를 나타내는
[～から]는 문장에 접속하기 때문에 [店だ(가게다)] 또는 [店です(가게입니다)]라는 문장을 만들고 나서, 그 문장 뒤에
[から]를 붙입니다.
그러므로 [맛있는 가게이기 때문에]라는 문장은 [おいしい 店だから] 또는 [おいしい 店ですから]가 됩니다.

--------------------------------------------------------------------

10 りんごは 5つ(　　　) 700円です。

1 と　　　　2 に　　　　3 へ　　　　4 で

정답 ④ 사과는 5개(에) 700엔입니다.　　　한자 りんごはいつつで７００円です。

어휘 りんご 사과　いつつ 다섯(5개)　～で ~에, ~해서　～と ~와, ~과　～に ~에, ~에게　～へ ~에, ~로

해설 조사 [～で]는 다양한 의미를 가지고 있습니다. 그중에서도 숫자, 또는 숫자와 유사한 명사 뒤에 [～で]를 붙이면
[~에, ~해서]로 해석합니다.

11 この へやは (　　　　) ひろいですね。

　　1　あかるくて　　　　2　あかるい　　　　3　あかるいで　　　　4　あかるいくて

정답 ① 이 방은 (밝고) 넓군요.　　　　한자 この部屋は明るくて広いですね。

어휘 部屋 방　明るい 밝다　広い 넓다

해설 (1) [い형용사]의 연결형은 [어간+くて]의 형태로 만듭니다.
　　(2) [ね]는 감탄하거나, 상대방의 말에 동의할 때 문장의 끝에 붙여서 사용합니다.

--------------------------------------------------------------------

12 「おはようございます」は かんこくご(　　　　) なんですか。

　　1　へ　　　　　　　　2　に　　　　　　　　3　の　　　　　　　　4　で

정답 ④ 'おはようございます'는 한국어(로) 무엇입니까?　　　　한자 「おはようございます」は韓国語で何ですか。

어휘 おはようございます 안녕하세요(아침 인사)　韓国語 한국어　～で ~로　何 무엇　～へ ~로(방향)
　　～に ~에, ~에게　～の ~의

--------------------------------------------------------------------

13 ぎんこうは デパート(　　　　) ほんやの あいだに あります。

　　1　と　　　　　　　　2　の　　　　　　　　3　を　　　　　　　　4　から

정답 ① 은행은 백화점(과) 서점의 사이에 있습니다.　　　　한자 銀行はデパートと本屋の間にあります。

어휘 銀行 은행　デパート 백화점　～と ~와, ~과　本屋 서점　～の ~의　間 사이　～に ~에　ある 있다
　　～を ~을, ~를　～から ~부터, ~에서

해설 위치 명사 [間(사이)]를 외울 때는 [～と ～の 間に(~와/과 ~의 사이에)]와 같이 조사와 함께 외우면 편리합니다.

--------------------------------------------------------------------

14 A : これは (　　　　)の かばんですか。
　　B : たなかさんの かばんです。

　　1　なん　　　　　　　2　どこ　　　　　　　3　だれ　　　　　　　4　いつ

정답 ③ A: 이것은 (누구)의 가방입니까?　　　　한자 A: これは誰のかばんですか。
　　B: 다나카 씨의 가방입니다.　　　　　　　　　　　B: 田中さんのかばんです。

어휘 これ 이것　だれ 누구　かばん 가방　何 무엇　どこ 어디　いつ 언제

해설 질문만으로는 보기의 모든 단어가 들어갈 수 있기 때문에 대답에 따라 단어를 선택해야 합니다. 이 질문에서는
　　대답하는 문장에 '다나카 씨'라는 사람이 있기 때문에 [だれ]를 선택하면 됩니다.

　　(1) A : これは ( なん )の かばんですか。　이것은 무슨 가방입니까?
　　　　– 가방의 용도 등을 물을 때 사용합니다.

　　(2) A : これは ( どこ )の かばんですか。　이것은 어디의 가방입니까?
　　　　– 가방을 만든 나라 또는 제조회사 등을 물을 때 사용합니다.

　　(3) A : これは ( いつ )の かばんですか。　이것은 언제 가방입니까?
　　　　– 가방의 제조일, 또는 얼마나 사용했는지 등을 물을 때 사용합니다.

15　きのうは　ともだち(　　　　)　あそびました。

　　1　に　　　　　　　　2　と　　　　　　　　3　の　　　　　　　　4　で

정답　② 어제는 친구(와) 놀았습니다.　　　　　　　한자　昨日は友だちと遊びました。

어휘　昨日 어제　友だち 친구　〜と 〜와, 〜과　遊ぶ 놀다　〜に 〜에　〜の 〜의　〜で 〜에서

**문제 2** **★** 부분에 들어갈 것은 무엇일까요? 보기의 1·2·3·4에서 가장 알맞은 것을 하나 고르세요.

16 これは ＿＿＿ ＿＿＿ **★** ＿＿＿ ほんです。

　　1　が　　　　　　2　おおくて　　　　3　むずかしい　　　4　かんじ

정답 ② 이것은 한자가 많고 어려운 책입니다.　　한자 これは 漢字が 多くて 難しい 本です。

어휘 これ 이것　漢字 한자　多い 많다　難しい 어렵다　本 책

해설 (1) 이런 유형의 문제는 한 번에 완전한 문장을 만드는 것은 어렵기 때문에, 우선 〈보기〉에 주어진 각각의 단어 뜻으로
　　　한국어 문장을 유추한 후에 일본어로 문장을 완성해서 주어진 부분에 들어갈 답을 찾도록 합니다.
　　　(2) [い형용사]의 연결형은 [어간+くて]이므로 [多くて(많고)]가 됩니다.
　　　[い형용사]로 명사를 수식할 때는 기본형을 그대로 사용하며, 의미는 [~이다]에서 [~인, ~한]으로 변화하기 때문에
　　　[難しい+本]은 [어렵다+책]에서 [어려운 책]이 됩니다.

---

17 やまださんは ＿＿＿ ＿＿＿ **★** ＿＿＿ です。

　　1　ひと　　　　　　2　たかくて　　　　3　おもしろい　　　4　せが

정답 ③ 야마다 씨는 키가 크고 재미있는 사람 입니다.　　한자 山田さんは 背が 高くて おもしろい 人 です。

어휘 背が 高い 키가 크다　おもしろい 재미있다　人 사람

해설 [背が 高い]는 직역하면 [키가 높다]와 같이 부자연스러워지므로, [키가 크다]라고 해석합니다.

---

18 あの レストランは ＿＿＿ ＿＿＿ **★** ＿＿＿ おいしいです。

　　1　です　　　　　　2　たかい　　　　　3　すこし　　　　　4　が

정답 ① 저 레스토랑은 조금 비쌉니다 만 맛있습니다.　　한자 あの レストランは 少し 高い ですが おいしいです。

어휘 あの 저　レストラン 레스토랑　少し 조금　高い 비싸다　おいしい 맛있다

해설 문장과 문장 사이에 들어가는 [~が]는 [~지만, ~다만]이라는 의미로, 앞뒤 문장이 서로 반대의 의미를 나타낼 때
　　　사용합니다.

---

19 えき ＿＿＿ ＿＿＿ **★** ＿＿＿ が あります。

　　1　ちかく　　　　　2　こうえん　　　　3　の　　　　　　　4　に

정답 ④ 역 (의) 근처 에 공원 이 있습니다.　　한자 駅の 近くに 公園 が あります。

어휘 駅 역　近く 근처　~に ~에　公園 공원　あります 있습니다

해설 한국어로는 [역 근처]로 해석하기 때문에 일본어의 [の]를 생략하지 않도록 주의해야 합니다.

---

20 あさは ＿＿＿ ＿＿＿ **★** ＿＿＿ たべません。

　　1　を　　　　　　　2　ごはん　　　　　3　から　　　　　　4　いそがしい

정답 ② 아침은 바쁘기 때문에 밥 을 먹지 않습니다.　　한자 朝は 忙しい から ごはん を 食べません。

어휘 朝 아침　忙しい 바쁘다　~から ~이기 때문에　ごはん 밥　食べる 먹다

# N5 言語知識(文字・語彙・文法) 解答用紙 스크스크 일본어 독학 첫걸음〈실전테스트 1회〉답안지

名 前
Name

受 験 番 号
Examinee Registration Number

| | 1 | 0 | * | * | 0 | 1 | * |
|---|---|---|---|---|---|---|---|
| | ● | ⓪ | ● | ⓪ | ⓪ | ⓪ | ⓪ |
| | ① | ● | ① | ① | ① | ● | ① |
| | ② | ② | ② | ② | ② | ② | ② |
| | ③ | ③ | ③ | ③ | ③ | ③ | ③ |
| | ④ | ④ | ④ | ④ | ④ | ④ | ④ |
| | ⑤ | ⑤ | ⑤ | ⑤ | ⑤ | ⑤ | ⑤ |
| | ⑥ | ⑥ | ⑥ | ⑥ | ⑥ | ⑥ | ⑥ |
| | ⑦ | ⑦ | ⑦ | ⑦ | ⑦ | ⑦ | ⑦ |
| | ⑧ | ⑧ | ⑧ | ⑧ | ⑧ | ⑧ | ⑧ |
| | ⑨ | ⑨ | ⑨ | ⑨ | ⑨ | ⑨ | ⑨ |

< ちゅうい Notes >

1. くろいえんぴつ (HB、No.2) で
かいてください。
Use a black medium soft
(HB or No.2) pencil.

2. かきなおすときは、けしゴムで
きれいにけしてください。
Erase any unintended marks
completely.

3. きたなくしたり、おったりしないで
ください。
Do not soil or bend this sheet.

4. マークれい  Marking examples

| よい<br>Correct | わるい<br>Incorrect |
|---|---|
| ● | ⊗ ◌ ◯ ⓪ ⊙ ⊘ |

## 文字・語彙

### 問 題 1

| | | | | |
|---|---|---|---|---|
| 1 | ① | ② | ③ | ④ |
| 2 | ① | ② | ③ | ④ |
| 3 | ① | ② | ③ | ④ |
| 4 | ① | ② | ③ | ④ |
| 5 | ① | ② | ③ | ④ |
| 6 | ① | ② | ③ | ④ |
| 7 | ① | ② | ③ | ④ |
| 8 | ① | ② | ③ | ④ |
| 9 | ① | ② | ③ | ④ |
| 10 | ① | ② | ③ | ④ |
| 11 | ① | ② | ③ | ④ |
| 12 | ① | ② | ③ | ④ |

### 問 題 2

| | | | | |
|---|---|---|---|---|
| 13 | ① | ② | ③ | ④ |
| 14 | ① | ② | ③ | ④ |
| 15 | ① | ② | ③ | ④ |
| 16 | ① | ② | ③ | ④ |
| 17 | ① | ② | ③ | ④ |
| 18 | ① | ② | ③ | ④ |
| 19 | ① | ② | ③ | ④ |
| 20 | ① | ② | ③ | ④ |

## 文字・語彙

### 問 題 3

| | | | | |
|---|---|---|---|---|
| 21 | ① | ② | ③ | ④ |
| 22 | ① | ② | ③ | ④ |
| 23 | ① | ② | ③ | ④ |
| 24 | ① | ② | ③ | ④ |
| 25 | ① | ② | ③ | ④ |
| 26 | ① | ② | ③ | ④ |
| 27 | ① | ② | ③ | ④ |
| 28 | ① | ② | ③ | ④ |
| 29 | ① | ② | ③ | ④ |
| 30 | ① | ② | ③ | ④ |

### 問 題 4

| | | | | |
|---|---|---|---|---|
| 31 | ① | ② | ③ | ④ |
| 32 | ① | ② | ③ | ④ |
| 33 | ① | ② | ③ | ④ |
| 34 | ① | ② | ③ | ④ |
| 35 | ① | ② | ③ | ④ |

## 文法

### 問 題 1

| | | | | |
|---|---|---|---|---|
| 1 | ① | ② | ③ | ④ |
| 2 | ① | ② | ③ | ④ |
| 3 | ① | ② | ③ | ④ |
| 4 | ① | ② | ③ | ④ |
| 5 | ① | ② | ③ | ④ |
| 6 | ① | ② | ③ | ④ |
| 7 | ① | ② | ③ | ④ |
| 8 | ① | ② | ③ | ④ |
| 9 | ① | ② | ③ | ④ |
| 10 | ① | ② | ③ | ④ |
| 11 | ① | ② | ③ | ④ |
| 12 | ① | ② | ③ | ④ |
| 13 | ① | ② | ③ | ④ |
| 14 | ① | ② | ③ | ④ |
| 15 | ① | ② | ③ | ④ |

### 問 題 2

| | | | | |
|---|---|---|---|---|
| 16 | ① | ② | ③ | ④ |
| 17 | ① | ② | ③ | ④ |
| 18 | ① | ② | ③ | ④ |
| 19 | ① | ② | ③ | ④ |
| 20 | ① | ② | ③ | ④ |

# N5 言語知識 (文字・語彙・文法) 解答用紙

스구스구 일본어 독학 첫걸음 〈실전테스트 2회〉 답안지

名前
Name

## 受験番号
Examinee Registration Number

## 文字・語彙

### 問題 1

| | 1 | 2 | 3 | 4 |
|---|---|---|---|---|
| 1 | ① | ② | ③ | ④ |
| 2 | ① | ② | ③ | ④ |
| 3 | ① | ② | ③ | ④ |
| 4 | ① | ② | ③ | ④ |
| 5 | ① | ② | ③ | ④ |
| 6 | ① | ② | ③ | ④ |
| 7 | ① | ② | ③ | ④ |
| 8 | ① | ② | ③ | ④ |
| 9 | ① | ② | ③ | ④ |
| 10 | ① | ② | ③ | ④ |
| 11 | ① | ② | ③ | ④ |
| 12 | ① | ② | ③ | ④ |

### 問題 2

| | 1 | 2 | 3 | 4 |
|---|---|---|---|---|
| 13 | ① | ② | ③ | ④ |
| 14 | ① | ② | ③ | ④ |
| 15 | ① | ② | ③ | ④ |
| 16 | ① | ② | ③ | ④ |
| 17 | ① | ② | ③ | ④ |
| 18 | ① | ② | ③ | ④ |
| 19 | ① | ② | ③ | ④ |
| 20 | ① | ② | ③ | ④ |

## 文字・語彙

### 問題 3

| | 1 | 2 | 3 | 4 |
|---|---|---|---|---|
| 21 | ① | ② | ③ | ④ |
| 22 | ① | ② | ③ | ④ |
| 23 | ① | ② | ③ | ④ |
| 24 | ① | ② | ③ | ④ |
| 25 | ① | ② | ③ | ④ |
| 26 | ① | ② | ③ | ④ |
| 27 | ① | ② | ③ | ④ |
| 28 | ① | ② | ③ | ④ |
| 29 | ① | ② | ③ | ④ |
| 30 | ① | ② | ③ | ④ |

### 問題 4

| | 1 | 2 | 3 | 4 |
|---|---|---|---|---|
| 31 | ① | ② | ③ | ④ |
| 32 | ① | ② | ③ | ④ |
| 33 | ① | ② | ③ | ④ |
| 34 | ① | ② | ③ | ④ |
| 35 | ① | ② | ③ | ④ |

## 文法

### 問題 1

| | 1 | 2 | 3 | 4 |
|---|---|---|---|---|
| 1 | ① | ② | ③ | ④ |
| 2 | ① | ② | ③ | ④ |
| 3 | ① | ② | ③ | ④ |
| 4 | ① | ② | ③ | ④ |
| 5 | ① | ② | ③ | ④ |
| 6 | ① | ② | ③ | ④ |
| 7 | ① | ② | ③ | ④ |
| 8 | ① | ② | ③ | ④ |
| 9 | ① | ② | ③ | ④ |
| 10 | ① | ② | ③ | ④ |
| 11 | ① | ② | ③ | ④ |
| 12 | ① | ② | ③ | ④ |
| 13 | ① | ② | ③ | ④ |
| 14 | ① | ② | ③ | ④ |
| 15 | ① | ② | ③ | ④ |

### 問題 2

| | 1 | 2 | 3 | 4 |
|---|---|---|---|---|
| 16 | ① | ② | ③ | ④ |
| 17 | ① | ② | ③ | ④ |
| 18 | ① | ② | ③ | ④ |
| 19 | ① | ② | ③ | ④ |
| 20 | ① | ② | ③ | ④ |

# 스쿠스쿠 일본어 독학 첫걸음

**개정판**

1일 1시간, 1개월 완성!

저자 하영애 | 동영상·오디오 강의 김수진

## 일본어 글자 쓰기 노트

히라가나 · 가타카나

**PAGODA Books**

개정판

1일 1시간, 1개월 완성!

# 스쿠스쿠 일본어 독학 첫걸음

## 일본어 글자 쓰기 노트

히라가나 • 가타카나

**PAGODA Books**

# 일본어 글씨본

あ
[a]

い
[i]

う
[u]

え
[e]

お
[o]

か
[ka]

き
[ki]

く
[ku]

け
[ke]

こ
[ko]

さ
[sa]

し
[si]

す
[su]

せ
[se]

そ
[so]

た [ta]

ち [chi]

つ [tsu]

て [te]

と [to]

| な [na] | | | | | |
|---|---|---|---|---|---|

| に [ni] | | | | | |
|---|---|---|---|---|---|

| ぬ [nu] | | | | | |
|---|---|---|---|---|---|

| ね [ne] | | | | | |
|---|---|---|---|---|---|

| の [no] | | | | | |
|---|---|---|---|---|---|

は
[ha]

ひ
[hi]

ふ
[hu]

へ
[he]

ほ
[ho]

ま
[ma]

み
[mi]

む
[mu]

め
[me]

も
[mo]

や
[ya]

い
[i]

ゆ
[yu]

え
[e]

よ
[yo]

**ら**
[ra]

**り**
[ri]

**る**
[ru]

**れ**
[re]

**ろ**
[ro]

わ
[wa]

い
[i]

う
[u]

え
[e]

を
[wo]

ん
[ŋ]

**が**
[ga]

**ぎ**
[gi]

**ぐ**
[gu]

**げ**
[ge]

**ご**
[go]

ざ
[za]

じ
[zi]

ず
[zu]

ぜ
[ze]

ぞ
[zo]

だ
[da]

ぢ
[zi]

づ
[zu]

で
[de]

ど
[do]

**ば** [ba]

**び** [bi]

**ぶ** [bu]

**べ** [be]

**ぼ** [bo]

ぱ
[pa]

ぴ
[pi]

ぷ
[pu]

ぺ
[pe]

ぽ
[po]

| きゃ<br>[kya] | | | | | |
| --- | --- | --- | --- | --- | --- |
| | | | | | |

| きゅ<br>[kyu] | | | | | |
| --- | --- | --- | --- | --- | --- |
| | | | | | |

| きょ<br>[kyo] | | | | | |
| --- | --- | --- | --- | --- | --- |
| | | | | | |

| しゃ<br>[sya] | | | | | |
| --- | --- | --- | --- | --- | --- |
| | | | | | |

| しゅ<br>[syu] | | | | | |
| --- | --- | --- | --- | --- | --- |
| | | | | | |

| しょ<br>[syo] | | | | | |
| --- | --- | --- | --- | --- | --- |
| | | | | | |

| ちゃ [cha] | | | | | |
|---|---|---|---|---|---|

| ちゅ [chu] | | | | | |
|---|---|---|---|---|---|

| ちょ [cho] | | | | | |
|---|---|---|---|---|---|

| にゃ [nya] | | | | | |
|---|---|---|---|---|---|

| にゅ [nyu] | | | | | |
|---|---|---|---|---|---|

| にょ [nyo] | | | | | |
|---|---|---|---|---|---|

| ひゃ [hya] | | | | | |

| ひゅ [hyu] | | | | | |

| ひょ [hyo] | | | | | |

| みゃ [mya] | | | | | |

| みゅ [myu] | | | | | |

| みょ [myo] | | | | | |

| りゃ [rya] | | | | | |
| :-: | :-: | :-: | :-: | :-: | :-: |
| りゅ [ryu] | | | | | |
| りょ [ryo] | | | | | |
| ぎゃ [gya] | | | | | |
| ぎゅ [gyu] | | | | | |
| ぎょ [gyo] | | | | | |

| じゃ [ja] | | | | | |
|---|---|---|---|---|---|

| じゅ [ju] | | | | | |
|---|---|---|---|---|---|

| じょ [jo] | | | | | |
|---|---|---|---|---|---|

| びゃ [bya] | | | | | |
|---|---|---|---|---|---|

| びゅ [byu] | | | | | |
|---|---|---|---|---|---|

| びょ [byo] | | | | | |
|---|---|---|---|---|---|

ぴゃ
[pya]

ぴゅ
[pyu]

ぴょ
[pyo]

ア
[a]

イ
[i]

ウ
[u]

エ
[e]

オ
[o]

**カ**
[ka]

**キ**
[ki]

**ク**
[ku]

**ケ**
[ke]

**コ**
[ko]

**サ** [sa]

**シ** [si]

**ス** [su]

**セ** [se]

**ソ** [so]

タ
[ta]

チ
[chi]

ツ
[tsu]

テ
[te]

ト
[to]

ナ
[na]

ニ
[ni]

ヌ
[nu]

ネ
[ne]

ノ
[no]

ハ
[ha]

ヒ
[hi]

フ
[hu]

ヘ
[he]

ホ
[ho]

マ
[ma]

ミ
[mi]

ム
[mu]

メ
[me]

モ
[mo]

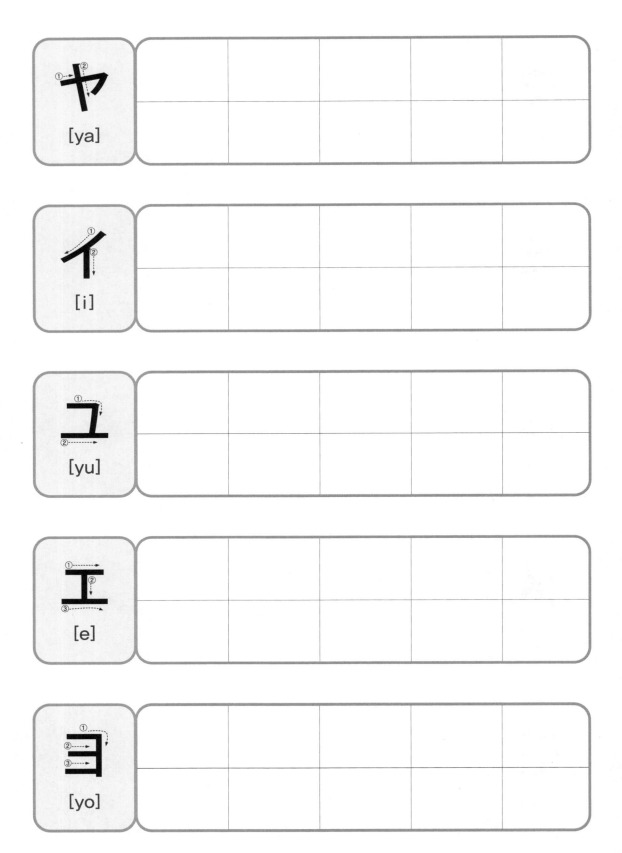

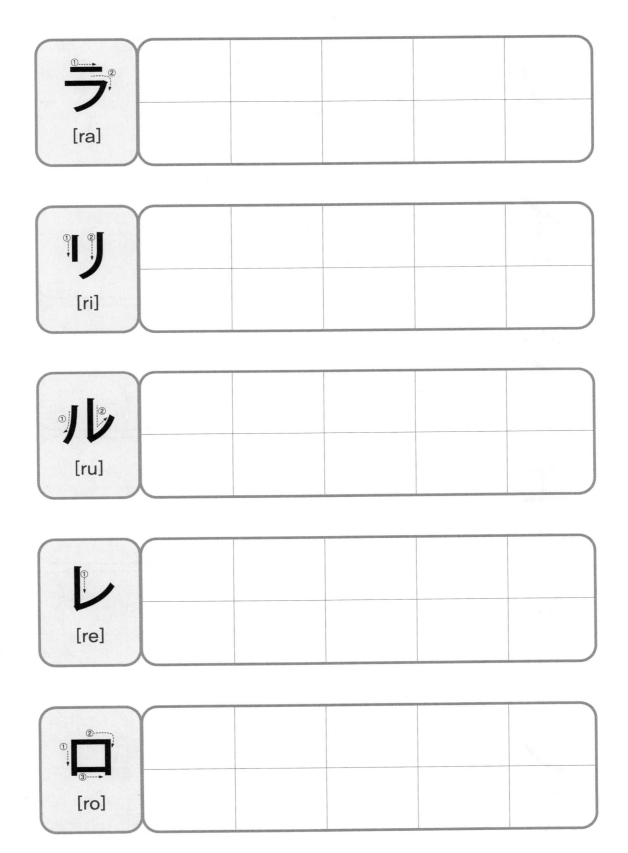

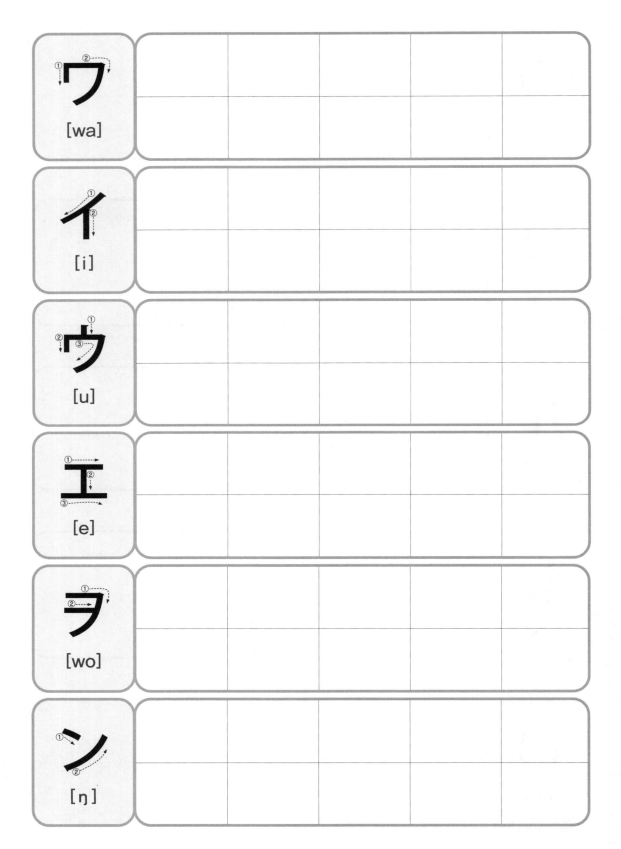

**ガ**
[ga]

**ギ**
[gi]

**グ**
[gu]

**ゲ**
[ge]

**ゴ**
[go]

ザ
[za]

ジ
[zi]

ズ
[zu]

ゼ
[ze]

ゾ
[zo]

ダ
[da]

ヂ
[zi]

ヅ
[zu]

デ
[de]

ド
[do]

| バ [ba] | | | | | |
|---|---|---|---|---|---|
| | | | | | |

| ビ [bi] | | | | | |
|---|---|---|---|---|---|
| | | | | | |

| ブ [bu] | | | | | |
|---|---|---|---|---|---|
| | | | | | |

| ベ [be] | | | | | |
|---|---|---|---|---|---|
| | | | | | |

| ボ [bo] | | | | | |
|---|---|---|---|---|---|
| | | | | | |

パ
[pa]

ピ
[pi]

プ
[pu]

ペ
[pe]

ポ
[po]

| キャ [kya] | | | | | |
| キュ [kyu] | | | | | |
| キョ [kyo] | | | | | |
| シャ [sya] | | | | | |
| シュ [syu] | | | | | |
| ショ [syo] | | | | | |

| チャ [cha] | | | | | |
|---|---|---|---|---|---|

| チュ [chu] | | | | | |
|---|---|---|---|---|---|

| チョ [cho] | | | | | |
|---|---|---|---|---|---|

| ニャ [nya] | | | | | |
|---|---|---|---|---|---|

| ニュ [nyu] | | | | | |
|---|---|---|---|---|---|

| ニョ [nyo] | | | | | |
|---|---|---|---|---|---|

| ヒャ [hya] | | | | | |
|---|---|---|---|---|---|
| | | | | | |

| ヒュ [hyu] | | | | | |
|---|---|---|---|---|---|
| | | | | | |

| ヒョ [hyo] | | | | | |
|---|---|---|---|---|---|
| | | | | | |

| ミャ [mya] | | | | | |
|---|---|---|---|---|---|
| | | | | | |

| ミュ [myu] | | | | | |
|---|---|---|---|---|---|
| | | | | | |

| ミョ [myo] | | | | | |
|---|---|---|---|---|---|
| | | | | | |

| リャ<br>[rya] | | | | | |
|---|---|---|---|---|---|

| リュ<br>[ryu] | | | | | |
|---|---|---|---|---|---|

| リョ<br>[ryo] | | | | | |
|---|---|---|---|---|---|

| ギャ<br>[gya] | | | | | |
|---|---|---|---|---|---|

| ギュ<br>[gyu] | | | | | |
|---|---|---|---|---|---|

| ギョ<br>[gyo] | | | | | |
|---|---|---|---|---|---|

| ジャ [ja] | | | | | |
|---|---|---|---|---|---|
| ジュ [ju] | | | | | |
| ジョ [jo] | | | | | |
| ビャ [bya] | | | | | |
| ビュ [byu] | | | | | |
| ビョ [byo] | | | | | |

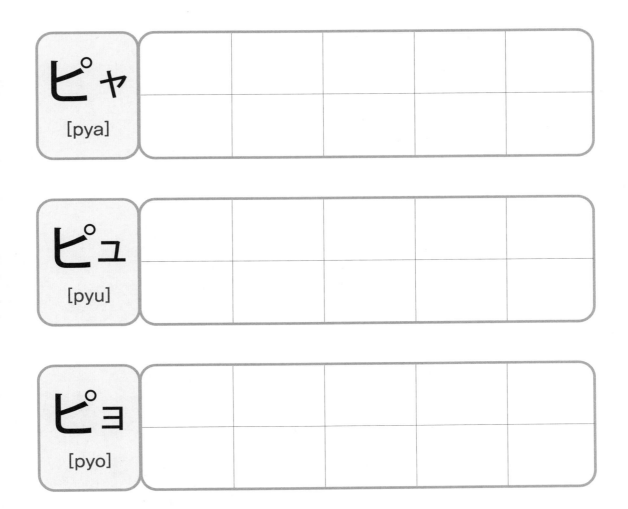

ピャ
[pya]

ピュ
[pyu]

ピョ
[pyo]

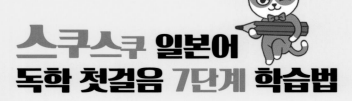

# 스쿠스쿠 일본어 독학 첫걸음 7단계 학습법

**STEP 1**
일본어 글자 쓰기 노트로 히라가나 • 가타카나 마스터!

**STEP 2**
무료 동영상·오디오 강의로 포인트 예습 후, 독학 맞춤 플랜에 따라 교재 학습!

**STEP 3**
듣고 말하기 훈련용 MP3로 듣고 말하기 집중 훈련!

**STEP 4**
워크북으로 문장 쓰기 연습을 하며 주요 표현 완벽 복습!

**STEP 5**
필기시험으로 자가진단 후, 80점 미만은 반복 학습!
(재시험용 PDF 무료 제공)

**STEP 6**
자투리 시간을 활용하여 포켓북으로 완벽 복습!
(자동 생성 단어시험지 무료 제공)

**STEP 7**
JLPT 유형의 실전 테스트로 최종 평가!

MP3, 단어시험지 및 재시험용 PDF 무료 이용  www.pagodabook.com

개정판

스쿠스쿠

1일 1시간, 1개월 완성!

일본어
독학
첫걸음

저자 하영애 | 동영상·오디오 강의 김수진

워크북

핵심문법 WorkSheet · 듣고 쓰기 훈련용 Note

PAGODA Books

개정판

스쿠스쿠
일본어
독학
첫걸음

1일 1시간,
1개월 완성!

워크북

핵심문법 WorkSheet · 듣고 쓰기 훈련용 Note

**PAGODA Books**

# 명사

Unit 02까지 학습한 후에 활용해 보세요.

★ 빈칸에 알맞은 말을 써넣어 보세요.

| 단어 | 뜻 | ~입니다. | ~이/가 아닙니다. |
|---|---|---|---|
| デザイナー | 디자이너 | デザイナーです。 | デザイナーではありません。<br>デザイナーじゃありません。 |
| | 의사 | | |
| がくせい<br>学生 | | | |
| | 프랑스인 | | |
| かいしゃいん<br>会社員 | | | |
| | 일본인 | | |
| ぼうし | | | |
| | 시계 | | |
| めがね | | | |
| | 휴대전화 | | |
| いす | | | |
| | 컴퓨터 | | |
| さいふ<br>財布 | | | |

# い형용사 ①

핵심문법 **WorkSheet**

Unit 04까지 학습한 후에 활용해 보세요.

★ 빈칸에 알맞은 말을 써넣어 보세요.

| 단어 | 뜻 | ～습니다. | ～이지 않습니다. |
|---|---|---|---|
| おいしい | 맛있다 | おいしいです。 | おいしくありません。<br>おいしくないです。 |
| | 가깝다 | | |
| <ruby>寒<rt>さむ</rt></ruby>い | | | |
| | 좋다 | | |
| <ruby>忙<rt>いそが</rt></ruby>しい | | | |
| | 많다 | | |
| <ruby>小<rt>ちい</rt></ruby>さい | | | |
| | 적다 | | |
| <ruby>易<rt>やさ</rt></ruby>しい | | | |
| | 크다 | | |
| <ruby>悪<rt>わる</rt></ruby>い | | | |
| | 어렵다 | | |
| かわいい | | | |

스쿠스쿠 일본어 독학 첫걸음  **3**

# い형용사 ②

Unit 05까지 학습한 후에 활용해 보세요.

★ 빈칸에 알맞은 말을 써넣어 보세요.

| 단어 | 뜻 | ~인 N(명사) | ~이고/~여서, ~인 N(명사)입니다. |
|---|---|---|---|
| おいしい | 맛있다 | おいしい店 | おいしくて安い店です。 |
| 安い | 싸다/저렴하다 | 安い店 | 安くておいしい店です。 |
| 新しい | | かばん | |
| 軽い | | かばん | |
| 楽しい | | 生活 | |
| おもしろい | | 生活 | |
| うるさい | | 部屋 | |
| 狭い | | 部屋 | |
| 古い | | カメラ | |
| 重い | | カメラ | |
| 明るい | | 図書館 | |
| 広い | | 図書館 | |
| 長い | | 傘 | |
| 赤い | | 傘 | |

# な형용사 ①

Unit 06까지 학습한 후에 활용해 보세요.

★ 빈칸에 알맞은 말을 써넣어 보세요.

| 단어 | 뜻 | ~합니다. | ~하지 않습니다. |
|------|-----|----------|-----------------|
| まじめだ | 성실하다 | まじめです。 | まじめでは(じゃ)ありません。<br>まじめでは(じゃ)ないです。 |
| | 조용하다 | | |
| 好<sup>す</sup>きだ | | | |
| | 예쁘다<br>깨끗하다 | | |
| 暇<sup>ひま</sup>だ | | | |
| | 서투르다<br>잘 못하다 | | |
| 丈夫<sup>じょうぶ</sup>だ | | | |
| | 능숙하다<br>잘하다 | | |
| にぎやかだ | | | |
| | 불편하다 | | |
| 親切<sup>しんせつ</sup>だ | | | |
| | 유명하다 | | |
| 嫌<sup>きら</sup>いだ | | | |

# な형용사 ②

Unit 07까지 학습한 후에 활용해 보세요.

★ 빈칸에 알맞은 말을 써넣어 보세요.

| 단어 | 뜻 | ~한 N(명사) | ~하고/~해서, ~한 N(명사)입니다. |
|---|---|---|---|
| まじめだ | 성실하다 | まじめな人 | まじめでハンサムな人です。 |
| ハンサムだ | 핸섬하다 | ハンサムな人 | ハンサムでまじめな人です。 |
| 有名だ | | 大学 | |
| 立派だ | | 大学 | |
| 丈夫だ | | 車 | |
| 便利だ | | 車 | |
| 静かだ | | 公園 | |
| きれいだ | | 公園 | |
| 簡単だ | | 料理 | |
| 新鮮だ | | 料理 | |
| 大変だ | | 仕事 | |
| 下手だ | | 仕事 | |
| 元気だ | | 子ども | |
| スポーツが 好きだ | | 子ども | |

Unit 10까지 학습한 후에 활용해 보세요.

★ 빈칸에 알맞은 말을 써넣어 보세요.

| 단어 | 뜻 | 분류 | ～이/가 있습니다. | ～이/가 없습니다. |
|---|---|---|---|---|
| ねこ | 고양이 | 동물 | ねこがいます。 | ねこがいません。 |
|  | 은행 |  |  |  |
| すいか |  |  |  |  |
|  | 개 |  |  |  |
| 中国人 |  |  |  |  |
|  | 연필 |  |  |  |

| 단어 | 뜻 | ～에 있습니다. | ～에 없습니다. |
|---|---|---|---|
| ベッドの上 | 침대 위 | ベッドの上にあります。<br>ベッドの上にいます。 | ベッドの上にありません。<br>ベッドの上にいません。 |
| | 역 밖 | | |
| 教室の中 | | | |
| | 내 왼쪽 | | |
| ドアの後ろ | | | |
| | 서점 앞 | | |

# 동사 ①

핵심문법 **WorkSheet**

**Unit 11~12를 학습한 후에 활용해 보세요.**

★ 빈칸에 알맞은 말을 써넣어 보세요.

| 단어 | 뜻 | 그룹 | ~합니다.<br>~하지 않습니다. | ~했습니다.<br>~하지 않았습니다. |
|---|---|---|---|---|
| 読む | 읽다 | 1그룹 | 読みます。<br>読みません。 | 読みました。<br>読みませんでした。 |
| | 기다리다 | | | |
| 帰る | | | | |
| | 놀다 | | | |
| する | | | | |
| | 만나다 | | | |
| 寝る | | | | |
| | 오다 | | | |
| 死ぬ | | | | |
| | 달리다 | | | |
| 書く | | | | |
| | 일어나다 | | | |
| 降る | | | | |

# 동사 ②

Unit 12까지 학습한 후에 활용해 보세요.

★ 빈칸에 알맞은 말을 써넣어 보세요.

| 단어 | 뜻 | 그룹 | ~하지 않을래요? | ~합시다. |
|---|---|---|---|---|
| 行<sup>い</sup>く | 가다 | 1그룹 | 行<sup>い</sup>きませんか。 | 行<sup>い</sup>きましょう。 |
| 話<sup>はな</sup>す | | | | |
| 入<sup>はい</sup>る | | | | |
| 休<sup>やす</sup>む | | | | |
| 食<sup>た</sup>べる | | | | |
| 作<sup>つく</sup>る | | | | |
| 買<sup>か</sup>う | | | | |
| 呼<sup>よ</sup>ぶ | | | | |
| 見<sup>み</sup>る | | | | |
| 待<sup>ま</sup>つ | | | | |
| 乗<sup>の</sup>る | | | | |
| 勉強<sup>べんきょう</sup>する | | | | |
| 泳<sup>およ</sup>ぐ | | | | |

스쿠스쿠 일본어 독학 첫걸음 9

★ 대화를 듣고 받아쓴 후 해석해 보세요.

| パク | はじめまして。パクです。 |
|---|---|
| 해석 | 처음 뵙겠습니다. 박(민수)입니다. |

| 中村 | _____。 なかむらです。 |
|---|---|
| 해석 | |

| 中村 | どうぞ よろしく _____。 |
|---|---|
| 해석 | |

| パク | _____、どうぞ よろしく _____。 |
|---|---|
| 해석 | |

| 中村 | パクさんの _____。 |
|---|---|
| 해석 | |

| パク | _____です。 |
|---|---|
| 해석 | |

| パク | なかむらさん_____ですか。 |
|---|---|
| 해석 | |

| 中村 | いいえ、_____。 |
|---|---|
| 해석 | |

| 中村 | _____です。 |
|---|---|
| 해석 | |

★ 대화를 듣고 받아쓴 후 해석해 보세요.

| パク | なかむらさん、_____ なんですか。 |
|------|----------------------------------------|
| 해석 | 나카무라 씨, _____ 무엇입니까? |

| 中村 | これは _____。 |
|------|----------------------------|
| 해석 | |

| パク | なかむらさん_____ですか。 |
|------|----------------------------------------|
| 해석 | |

| 中村 | はい、_____です。 |
|------|-------------------------------|
| 해석 | |

| パク | _____ デジカメですか。 |
|------|----------------------------------|
| 해석 | |

| 中村 | いいえ、にほんの_____。 |
|------|----------------------------------------------------|
| 해석 | |

| 中村 | _____ デジカメです。 |
|------|---------------------------------|
| 해석 | |

# Unit 03

### 듣고 쓰기 훈련용 Note

★ 대화를 듣고 받아쓴 후 해석해 보세요.

| 中村 | パクさん、＿＿＿＿＿＿＿＿ですか。 |
|---|---|
| 해석 | 박(민수) 씨, ＿＿＿＿＿입니까? |

| パク | ＿＿＿＿＿＿です。 |
|---|---|
| 해석 | |

| パク | ＿＿＿＿＿＿＿は なんじからですか。 |
|---|---|
| 해석 | |

| 中村 | ＿＿＿＿＿＿＿からです。 |
|---|---|
| 해석 | |

| パク | ＿＿＿＿から ＿＿＿＿＿＿ですか。 |
|---|---|
| 해석 | |

| 中村 | 3＿＿＿です。 |
|---|---|
| 해석 | |

| パク | ＿＿＿＿＿、＿＿＿＿＿ですね。 |
|---|---|
| 해석 | |

| パク | がんばってください。 |
|---|---|
| 해석 | |

# Unit 04

★ 대화를 듣고 받아쓴 후 해석해 보세요.

| パク | 中村さん、韓国＿＿＿ 生活は ＿＿＿＿＿＿＿＿＿。 |
|---|---|
| 해석 | 나카무라 씨, 한국 생활은 ＿＿＿＿＿＿＿＿? |

中村「なかむら」・韓国「かんこく」・生活「せいかつ」

| 中村 | ＿＿＿＿＿＿＿ 忙しいです＿＿、 ＿＿＿＿＿＿＿＿＿＿。 |
|---|---|
| 해석 | |

忙「いそが」

| パク | ＿＿＿＿＿＿＿＿＿＿＿ 友だちが ＿＿＿＿＿＿＿ですか。 |
|---|---|
| 해석 | |

友「とも」

| 中村 | はい、＿＿＿＿＿＿＿です。 |
|---|---|
| 해석 | |

| パク | ＿＿＿＿＿＿＿＿＿＿＿ 勉強は ＿＿＿＿＿＿＿＿＿＿＿＿＿＿＿＿か。 |
|---|---|
| 해석 | |

勉強「べんきょう」

| 中村 | ＿＿＿＿＿＿＿＿＿。 |
|---|---|
| 해석 | |

| 中村 | 少し ＿＿＿＿＿＿＿＿＿＿＿＿＿、 おもしろいです。 |
|---|---|
| 해석 | |

少「すこ」

# Unit 05

★ 대화를 듣고 받아쓴 후 해석해 보세요.

| 中村 | この _____ パソコンは パクさん___ですか。 |
|---|---|
| 해석 | 이 ____ 컴퓨터는 박(민수) 씨 _____ 입니까? |

| パク | ええ、_____です。 |
|---|---|
| 해석 | |

| 中村 | _____ いいですね。 |
|---|---|
| 해석 | |

| パク | そうですか。_____、少し _____。 |
|---|---|
| 해석 | |

| パク | 中村さんの パソコンは _____。 |
|---|---|
| 해석 | |

| 中村 | 私の パソコンは _____、_____ いいです。 |
|---|---|
| 해석 | |

★ 대화를 듣고 받아쓴 후 해석해 보세요.

| パク | 中村さんは スポーツ_____。 |
|---|---|
| 해석 | 나카무라 씨는 스포츠_____? |

| 中村 | いいえ、_____。 |
|---|---|
| 해석 | |

| 中村 | パクさんは _____。 |
|---|---|
| 해석 | |

| パク | 私は ゴルフ_____。 |
|---|---|
| 해석 | |

| 中村 | _____。 ゴルフ_____。 |
|---|---|
| 해석 | |

| パク | いいえ、_____、おもしろいです。 |
|---|---|
| 해석 | |

# Unit 07

## 듣고 쓰기 훈련용 Note

★ 대화를 듣고 받아쓴 후 해석해 보세요.

| 中村 | ここは _____、_____。 |
|---|---|
| 해석 | 여기는 _____, _____. |

| パク | この _____ は とても _____。 |
|---|---|
| 해석 | |

| 中村 | _____。 |
|---|---|
| 해석 | |

| パク | _____、_____ おいしい_____。 |
|---|---|
| 해석 | |

| 中村 | _____ おいしいですか。 |
|---|---|
| 해석 | |

| パク | _____が おいしいです。 |
|---|---|
| 해석 | |

| パク | 中村さんは _____。 |
|---|---|
| 해석 | |

| 中村 | はい、_____。 |
|---|---|
| 해석 | |

# Unit 08

듣고 쓰기 훈련용 Note

★ 대화를 듣고 받아쓴 후 해석해 보세요.

| 中村 | 今日は 風も _____、_____。 |
|------|------|
| 해석 | 오늘은 바람도 _____, _____. |

| パク | そうですか。 |
|------|------|
| 해석 | |

| パク | 福岡_____ ソウル_____。 |
|------|------|
| 해석 | |

| 中村 | 福岡_____ ソウル_____。 |
|------|------|
| 해석 | |

| パク | 中村さんは _____ 好きですか。 |
|------|------|
| 해석 | |

| 中村 | _____ 好きです。 |
|------|------|
| 해석 | |

| 中村 | パクさんは _____ 好きですか。 |
|------|------|
| 해석 | |

| パク | _____ 好きです。 |
|------|------|
| 해석 | |

# Unit 09

듣고 쓰기 훈련용 Note

★ 대화를 듣고 받아쓴 후 해석해 보세요.

| 店員 | _____。 |
|---|---|
| 해석 | _____. |

| 中村 | _____。 これは _____。 |
|---|---|
| 해석 | |

| 店員 | _____ケーキです。 |
|---|---|
| 해석 | |

| 中村 | _____。 |
|---|---|
| 해석 | |

| 店員 | _____<sub>えん</sub>円です。 |
|---|---|
| 해석 | |

| 中村 | _____ チーズケーキ、_____ ください。 |
|---|---|
| 해석 | |

| 中村 | _____、_____ ください。 |
|---|---|
| 해석 | |

| 店員 | はい、_____。 |
|---|---|
| 해석 | |

| 中村 | _____、_____。 |
|---|---|
| 해석 | |

| 店員 | ありがとうございます。 |
|---|---|
| 해석 | |

# Unit 10

### 듣고 쓰기 훈련용 Note

★ 대화를 듣고 받아쓴 후 해석해 보세요.

| 中村 | _____。 この 近<sub>ちか</sub>く_____。 |
| --- | --- |
| 해석 | _____. 이 근처_____? |

| 通行人 | _____ですか。 |
| --- | --- |
| 해석 | |

| 通行人 | あ、銀行<sub>ぎんこう</sub>_____。 |
| --- | --- |
| 해석 | |

| 中村 | 銀行<sub>ぎんこう</sub>_____。 |
| --- | --- |
| 해석 | |

| 中村 | _____、銀行<sub>ぎんこう</sub>は _____。 |
| --- | --- |
| 해석 | |

| 通行人 | 銀行<sub>ぎんこう</sub>は _____。 |
| --- | --- |
| 해석 | |

| 通行人 | デパート_____。 |
| --- | --- |
| 해석 | |

| 中村 | そうですか。_____。 |
| --- | --- |
| 해석 | |

# Unit 11

## 듣고 쓰기 훈련용 Note

★ 대화를 듣고 받아쓴 후 해석해 보세요.

| 中村 | パクさん、＿＿＿＿＿＿＿＿＿＿＿＿＿＿＿ 何<sup>なに</sup>を ＿＿＿＿＿＿＿。 |
|---|---|
| 해석 | 박(민수) 씨, ＿＿＿＿＿＿＿＿＿＿＿＿ 무엇을 ＿＿＿＿＿＿＿? |

| パク | うち＿＿ 休<sup>やす</sup>みますが、＿＿＿＿＿＿＿＿ 友<sup>とも</sup>だち＿＿＿＿＿＿＿＿。 |
|---|---|
| 해석 | |

| パク | 中村<sup>なかむら</sup>さんは ＿＿＿＿＿＿＿＿＿＿＿＿＿＿。 |
|---|---|
| 해석 | |

| 中村 | 図書館<sup>としょかん</sup>＿＿＿＿＿＿＿＿＿＿。 |
|---|---|
| 해석 | |

| パク | ＿＿＿＿＿＿＿＿＿＿＿＿＿＿＿＿＿＿＿＿。 |
|---|---|
| 해석 | |

| 中村 | はい、＿＿＿＿＿＿＿＿＿＿＿＿＿。 |
|---|---|
| 해석 | |

| パク | ＿＿＿＿＿＿＿＿＿＿ 何<sup>なに</sup>を しますか。 |
|---|---|
| 해석 | |

| 中村 | 日本<sup>にほん</sup>の ＿＿＿＿＿＿＿＿＿＿＿＿＿＿＿＿＿＿＿＿＿＿＿＿。 |
|---|---|
| 해석 | |

| パク | ＿＿＿＿＿＿＿＿＿＿＿＿＿＿は ＿＿＿＿＿＿＿＿。 |
|---|---|
| 해석 | |

| 中村 | いいえ、＿＿＿＿＿＿＿＿＿＿＿＿＿＿＿＿＿＿＿＿。 |
|---|---|
| 해석 | |

# Unit 12

**듣고 쓰기 훈련용 Note**

★ 대화를 듣고 받아쓴 후 해석해 보세요.

| パク | <sup>なかむら</sup>中村さん、＿＿＿＿＿は ＿＿＿＿＿＿＿＿＿＿＿＿＿＿。 |
|---|---|
| 해석 | 나카무라 씨, ＿＿＿＿는 ＿＿＿＿＿＿＿＿＿＿? |

| 中村 | ＿＿＿＿＿＿＿＿＿＿＿＿、<sup>とも</sup>友だちと ソウル＿＿＿＿＿＿＿＿＿＿＿＿。 |
|---|---|
| 해석 | |

| 中村 | ＿＿＿＿＿＿＿＿＿＿＿＿＿＿＿＿＿＿＿＿か。 |
|---|---|
| 해석 | |

| パク | うちで ＿＿＿＿＿＿＿＿＿＿＿＿＿＿＿。 |
|---|---|
| 해석 | |

| 中村 | そうですか。＿＿＿＿＿＿＿＿＿＿＿＿＿＿＿＿＿。 |
|---|---|
| 해석 | |

| パク | ＿＿＿＿＿＿＿＿＿＿<sup>えい が</sup>映画を ＿＿＿＿＿＿＿。 |
|---|---|
| 해석 | |

| パク | ＿＿＿＿＿＿＿＿<sup>えい が</sup>映画＿＿＿＿＿＿、<sup>なかむら</sup>中村さんも ＿＿＿＿＿＿＿＿＿＿＿＿＿。 |
|---|---|
| 해석 | |

| 中村 | ＿＿＿＿＿＿＿＿＿。 |
|---|---|
| 해석 | |

| パク | ＿＿＿＿＿＿＿＿＿＿。 ＿＿＿＿＿＿＿＿＿＿＿＿＿。 |
|---|---|
| 해석 | |

# Writing 1

## 듣고 쓰기 훈련용 Note

★ 우리말 해석을 참고하여 일본어로 바꾸어 쓴 후 본문을 듣고 확인해 보세요.

처음 뵙겠습니다. 나카무라 유미입니다.

저는 일본인입니다. 잘 부탁합니다.

저는 대학생입니다.

지금은 일본 대학교의 학생이 아닙니다.

한국 대학교의 학생입니다.

대학교는 오전 9시부터 오후 1시까지입니다. 4시간입니다.

저것이 우리(저의) 대학교입니다.

집에서 대학교까지 25분입니다.

아르바이트는 오후 6시부터 밤 8시까지입니다.

# Writing 2

## 듣고 쓰기 훈련용 Note

★ 우리말 해석을 참고하여 일본어로 바꾸어 쓴 후 본문을 듣고 확인해 보세요.

다나카 씨는 한국대학교의 일본어 선생님입니다.

한국대학교는 유명하고 훌륭한 대학교입니다.

학생도 많아서, 항상 북적거립니다.

다나카 씨는 친절하고, 매우 성실한 사람입니다.

대학교의 일은 아침 9시부터 오후 5시까지입니다.

점심시간은 12시부터 1시간 반입니다.

즐거운 직업이지만, 매일 바빠서 힘듭니다.

하지만 다나카 씨는 이 직업을 아주 좋아합니다.

★ 우리말 해석을 참고하여 일본어로 바꾸어 쓴 후 본문을 듣고 확인해 보세요.

저는 매일 아침 6시에 일어납니다.

집에서 회사까지 멀기 때문에 일찍 일어납니다.

아침밥은 먹지 않습니다. 지하철로 회사에 갑니다.

우리(저의) 회사는 번화한 곳에 있습니다.

회사 근처에 큰 백화점이 있습니다. 회사 옆에 은행도 있습니다.

저는 조용한 장소보다 번화한 장소 쪽을 좋아합니다.

가게가 많아서 편리하기 때문입니다.

쉬는 날(휴일)은 아침 늦게까지 잡니다. 어제도 10시에 일어났습니다.

오후 4시에 백화점에서 나카무라 씨를 만났습니다.

저는 아무것도 사지 않았습니다만, 나카무라 씨는 새 구두를 샀습니다.

그리고 나서 함께 저녁밥을 먹었습니다. 8시에 집에 돌아왔습니다.

# 스쿠스쿠 일본어
## 독학 첫걸음 7단계 학습법

**STEP 4**

워크북으로 문장 쓰기 연습을 하며 주요 표현 완벽 복습!

**STEP 1**
일본어 글자 쓰기 노트로
히라가나 · 가타카나 마스터!

**STEP 2**
무료 동영상 · 오디오 강의로
포인트 예습 후, 독학 맞춤
플랜에 따라 교재 학습!

**STEP 3**
듣고 말하기 훈련용 MP3로
듣고 말하기 집중 훈련!

**STEP 5**
필기시험으로 자가진단 후,
80점 미만은 반복 학습!
(재시험용 PDF 무료 제공)

**STEP 6**
자투리 시간을 활용하여
포켓북으로 완벽 복습!
(자동 생성 단어시험지 무료 제공)

**STEP 7**
JLPT 유형의 실전 테스트로
최종 평가!

MP3, 단어시험지 및 재시험용 PDF 무료 이용 www.pagodabook.com